产品质量安全知识读本

日用消费品（一）

国家质量监督检验检疫总局产品质量监督司　编

中国质检出版社
中国标准出版社

北　京

图书在版编目（CIP）数据

产品质量安全知识读本．日用消费品．（一）／国家质量监督检验检疫总局产品质量监督司编．—北京：中国标准出版社，2013.10

ISBN 978-7-5066-7324-2

Ⅰ.①产… Ⅱ.①国… Ⅲ.①日用品—消费品—产品质量—基本知识 Ⅳ.①F273.2

中国版本图书馆CIP数据核字（2013）第204244号

中国质检出版社
中国标准出版社 出版发行

北京市朝阳区和平里西街甲2号（100013）

北京市西城区三里河北街16号（100045）

网址：www.spc.net.cn

总编室：（010）64275323 发行中心：（010）51780235

读者服务部：（010）68523946

北京博海升彩色印刷有限公司印刷

各地新华书店经销

*

开本 700×1000 1/16 印张 21.25 字数 356千字

2013年10月第一版 2013年10月第一次印刷

*

定价 55.00 元

《产品质量安全知识读本》编委会

序　言

做质量强国的建设者

质量问题是非常广泛而又现实的问题。从政府到百姓，几乎每天都要与质量打交道。古往今来，质量无时不在，质量无处不在，质量是经济社会发展永恒的主题。

从宏观层面讲，质量的高低，反映一个国家的综合实力，是企业和产业核心竞争力的体现，是国家文明素质的体现。质量强，则国家强。提升产品质量水平，既是经济发展的内在要求，又是科学发展与放心消费的必然选择。

从微观层面看，质量与老百姓的日常生活息息相关，人们的衣、食、住、行，样样离不开质量的保障。质量好，人人受益；质量不好，人人受害，甚至影响社会和谐稳定。

党和政府高度重视质量工作，制定实施了一系列加强质量工作的政策措施。特别是近年来，我国提出建设质量强国的目标，强调要把经济发展的立足点转变到提高质量和效益上来，努力提高产品质量和市场竞争力，促进形成以技术、品牌、质量、服务为核心的出口竞争新优势，正在走出一条中国特色的质量发展之路。

质检部门作为质量宏观管理和行政执法部门，以产品质量提升促经济转型升级是应尽职责。质检部门要以人民质检的忠诚，以高度负责的精神，健全质量工作体系，推动各方落实质量责任，切实加强产品质量监管，严厉打击质量违法行为，努力维护消费者质量利益，不断满足人民群众日益增长的质量需求。

提高质量的目的是为了服务群众，质量工作也必须依靠群众。人民群众是历史的创造者，也是质量工作的参与者、建设者和推动者。面对产品质量安全面临的新形势，必须充分调动人民群众的积极性、主动性和创造性，推动形成人人关心质量、监督质量、促进质量提升的良好氛围。正是基于这样的认识，国家质检总局产品质量监督司组织国家质检中心、省级质检院所的技术专家，共同编写了《产品质量安全知识读本》，目的就是为了普及产品质量知识，增强全民质量意识。

这套读本结合近年来产品质量国家监督抽查工作实际，紧贴老百姓日常生活需要，针对社会关注热点，重点选择日用消费品、建筑和装饰装修材料、农业生产资料、工业生产资料等方面的产品作为编写对象，在简要介绍产品特点、行业状况的基础上，突出介绍与产品质量安全密切相关的标准规定、近年来国家监督抽查情况、产品质量存在的主要问题、消费者选购和使用常识等。该读本内容丰富，图文并茂，通俗易懂，既是广大消费者了解和掌握产品质量安全知识的实用工具书，也可作为质量监督人员的专业教材。

我特别想说的是，在现代商品社会，我们每个人都是消费者。对广大消费者而言，了解和掌握产品质量安全知识，做到理性消费、科学消费，就是对质量工作的支持。一方面，消费者通过对产品质量的亲身体验与感知，做出正确的消费选择，可以对质量好的产品给力支持，鼓劲加油；另一方面，当发现质量问题，遇到质量纠纷，不是忍气吞声息事宁人，而是通过维权渠道，维护自身消费权益，可以最大程度地挤压假冒伪劣产品生存的空间，揭露和曝光漠视质量的不良企业。从这个意义上说，我们每个人既是消费者，又是产品质量的监督者，同时也是质量强国的建设者。

让我们携起手来，共同做质量强国的建设者！

国家质检总局局长

2013 年 9 月 16 日

目 录

目录

床上用品

床上用品是人们生活中不可缺少的日常用品。随着人们物质生活水平的提高和消费观念的变化，床上用品越来越追求自然美观，突出个性化，要求实用性和欣赏性兼备。由于床上用品在使用中直接与人体皮肤接触，因此，其产品质量的好坏，不仅关系人们的睡眠质量，甚至会影响人体的健康和安全。

一、产品简介

床上用品是指供人们休息、睡眠时使用的物品，其主要作用是防寒保暖、装饰美化及防污等。本章中介绍的主要是以纺织材料为原料的床上用品，如被褥、被套、被芯、床单、床罩、床笠、枕巾、枕头（包括枕套、枕芯）、靠垫、垫套、毛毯、毛巾被、蚊帐等。床上用品按其面料花色可分为素色系列、印花系列、绣花系列、提花系列和色织系列（见表1）。此外，按填充物的种类，床上用品还可分为天然纤维填充的床上用品（如棉被、羊毛被、蚕丝被等）、化学纤维填充的床上用品及羽绒填充的床上用品。本章将主要介绍床上用品面料的相关质量安全知识，关于填充物的质量安全知识在《絮用纤维制品》中会有详细介绍，本章不再赘述。

表 1　床上用品按面料花色分类

序　号	类　别		实物照片	产品特点
1	素色系列			采用素色面料，即面料仅采用一种颜色，可以是白色，也可以是其他颜色
2	绣花系列			采用绣花面料，即面料以特殊针法用绣线在面料上进行绣制而成，一般分为匹绣、片绣、贴布绣三种
3	印花系列	涂料印花		采用涂料印花面料，印花由不溶性颜料借助于黏合剂固定于面料表层形成。此种产品色彩鲜艳，印花轮廓清晰，但存在刷洗和摩擦牢度不好，印花手感较硬的问题
		染料印花		采用染料印花面料，印花由染料分子与纤维结合形成。由于染料渗透到纤维里面，故此种产品色彩亮丽，色牢度好，手感柔软，可以常洗不褪色，久用如新
4	提花系列			采用提花面料，面料由纬纱按一定的花型织造而成，分为双面提花和单面提花。此种产品手感细腻，图案有立体感，可通过不同的图案设计体现丰富的主题，美观度极佳，属高档床上用品面料
5	色织系列			采用色织面料，即面料由纱线染色后再进行织造而成，此种产品表面立体感及质感较强，属中高档床上用品面料

二、行业概况

床上用品拥有广阔的市场空间和广泛的普及率，床上用品市场一直是各大家纺企业的必争之地。目前我国家纺企业已有 2 万多家，且纺织、服装企业也开始向家纺行业延伸，加上外资助推，竞争逐渐升级。随着家纺行业的发展，我国床上用品行业随之迅猛发展，逐步形成了以长三角和珠三角为辐射中心的产业集群，产业集群的规模化，不仅促进了生产与市场发展的联动，同时也促进了企业产品质量的提高。广东、浙江、江苏等地区形成了具有区域经济特色的床上用品专业市场。产品结构也在发生较大的变化，产品生产已由过去的经济实用型向“功能型、保健型、装饰化、绿色化”方向转变，同时床上用品也日益呈现出系列化、配套化、标准化的发展趋势。

（1）向装饰化方向发展。床上用品崇尚自然、个性化，追求质地优良及欣赏性和实用性兼备，具有家居装饰上的风格和个性。

（2）由保暖型向低碳环保、功能化、保健型发展。床上用品产业积极推行生态纺织品认证和环境管理体系认证，采用绿色材料、绿色装备以及绿色工艺进行生产，消除通往国际市场的绿色壁垒和障碍、扩大国际市场份额，培养床上用品行业经济新增长点。

（3）单一产品向系列化、配套化、标准化发展。跳出目前单一产品的营销和发展模式，由传统床上用品向装饰装潢、生态环保功能发展，并朝着整体布艺家居的方向发展。注重对床上用品产业集群的规划引导和对品牌的培育打造。加强国际间的行业沟通，积极参与国际标准的制定，争取把我国产品的特点纳入国际标准，使国际标准尽量反映我国的意见和要求，以提高国际市场竞争力。

由于我国床上用品行业起步较晚，企业生产能力与水平还有进一步提升的空间，能称霸市场的品牌有待形成，中低档产品是以价格竞争为主，大型商场中床上用品的竞争已逐渐转移到品牌的竞争上来。“十一五”是中国家纺发展历程的一个高潮期，在这期间我国迈向了“家纺大国”。进入“十二五”，家纺跟随着整个纺织行业，向着由“家纺大国”转变成“家纺强国”的目标在逐步靠拢。

三、标准解读及关键指标分析

1. 标准总体情况

目前国内涉及床上用品质量安全的标准如表 2 所示。

表 2　床上用品主要标准列表

<table>
<tr><th colspan="3">标准分类</th><th>标准编号及名称</th></tr>
<tr><td colspan="3">强制性标准</td><td>GB 18401—2010《国家纺织产品基本安全技术规范》
GB 5296.4—2012《消费品使用说明　第 4 部分：纺织品和服装》（2014 年 5 月 1 日起实施）
GB 18383—2007《絮用纤维制品通用技术要求》</td></tr>
<tr><td rowspan="5">推荐性标准</td><td colspan="2">配套床上用品系列标准</td><td>GB/T 22796—2009《被、被套》
GB/T 22797—2009《床单》
GB/T 22843—2009《枕、垫类产品》
GB/T 22844—2009《配套床上用品》</td></tr>
<tr><td rowspan="2">不同原料的床上用品</td><td>填充物</td><td>GB/T 24252—2009《蚕丝被》
QB/T 1193—2012《羽绒羽毛被》
QB/T 1196—2012《羽绒羽毛枕、垫》</td></tr>
<tr><td>面料</td><td>GB/T 22855—2009《拉舍尔床上用品》
FZ/T 34003—2011《亚麻床上用品》
FZ/T 43007—2011《丝织被面》</td></tr>
<tr><td colspan="2">绗缝工艺床上用品</td><td>FZ/T 81005—2006《绗缝制品》
FZ/T 62019—2012《工艺绗缝被》</td></tr>
<tr><td colspan="2">功能性床上用品</td><td>FZ/T 62012—2009《防螨床上用品》</td></tr>
</table>

（1）GB 18401—2010《国家纺织产品基本安全技术规范》

该标准是国家强制性标准，是目前我国对纺织产品质量安全进行监管的主要依据。标准规定了产品的色牢度、异味、甲醛、pH 值和可分解致癌芳香胺染料等几项基本安全技术指标（见表 3），以纺织材料为主要原料的床上用品在国内市场上销售必须符合此要求。

表 3　GB 18401—2010 纺织产品基本安全技术要求

<table>
<tr><th colspan="2">项　目</th><th>A 类</th><th>B 类</th><th>C 类</th></tr>
<tr><td colspan="2">甲醛含量 /（mg/kg）　≤</td><td>20</td><td>75</td><td>300</td></tr>
<tr><td colspan="2">pH 值</td><td>4.0～7.5</td><td>4.0～8.5</td><td>4.0～9.0</td></tr>
<tr><td rowspan="4">染色牢度 /级
≥</td><td>耐水</td><td>3～4</td><td>3</td><td>3</td></tr>
<tr><td>耐汗渍</td><td>3～4</td><td>3</td><td>3</td></tr>
<tr><td>耐干摩擦</td><td>4</td><td>3</td><td>3</td></tr>
<tr><td>耐唾液</td><td>4</td><td>—</td><td>—</td></tr>
<tr><td colspan="2">异味</td><td colspan="3">无</td></tr>
<tr><td colspan="2">可分解致癌芳香胺染料 /（mg/kg）</td><td colspan="3">禁用</td></tr>
<tr><td colspan="5">注：耐唾液色牢度仅考核婴幼儿产品；可分解致癌芳香胺染料限量值≤20mg/kg。</td></tr>
</table>

（2）GB 5296.4—2012《消费品使用说明　纺织品和服装使用说明》

该标准为国家强制性标准，将于 2014 年 5 月 1 日实施。标准规定了产品标识的标注内容，包括制造者的名称和地址、产品名称、产品号型和规格、纤维成分及含量、维护方法、执行的产品标准、安全类别等内容。

（3）GB 18383—2007《絮用纤维制品通用技术要求》

该标准为国家强制性标准。絮用纤维是指用于填充、铺垫的天然纤维、化学纤维及其加工成的絮片、垫毡等。标准从原料要求和卫生要求两个方面对絮用纤维制品做出了规定。床上用品中以絮用纤维作为填充物、铺垫物的制品，如被褥、枕头、靠垫、床垫等均应符合此标准要求。

（4）GB/T 22796—2009《被、被套》、GB/T 22797—2009《床单》、GB/T 22843—2009《枕、垫类产品》、GB/T 22844—2009《配套床上用品》等标准是我国关于床上用品的推荐性产品标准，各标准从外观质量和内在质量两方面对相应产品的质量做出了规定。这些标准在国内有广泛的应用，是政府监管床上用品产品的主要依据之一。

2. 关键指标介绍

床上用品关键指标包括安全性能指标、其他性能指标及标识。如 pH 值、甲醛含量、可分解致癌芳香胺染料、染色牢度、燃烧性能、纤维成分含量、断裂强力、起球、水洗尺寸变化率，脱毛量、标识等。

（1）安全性能指标

1）pH 值

pH 值是表示溶液酸碱性程度的指标，纺织产品的 pH 值是指纺织产品水萃取液的 pH 值。一般情况下人体皮肤的 pH 值在 5.5～7.0，呈弱酸性，这可以保护人体不受外来病毒、疾病的侵害。所以纺织品的 pH 值在中性到弱酸性（即等于或略低于 7）最适宜人体的皮肤。一般床上用品 pH 值要求在 4.0～8.5，婴幼儿类产品则要求 pH 值范围为 4.0～7.5。

2）甲醛含量

甲醛作为反应剂被广泛应用于各种纺织整理助剂中，如树脂整理剂、固色剂、柔软剂、阻燃剂、黏合剂等，因此纺织品在加工过程中或多或少会有甲醛残留，而一旦有游离的甲醛释放出来并达到一定的量时，会对人体的呼吸道和皮肤黏膜产生强烈刺激，造成呼吸系统伤害，并引发各种炎症。一般床上用品属于直接接触皮肤的产品，其甲醛含量至少要达到 B 类指标要求（≤75mg/kg），婴幼儿类产品则要求不超过 20mg/kg。

3）可分解致癌芳香胺染料

染料分子结构中，凡是含有偶氮基的统称为偶氮染料，而经还原会释放出GB 18401—2010附录C指定的24种致癌芳香胺的偶氮染料，我们称为可分解致癌芳香胺染料。标准GB 18401—2010规定所有纺织产品不得使用可分解致癌芳香胺染料，其检出量不得超过20mg/kg。

4）染色牢度

染色牢度是纺织品在使用或加工过程中，经受外部因素（水洗、摩擦、水浸、汗渍、唾液等）作用下的坚牢程度，是床上用品内在质量的重要指标。标准GB 18401—2010对产品的色牢度要求见表3。一般床上用品应达到GB 18401—2010标准B类指标要求，婴幼儿床上用品则应达到A类要求。

5）燃烧性能

床上用品燃烧性能仅在标准FZ/T 81005—2006中有考核要求，其考核指标为燃烧率，即单位时间内火焰在试样上蔓延的长度。标准规定，单个试样的燃烧率应不大于20cm/min，6个试样的平均燃烧率应不大于15cm/min。

（2）其他性能指标

1）纤维成分含量

纤维成分含量是指纺织产品中的纤维种类及各种类所占的百分比，它反映了纺织产品的真实属性。纤维成分含量直接影响床上用品的洗涤方法以及使用时的舒适感等，是消费者购买床上用品时的主要考核指标之一。

2）织物断裂强力

断裂强力是指在规定条件下试样被拉伸至断裂的最大力值。由于床上用品在其使用周期内大多需经受较为频繁的机洗或水洗过程，因此断裂强力过低，会直接影响产品的使用寿命。不同类别的床上用品，其产品标准对断裂强力的要求也有所不同，如GB/T 19817—2005、GB/T 22796—2009、GB/T 22797—2009、GB/T 22843—2009和FZ/T 34003—2011均要求一等品的织物断裂强力不小于250N；FZ/T 81005—2006和FZ/T 43007—2011则要求不小于200N；GB/T 22855—2009要求不小于160N。

3）起球

起球是指织物经摩擦后表面起毛球的程度，织物的起球性能直接关系到产品的外观。起球性能的好坏与产品的原料、加工过程、织物结构、后整理及使用条件有关。GB/T 22796—2009、GB/T 22797—2009和GB/T 22843—2009规定一等品的起球性能不小于3级；FZ/T 81005—2006则要求起球性能不小于3.5级。

4）水洗尺寸变化率

水洗尺寸变化率（又称缩水率），指的是产品经水洗后，其外形尺寸发生变化的程度。水洗尺寸变化率与产品所用的纤维原料、织物结构以及加工工艺有关。不同类别的床上用品，其产品标准对水洗尺寸变化率的要求也不完全相同，如 GB/T 22796—2009、GB/T 22797—2009、GB/T 22843—2009 和 FZ/T 62019—2012均要求一等品的水洗尺寸变化率范围为＋4.0％～－4.0％，FZ/T 81005—2006 和 GB/T 22855—2009 则要求水洗尺寸变化率在＋2.0％～－4.0％。

5）脱毛量

脱毛量是指产品经摩擦作用而脱落的纤维量，该指标主要用于考核拉舍尔床上用品，根据 GB/T 22855—2009 标准规定，拉舍尔床上用品合格品及一等品的脱毛量≤5.0mg/100cm²。

6）其他色牢度要求

除 GB 18401—2010 规定的耐汗渍、耐水、耐干摩擦和耐唾液色牢度外，相应产品标准对染色牢度也有一定的要求。如 GB/T 22796－2009、GB/T 22797－2009、GB/T 22843－2009 等标准均规定一等品的耐皂洗色牢度不低于 3－4 级，耐光色牢度不低于 4 级以及耐湿摩擦色牢度不低于 3 级。

（3）标识

产品标识（即使用说明）是产品的生产、经销者给出的包括产品规格、性能、使用方法等方面的必要信息，以指导消费者正确选购和使用。GB 5296.4—2012规定，产品标识内容必须注明：制造者的名称和地址、产品名称、规格号型、采用原料的成分和含量、维护方法、执行标准、质量等级、质量合格证明等。不同形式的标识内容应一致，且耐久性标签也必须包含规格型号、采用原料的成分和含量、洗涤方法。此外，根据 GB 18401—2010 和 GB 5296.4—2012的规定，产品标识还应正确标注所属的基本安全技术要求类别。

四、常见的主要问题

近年国家监管结果显示，床上用品不合格项目包括 pH 值、甲醛含量、可分解致癌芳香胺染料、色牢度、纤维成分含量、断裂强力、水洗尺寸变化率和标识等。近两年来，我国床上用品的总体质量水平较往年有明显提高。常见不合格指标如下：

1. 安全性能指标

（1）pH 值

纺织品染色以及后整理过程中会产生酸碱度的变化，因此纺织品在后整理中必须进行酸碱中和处理，如果中和处理不充分，就会导致产品偏酸或者碱性，从而导致 pH 值达不到国家相关标准的要求。图 1 为 pH 值不合格样品。

为了保护消费者的健康，建议消费者在购买床上用品后，进行充分浸泡和洗涤后再使用，这样可以在一定程度上改善面料的 pH 值。

图 1　pH 值不合格样品

（2）甲醛含量

为了达到防皱、防缩、阻燃等作用，或为了保持印花、染色的耐久性，就需在助剂中添加甲醛，同时甲醛含量是影响人体健康的重要指标（见图 2）。

图 2　甲醛对人体的危害

床上用品中甲醛含量不合格的原因主要有两个方面：一是企业为降低成本，使用了价格低廉、甲醛含量过高的整理剂；二是加工过程中后处理不充分，导致产品中甲醛残留过多。图 3 为甲醛含量不合格样品。

甲醛易溶于水，消费者在购买床上用品后，可将其在水中充分浸泡，去除其中的甲醛。

图 3　甲醛含量超标的样品

（3）可分解致癌芳香胺染料

可分解致癌芳香胺染料是影响人体健康的重要安全指标，含有可分解致癌芳香胺染料的产品在与人体的长期接触中，如果染料被皮肤吸收，会在人体内扩散，在人体正常代谢所发生的生化反应条件下，可能发生还原反应而分解出致癌芳香胺，引起人体病变和诱发癌症，且潜伏期可以长达 20 年（见图 4）。可分解致癌芳香胺染料不合格的原因主要是企业为了降低成本，使用低成本的可分解致癌芳香胺染料。图 5 为可分解致癌芳香胺染料不合格样品。

如果出现可分解致癌芳香胺染料不合格，此类产品不能进行销售和使用。

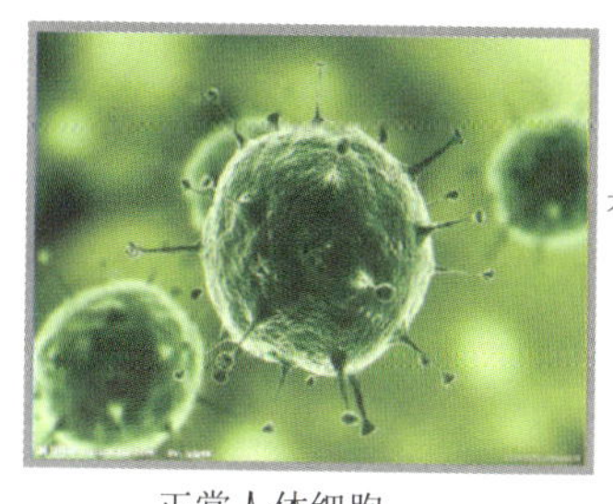

正常人体细胞

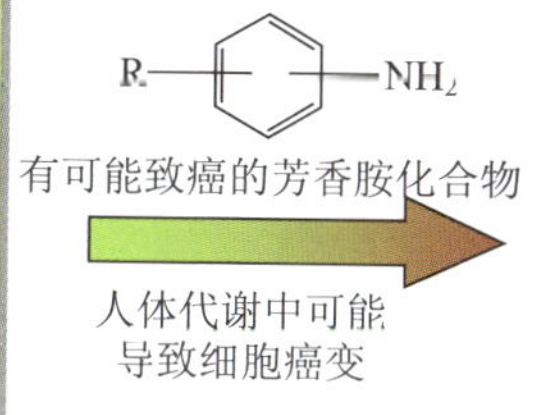

癌变细胞

图 4　致癌芳香胺的危害

图 5　可分解芳香胺染料不合格样品

（4）染色牢度

染色牢度的优劣直接影响产品美观和身体健康，染色牢度不合格的床上用品，在使用过程中，染料易脱落污染到浅色衣物或沾染到人体皮肤上，脱落的染料分子或染料中的重金属离子可能通过皮肤被人体吸收，影响消费者健康。染色牢度不合格的原因主要是产品染色时染料选用不当或使用了劣质染料以及染色后水洗不充分或者后整理不到位等。图 6 为耐唾液色牢度不合格的试样。

建议消费者在购买床上用品后，按产品的洗涤要求，单独充分洗涤，去除产品上的浮色。

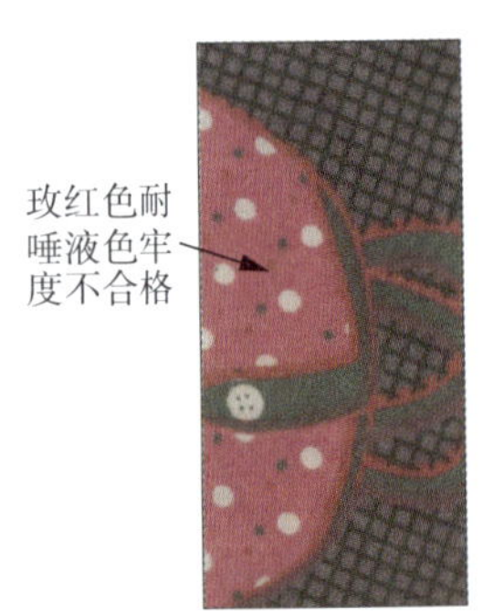

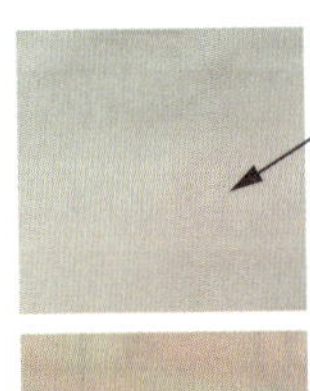

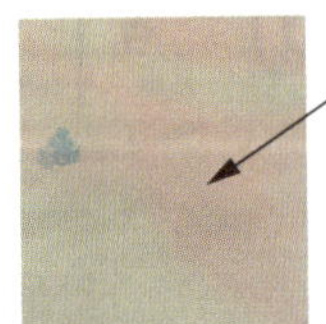

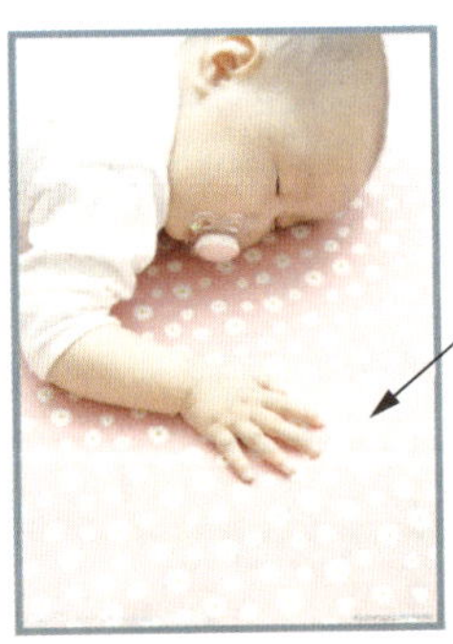

图 6　耐唾液色牢度不合格试样

2. 性能指标

（1）纤维成分含量

纤维成分含量是服装所用原料的明示标注，纤维成分含量是否名副其实，直接影响消费者的权益。纤维成分含量不仅会影响产品的各项物理性能和尺寸稳定，更会直接影响产品的舒适性。纤维成分含量不合格的原因主要有：一是企业质量意识淡薄，未对采购的原料进行严格把关，部分送检或者根本不送检而随意标注或者根据供应商提供的数据而盲目标注；二是企业存在侥幸心理，对于不同批次的同类面料只检验其中某一批次，以偏概全，而实际检测结果是完全不同性质的成分；三是企业以次充好，企图用低价的纤维替代价格昂贵性能优越的纤维而牟取暴利。图 7 为纤维成分含量不合格的样品。

建议消费者购买时，多留意标识上标注的纤维成分含量，加以适当的鉴别。

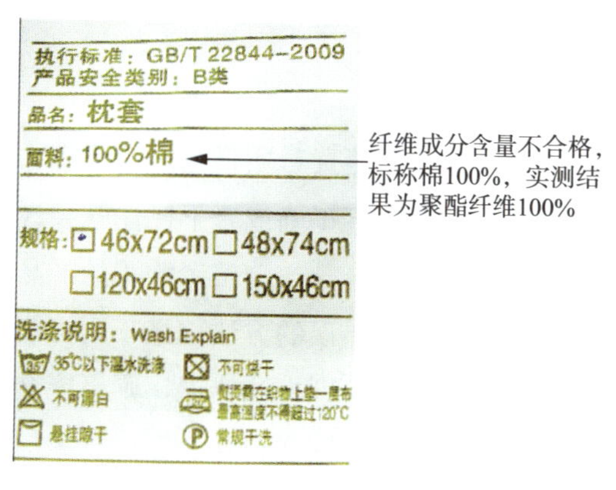

图 7　纤维成分含量不合格

（2）断裂强力

断裂强力是反映纺织产品耐用性的重要指标。断裂强力不合格的床上用品，容易破损，耐用性较差。断裂强力过低的原因，一是织造用纱线的单纱强力过低；二是面料组织结构稀薄，经纬密度偏低；三是产品面料加工或储存方法不当，造成面料强力损失过多。图 8 为断裂强力不合格样品。

（3）水洗尺寸变化率

水洗尺寸变化率不合格，会影响产品的使用，如被套或枕套产品，若缩水过多，会造成与原来的被芯或枕芯尺寸不合。水洗尺寸变化率不合格的原因：一是坯布在加工过程中没有经过预缩整理；二是企业在后整理过程中，张力控制不当。

图 8　断裂强力不合格试样

3. 标识

产品的标识是生产和经销者对消费者质量承诺的标志，也是消费者选购服装的主要参考依据之一。如果标注不正确或者不标注就会误导消费者，损害消费者的权益，如规格标注错误，则会导致消费者购买的产品尺寸不适用；洗涤标识标注错误，消费者若根据标注错误的方法洗涤，则可能会导致产品外观变形，甚至不能正常使用；产品安全类别标注错误，则可能会导致消费者使用不当，影响身体健康。标识不合格的原因主要是企业对标识标注要求不了解，或是故意标注错误，以次充好。图 9 为不合格标识示例。

因此，建议消费者购买之前通过仔细查看标识来判断床上用品的产品质量水平。

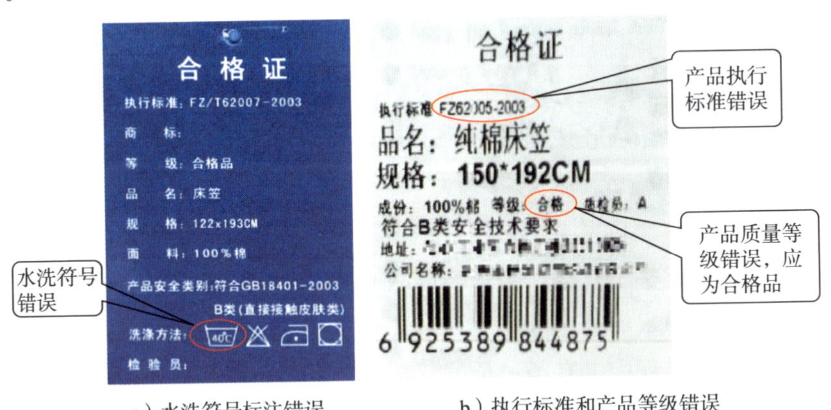

图 9　不合格标识示例

五、选购和使用提示

1. 选购提示

为了购买到健康、安全、舒适的床上用品，建议消费者从以下几个方面来选购：

（1）标识

标识是消费者购买床上用品的重要参考依据之一。消费者在购买产品时可先通过查看标识来识别产品的优劣，正规企业的产品标识内容齐全。如产品无标识，或标识内容不全、不规范、不准确、有意浮夸，就要慎重购买。图 10 所示为床上用品（薄被）的吊牌。

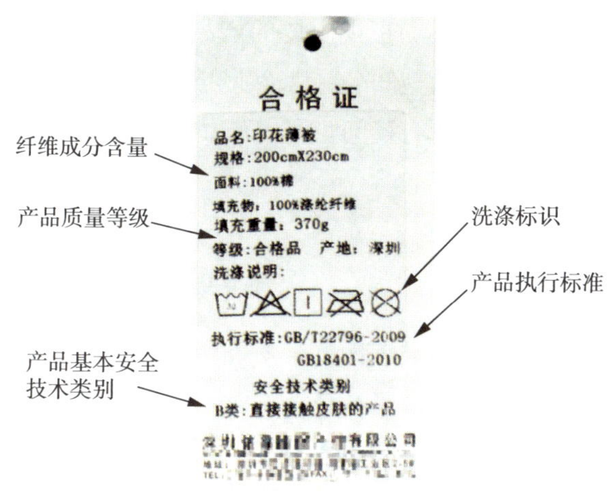

图 10 床上用品的标识（吊牌）

（2）外观

选购床上用品时，应细心检查，布面是否平整均匀、质地细腻；印花是否清晰、富有光泽；缝制线路是否顺直，拼接缝是否平服，各类辅料、配料，如拉链是否滑爽、纽扣是否平稳、填充物是否均匀柔软无杂质等（见图 11）。在挑选颜色时，以选购浅色调为宜，这样甲醛含量、色牢度、可分解致癌芳香胺染料超标的风险会小些，如需选购颜色较深的床上用品，可以用餐巾纸在印花或染色面上摩擦几下，若明显沾色，说明该产品色牢度欠佳。

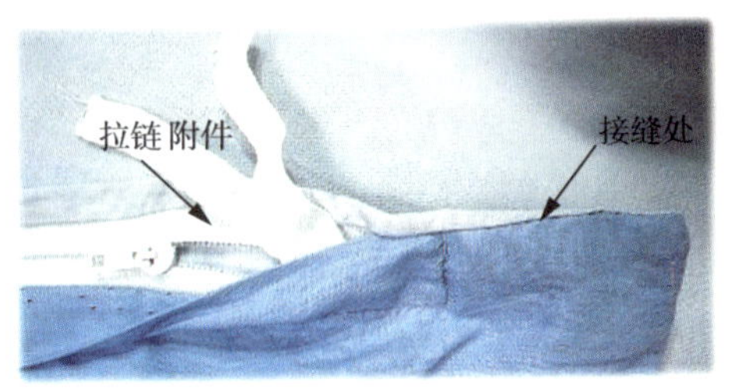

图 11　外观检查

（3）气味

消费者在选购时，可以闻一闻，如有刺激性气味，就有可能有甲醛等化学物质残留，最好不要购买。尤其在选购经防缩、抗皱、柔软、平挺等整理的产品时要特别谨慎。

此外，大型知名品牌企业和正规商场的产品相对来说质量有保证，因此，建议消费者在正规商场里或大型知名品牌企业的专卖店里购买。购买后或在使用过程中，如对产品质量问题有疑问，可向产品质量监督部门、消费者协会或其他相关部门咨询。

2. 使用提示

（1）初次使用前

应先下水漂洗一次，将产品表面的浆质及印染浮色洗掉，这样使用起来会比较柔软，将来清洗时也不大容易褪色；同时，可以中和面料的酸碱性，使面料中的残留有害物质（如甲醛）得以释放。

（2）洗涤维护

洗涤和干燥方式应按相关产品的洗涤说明进行，有装饰附件的产品洗涤前一定要注意把花边、坠子等附件先取下，避免损坏。深浅色产品注意分开洗涤。

（3）储存

存放时应先清洗干净，彻底晾干，折叠整齐，并放入一定量的樟脑丸（不能与产品直接接触），宜放在阴凉干燥、通风良好的地方。白色真丝产品不能放樟脑丸或放在樟木箱内，否则会泛黄。棉、麻产品收藏时要注意保持环境清洁干净，防止霉变。深浅色产品要分开存放，防止深色染料向浅色产品迁移。长期不使用的被类产品在重新使用前可先在阳光下晾晒，使其恢复蓬松。

（由国家纺织品服装产品质量监督检验中心（广州）罗胜利、王敏撰稿）

絮用纤维制品

絮用纤维制品涉及家纺产品、服装、工业和农业保温等多个行业领域，既是广大消费者家中必备的日用品，也是广泛适用于学校、医院、宾馆、敬老院等社会服务领域的产品，还是建筑、运输业等非生活领域有特定用途的产品。絮用纤维制品质量的好坏，关系到广大百姓的“衣”、“住”、“行”，关系到群众的健康。

一、产品简介

絮用纤维制品是指以天然纤维、化学纤维或其加工成的絮片、垫毡等作为填充物、铺垫物的制品，包括生活用絮用纤维制品和非生活用絮用纤维制品。

絮用纤维制品涉及家纺产品、服装、家具、玩具等多个行业领域，既是广大消费者家中必备的日用品，又是国家重要战略物资，也是广泛适用于学校、医院、宾馆、敬老院等社会服务领域的产品，还是建筑、运输业等非生活领域有特定用途的产品。

棉花是絮用纤维制品的重要原料之一，近年来随着棉花价格不断上扬，絮用纤维制品的生产成本也不断增加，导致絮用纤维制品尤其是生活用絮用纤维制品的制假售假、坑害消费者的问题不断出现。根据国家相关机构抽查结果的发现，絮用纤维制品在 pH 值、填充物成分含量、絮用纤维原料要求及产品标识等方面的问题不断。

絮用纤维制品可根据填充物的不同分为以下几种见表 1：

表 1 絮用纤维制品填充种类及存在的主要问题

序 号	填充物种类	主要产品名称	存在的主要问题
1	棉花	棉花被、棉被、棉胎	掺入不合格及劣质棉花、回用棉花
2	羊毛	羊毛被	使用短毛纤维、回用纤维
3	桑蚕丝	蚕丝被、真丝被	使用柞蚕丝代替桑蚕丝、使用中短丝冒充中长丝
4	化纤	化纤被、涤纶被、七孔被、九孔被、中空纤维被	使用单孔纤维被冒充多孔纤维被
5	羽绒	羽绒被	使用粉碎羽毛

二、行业概况

经过多年的发展，我国絮用纤维制品产业形成了明显的集群化态势，结合填充物原料的产地，将产业区域划分为不同的地域。棉花填充物的产品主要聚集在棉花种植省份，如山东、江苏、河北等地，其棉花填充物生产企业较为集中；化纤填充物的产品主要聚集在经济较为发达的东南部沿海地区；羽绒填充物的产品主要聚集在羽绒产地地区，如重庆、四川、浙江等地；蚕丝填充物的产品主要聚集在传统的桑蚕养殖地区，如江苏、浙江等地；羊毛填充物的产品主要在羊毛产区内蒙古地区。这种集群格局有利于把各个产业从原材料到生产加工紧密地结合在一起，充分发挥区域品牌的凝聚力和竞争力，增强整个行业的话语权。

三、标准解读及关键指标分析

1. 主要产品标准

GB 18401—2010《国家纺织产品基本安全技术规范》是强制性国家标准，其中涉及产品检测项目甲醛、pH 值、可分解致癌芳香胺染料、色牢度、异味等。该标准是我国纺织产品的主要检测标准。

GB 18383—2007《絮用纤维制品通用技术要求》是强制性国家标准，用来检测絮用纤维制品填充物，其中涉及检测项目原料外观、纤维含量和卫生指标。

GB/T 22796—2009《被、被套》、GB/T 22843—2009《枕、垫类产品》、FZ/T 81005—2006《绗缝制品》、GB/T 24252—2009《蚕丝被》、QB/T 1193—2012《羽绒羽毛被》、QB/T 1196—2012《羽绒羽毛枕、垫》为相应的产品标准，也是监督抽查中重要依据。

2. 主要卫生安全及性能指标

（1）甲醛

GB 18401—2010 按婴幼儿用品（A 类）、直接接触皮肤产品（B 类）、非直接接触皮肤产品（C 类）分类后分别进行了限量：A 类≤20mg/kg，B 类≤75mg/kg，C 类≤300mg/kg，与欧美指令和目前的国际通行的实际控制标准基本一致。

（2）pH 值

GB 18401—2010 规定婴幼儿产品 pH 值在 4.0～7.5 内，直接接触皮肤的产品 pH 值在 4.0～8.5 内，非直接接触皮肤的产品 pH 值在 4.0～9.0 内，超出范围均为不合格，就是要确保产品的安全性。目前欧盟及欧洲各国均没有制定控制的法规，我国作为强制性标准进行限量，严于欧盟法规。

（3）可分解致癌芳香胺染料

可分解致癌芳香胺染料在 GB 18401—2010 中规定禁用了 24 种，与国际接轨，最高限量值为 20mg/kg，严于欧盟禁用染料规定纺织品致癌芳香胺浓度低于 30mg/kg 的要求。

（4）原料要求

原料要求是絮用纤维制品不同于其他纺织产品的一个重要特征，也是关系到消费者使用的重要指标。

GB 18383—2007《絮用纤维制品通用技术要求》中规定了医用纤维性废弃物、使用过的殡葬用纤维制品、传染病疫区流出的纤维制品、国外的废旧纤维制品、其他被严重污染或有毒有害的物质不得直接或间接作为加工絮用纤维制品的原料、该标准要求检测短纤维率和含杂质率来控制絮用纤维制品的产品质量。

（5）纤维含量

纤维成分含量，指纺织材料的纤维种类及各种类的比例，如棉、化纤等，是决定使用性能的重要指标之一。在我国国家标准中规定填充物的质量偏差为标称含量的10%，其余部分与其他纺织产品一致。

四、常见的主要问题

近年来，国家质检总局已经连续两年开展了絮用纤维制品的国家监督抽查工作。抽查中出现的主要问题是：

1. 纤维含量

纤维成分含量反映了服装产品的真实属性，决定了服装产品的服用性能，也是消费者购买时的主要看考指标之一。

（1）现阶段在市场销售的化纤枕被类产品中的填充物多为单孔或多孔纤维。该种产品常常在外包装、吊牌、耐久性标识中出现“七孔枕”、“九孔被”、“中空纤维被”等字样。实际检测发现，有一部分产品中的絮用纤维填充物却与其标称的不一致。

在枕头和被子的填充物中使用中空纤维或多孔纤维会减轻产品的重量，并且由于纤维中腔内能包含大量静止的空气，使其产品在轻便的同时保暖性能比普通产品提高很多。但有部分企业使用单孔纤维冒充多孔纤维，坑害消费者如图1所示。

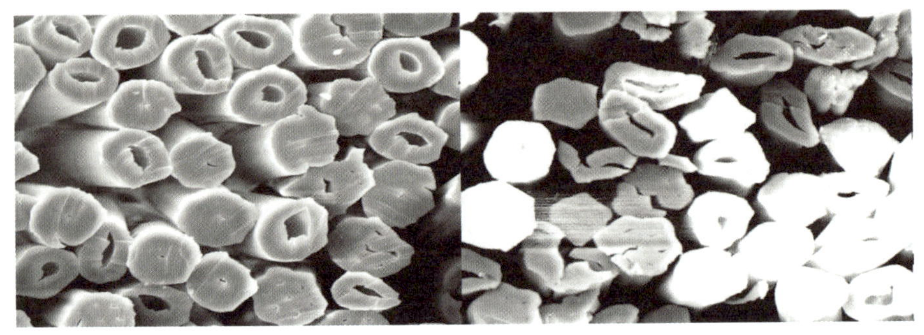

图1　大量单孔纤维冒充多孔纤维

（2）市场上还有一些不法企业将羽毛、毛片等粉碎后作为填充物制作成羽绒被。这种所谓的羽绒被无法起到应有的保暖作用。

这种问题的产生主要有三方面的原因，一是企业产品质量意识淡薄，产品质量控制体系不完善，无全面的原料验货检验制度及质量保证体系，在原料进厂和成品出厂时抽测或不测纤维含量，全凭原料供应商提供的纤维含量值或凭技术人员经验随意标注纤维含量。二是有些企业过分追求利润，降低成本，尤其近年来，原料价格飞涨，不少企业在生产过程中添加价格低廉的化纤如聚酯纤维、黏胶等。三是在絮用纤维填充物中混入其他价低质差的纤维，导致填充物的纤维含量不合格。

2. pH 值

pH 值是反映一个纺织品酸碱度的指标，由于纺织品染色以及后整理过程中不可避免会产生酸碱性的变化，因此纺织品在后整理中必须进行酸碱中和处理，如果中和处理不充分，就会导致产品偏酸或者碱性，达不到国家相关标准的要求。

pH 值不合格的主要原因是织物在后整理过程中需要经过退浆、煮炼、丝光等工序，这些工序所用的整理助剂全部都是碱性的，如果在后续的洗涤过程中稍不充分，操作不规范，造成洁净度不够，就有可能导致 pH 值超标。

3. 原料要求

对絮用纤维制品来说，原料要求是一个非常重要的考核项目，考核是为了鉴别絮用纤维制品中填充物是否使用了部分禁用棉短绒、禁用纤维性回收物、纤维性再生物、细碎纤维及非纤维杂物以及漂白纤维等禁止使用的纤维原材料。此类纤维一般很短，很容易从中钻出，被人体吸入后易引发咳嗽、哮喘等各种呼吸道疾病；另外，如果是有意用纤维性废弃物、废旧衣物、废旧棉胎等为原料加工而成的“黑心棉”（见图 2），由于这类产品未经严格的消毒，很可能成为细菌的温床，含有大量的致病菌，被人体皮肤接触后会受到不同程度的刺激，轻者出现红色斑点，皮肤瘙痒，重者引发皮肤病。而这类产品一旦进入学校宿舍、宾馆、旅社、医院病房等公共场合则会造成更大的不良影响。

建议消费者在购买时选择有信誉的品牌，在正规商场购买，并且最好看到购买产品内部填充物后再购买。

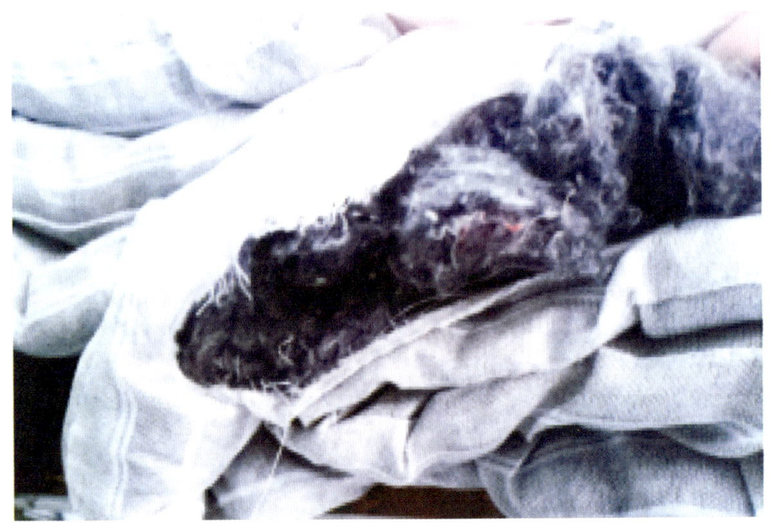

图 2　黑心棉照片

4. 色牢度

染色牢度是反映面料色泽牢固度（包括褪色及对所接触面料沾色）的指标。纺织产品的染色牢度是重要的理化性能指标，由于絮用纤维制品长期与人接触，如果色牢度不合格，在使用过程中染料脱落，污染浅色衣服或转移到皮肤上，脱落的染料分子或重金属离子可能通过皮肤被人体吸收，进而影响消费者的健康。婴幼儿的产品应更加注重对色牢度的控制，因为婴幼儿经常会将被子等物咬在嘴里，若织物的耐唾液色牢度未达标，将导致婴幼儿将染色残留物吸吮到嘴里而受到伤害。

产生此问题的原因可能是由三个方面引起：一是染化料本身有问题或不适合该材质的面料，其中包括纤维特性、目标染色的深浅、染料本身的色牢度级数、染料对纤维的亲和性等。二是助剂的选择和使用不合理，助剂种类不适合、缓染剂的用量大、固色剂的选择、皂洗和水洗时间、柔软剂的选择等。三是染色工艺，染色工艺是染色中的关键环节，染色时间、升温速度和保温时间。

五、选购和使用提示

1. 选购要点

产品标识是了解和选择产品的一个有效渠道，也是正确使用产品的指南。

选择产品时，一定要查看产品标识，了解产品的基本情况，特别要了解絮用纤维制品的基本安全类别和絮用纤维制品的使用范围（是否为生活用），以确认产品是否符合自己的需求。

另外，在选购时还可以通过下面五步进行选购：

"一看"：看看是否有"黑心棉"夹入其中或是经漂白处理。经漂白处理的，颜色呆板，无光泽。以工业废料、旧衣物等为原料的一般色泽灰黑、且会混有大量的碎布条和纱线头。

"二捏"：用手捏一下，看纤维是否松散有弹性，分布是否均匀。若手感不光滑、无弹性、易粘手或衣物的则是有可能是"黑心棉"。

"三扯"："黑心棉"为工业废料、废旧纤维制品再加工纤维等为原料制成，故纤维短、强力低。可取一束纤维用双手抽拔和扯断，若拔出的纤维短（仅为1cm左右）、扯断的纤维断裂整齐、强力低，则是有可能是"黑心棉"。

"四拍"："黑心棉"含杂率高，选购时可以用力拍打制品，看看是否有大量灰尘，若有大量灰尘扬起，则很可能是"黑心棉"，或至少是不合格品。

"五闻"：选购时可以闻闻看是否有异味。经漂白或增白等化学处理"黑心棉"，一般都有较强的异味。

消费者应根据自己的喜好、消费能力来选择适宜的产品。但尽可能购买浅色产品，并且在使用时套上洗涤后的被套和枕套进行使用。

2. 使用及保养要点

絮用纤维制品根据填充物不同，可分为棉花、化纤、羊毛、蚕丝及羽绒等5大类，每类产品由于其自身的特点，在使用和洗涤中都有着特殊的要求：

（1）棉花填充物的絮用纤维制品

由于棉花填充物的絮用纤维制品无法进行洗涤，所以在保养时，可将以棉纤维为填充物的絮用纤维制品在阳光下晒3h～4h，达到一定程度的膨胀，即可收到很好的晾晒效果。晾晒时可将较为耐晒的被套材质一面向着阳光，或让被芯直接接触阳光以收到最好的晾晒效果。晒后，轻拍或扫去被子上的浮尘即可。

（2）化纤填充物的絮用纤维制品

纤维被可以直接放入洗衣机洗涤，或是用冷水手洗，但清洗时要注意不要用洗衣粉重揉。要选用洗涤剂，且洗涤时间不要太久，半小时为佳。洗过的纤维被不会变形，但记住一定要彻底地晾晒干燥，否则会影响其使用寿命。

（3）羽绒和羊毛填充物的絮用纤维制品

羽绒被和羊毛被都必须干洗，也不可以直接在阳光下曝晒，建议选择干燥的天气，将被子晾在通风良好且无阳光直射的地方，时间控制在 1h 左右，即能达到杀菌、去湿气的效果。

（4）蚕丝填充物的絮用纤维制品

丝质的被子不能水洗，通常放到阳台轻晒可以达到除味、消毒的效果，但切记不宜曝晒，1h 左右的晾晒为宜。

3. 收藏要点

收藏时应注意：收藏前必须清洁晾干，叠好装袋平放，不要与其他类产品同袋混装，存放避光、通风、干燥处，以蛋白质纤维为填充物的絮用纤维制品在存放时要注意防蛀。

（由国家纤维纺织服装产品质量监督检验中心周硕撰稿）

羊绒制品

一、产品简介

羊绒制品是指产品中山羊绒含量占30%以上的纺织制品。羊绒制品中消费者选择购买较多的是羊绒服饰，其主要特点如下：

1. 珍贵如金：羊毛根部而肉皮之上的绒毛叫做羊绒，是一种非常珍贵的纺织原料，含量少，品质高，价格昂贵，在国际市场上享有“软黄金”的美称。

2. 质地柔软，光泽柔和：羊绒服饰具有细腻、柔软滑润的优良特性，那蚕丝般柔和亮丽的天然光泽，具有迷人的诱惑力。

3. 轻薄保暖：一款羊绒服饰只有300g左右，羊绒纤维细度在15μm左右，因此织物纹路密而薄，并有天然卷曲、松轻而含空气，故保暖性好。

4. 舒适富有弹性，羊绒服饰具有良好的吸湿性和透气性，贴身穿着，倍感舒适，具有独特的手感，浓郁的自然气息色彩。图1为羊绒衫的彩图。

图1　羊绒衫

二、行业概况

我国羊绒制品生产企业主要分布在内蒙古、浙江、北京、上海、深圳、河北、陕西、甘肃、宁夏、青海、新疆等地，产量占全国的 90%以上。其中内蒙古、浙江、北京、上海、深圳、新疆聚集了全国 95%以上的知名品牌企业，其他各地的生产企业多以中低端产品及贴牌加工为主。

三、标准解读及关键指标分析

1. 标准总体情况

与其他服装标准体系的构建不同，羊绒制品标准体系的建设，需要充分考虑原料特点，保障羊绒制品质量安全。

国内涉及羊绒制品质量安全的主要有以下标准：

GB 18401—2010 是强制性标准，规定了产品的色牢度、异味、甲醛、pH 值和可分解芳香胺染料等几项化学安全性指标，主要是防止因接触人体而导致的不适、过敏或潜在致癌性因素，是目前我国对羊绒制品质量安全进行监管的主要依据。

FZ/T 73009—2009 是推荐性标准，规定了羊绒针织品的技术要求、试验方法、检验及验收规则和包装标志等全部技术特征，适用于鉴定精、粗梳羊绒针织品和含羊绒 30%及以上的羊绒混纺针织品的品质。羊绒针织品按物理指标、染色测评和外观质量的检验结果评定等级，将其分为优等品、一等品、二等品、等外品。

FZ/T 24007—2010 是推荐性标准，规定了粗梳羊绒制品的技术要求、试验方法、检验规则及包装和标志，适用于鉴定各类机织服用粗梳纯羊绒和羊绒含量达 30%及以上的羊绒混纺及交织品的品质。粗梳羊绒织品按实物质量、内在质量和外观质量三项检验结果评定等级，其质量等级分为优等品、一等品、二等品和等外品。

FZ/T 24009—2010 是推荐性标准，规定了精梳羊绒制品的技术要求、试验方法、检验规则及包装和标志，适用于鉴定各类机织服用精梳纯羊绒、羊绒混纺及羊绒交织品（羊绒含量不得低于 10%）的品质。精梳羊绒织品按实物质量、内在质量和外观质量三项检验结果评定等级，其质量等级分为优等品、一等品、二等品和等外品。

FZ/T 24011—2010 是推荐性标准，规定了羊绒机织围巾、披肩的技术要求、试验方法、检验及验收规则、使用说明、包装、运输和贮存，适用于纯山羊绒和含山羊绒 30%及以上的围巾、披肩。羊绒围巾、披肩按内在质量和外观质量的检验结果评定等级，分为一等品和合格品。

2. 关键指标分析

（1）性能指标

产品性能指标涉及使用效果、外观形象、舒适度等方面，主要的性能指标有纤维成分含量、顶破强度、编织密度系数、起球、松弛收缩、标识等。

1）纤维成分含量

纯羊绒针织品应含有 100%的山羊绒纤维，考虑到山羊绒纤维存在形态变异及非人为混入羊毛的因素，其含量不得超过 5%，即成品中山羊绒纤维含量达 95%及以上时，可视为 100%羊绒，并可标为 100%羊绒。羊绒混纺针织品优等品和一等品中的羊绒纤维含量百分比允许偏差为 3%，就是羊绒纤维的减少不高于 3%。羊绒混纺针织品中的其他纤维成分仅限于蚕丝、羊毛等动物纤维及棉、麻等天然植物纤维。

2）单件重量偏差率

羊绒针织品以件为单位。在加工每一件羊绒针织品时，根据使用的纱线粗细、编织的密度等因素设计单件重量。在 FZ/T 73009—2009 中对此项设定，可按供需双方合约规定执行。FZ/T 24011—2010 中规定的单条重量偏差率精梳一等品为≤5%，合格品为≤7%；粗梳一等品为≤5%，合格品为≤7%。

3）平方米重量允差

此项主要反映羊绒机织品的重量指标。FZ/T 24007—2010 中优等品范围为－4.0%～＋4.0%，一等品范围为－5.0%～＋7.0%，二等品范围为－14.0%～＋10.0%；FZ/T 24009—2010 中优等品与一等品的范围均为－4.0%～＋4.0%，二等品范围为－5.0%～＋7.0%。

4）顶破强度

这项指标反映了羊绒针织品的坚牢程度。顶破强度指标的大小与纱线的粗细、编织的密度等有关。顶破强度越大，表明产品使用寿命越长。由于羊绒纤维细度较细，羊绒针织品比一般的羊毛针织品的强度要低。精梳羊绒针织品顶破强度为≥225kPa，粗梳羊绒针织品顶破强度为≥196kPa。

5）断裂强度

与顶破强度一样，此项指标反映了羊绒机织品的坚牢程度。FZ/T 24007—2010 中优等品≥147N，一等品≥127N，二等品≥110N；FZ/T 24009—2010 中 $80^s/2\times80^s/2$ 及单纬纱高于等于 $40^s/1$ 的产品均应≥147N，其他产品均应≥196N；FZ/T 24011—2010 中经向断裂强力精梳品≥100N，粗梳品≥70N。

6）编织密度系数

编织密度系数只考核粗梳单面针织物的优等品和一等品。如这项指标小于 1.0，表明产品的编织密度设计的不合格，产品较松懈。

7）起球

羊绒针织品在实际穿用与洗涤过程中，不断经受摩擦，其表面的纤维端会露出，在表面呈现许多的毛绒，即为“起毛”。若这些毛茸在继续穿用中不能及时脱落，就互相纠缠在一起，被揉成许多球形小粒，通常称为“起球”。羊绒针织品起球，会使产品外观质量恶化。羊绒纤维细而软，较易起球。考核这项指标是控制羊绒针织品的起球程度，起球指标共分为 5 级，1 级最差，5 级最好。优等品不低于 3～4 级，一等品不低于 3 级。

8）二氯甲烷可溶性物质

二氮甲烷可溶性物质指标指测定羊绒针织品中所含二氯甲烷可溶性物质的成分。这项指标过高，会使产品产生异味，手感发黏。要求生产企业在加工工序时控制油剂和助剂用量。优等品不高于 1.5%，一等品不高于 1.7%。

9）松弛收缩

松弛收缩是指羊绒针织品在动态下洗涤后产品的尺寸变化。产品洗涤后无论与原尺寸相比是收缩还是涨大，都要进行控制。优等品和一等品均为±5%。

10）标识标签

指随服装一起的说明书、标牌、合格证等，一般包括品名、产品等级、执行标准、成分、洗涤说明等信息，是消费者选购服装的参考依据，如果标注不正确或者不标就会误导消费者，损害消费者的权益，存在欺诈行为。

（2）安全指标

羊绒针织品安全方面主要涉及化学安全方面，标准中主要安全指标如下：

1）甲醛含量

甲醛是一种无色、具有刺激性气味且易溶于水的有机物，纺织品在树脂整理及固色处理过程中都会使用。GB 18401—2010 按婴幼儿用品（A 类）、直接接触皮肤产品（B 类）、非直接接触皮肤产品（C 类）分类后分别进行了限量：A 类≤20mg/kg，B 类≤75mg/kg，C 类≤300mg/kg，与欧美指令和目前的国际通行的实际控制标准基本一致。

2）pH 值

pH 值是考核面料酸碱度的一项指标，由于人体的皮肤呈弱酸性（健康皮肤的 pH 值在 5.0～5.6），GB 18401—2010 规定直接接触皮肤的产品 pH 值在 4.0～8.5 内，非直接接触皮肤的产品 pH 值在 4.0～9.0 内，超出范围均为不合格，就是要确保产品的安全性。目前欧盟及欧洲各国均没有制定控制的法规，我国作为强制性标准进行限量，严于欧盟法规。

3）色牢度

通常，我们把染色的产品经受外界作用而能保持其原来色泽的性能称作“色牢度”，主要是考核染料附着在纤维、织物之上的牢度，尤其是织物经水湿水洗、日晒、汗渍或物理摩擦后色泽所发生的变化。羊绒针织品的色牢度考核后以级数评定，级数越高，色牢度越好。

耐光指测定羊绒针织品的颜色耐天然光的能力，深颜色和浅颜色耐光色牢度的考核标准不一样；耐洗指经在特配的洗液（仿常用洗液）中洗涤后，羊绒针织品的颜色褪色程度；耐汗渍指经在特配的汗液（仿人体分泌的汗液）中洗涤后，羊绒针织品的颜色褪色程度；耐水指经水洗涤后羊绒针织品的颜色褪色程度；耐摩擦指经摩擦后羊绒针织品的颜色褪色程度。

4）可分解致癌芳香胺染料及致癌致敏染料

GB 18401—2010 规定禁用的可还原致癌芳香胺的偶氮染料为 24 种，与国际接轨，最高限量值为 20mg/kg，严于欧盟禁用染料规定纺织品致癌芳香胺浓度低于 30mg/kg 的要求。

四、常见的主要问题

自 2008 年至 2011 年，国家质监总局连续三年组织开展了羊绒针织品国家监督抽查工作，抽查中发现主要问题如下：

1. 纤维成分含量

纤维成分含量抽查检测合格率不稳定，低于其他安全指标的合格率。造成纤维成分含量不合格的原因主要有：企业质量意识淡薄，未对采购的原料进行严格把关，原料部分送检或者根本不送检而随意标注或者根据供应商提供的数据而盲目标注；企业存在侥幸心理，对于不同批次的同种类面料只检验其中某一批次，以偏概全，而实际检测结果是完全不同性质的成分，因此造成标称值与实际检测值不相符；此外，个别企业胡乱标注成分含量，以次充好来牟利。

建议消费者选购时，留心吊牌上的纤维成分标注，加以适当的鉴别。

2. 松弛尺寸变化率

松弛尺寸变化率反映的是羊绒衫的穿着服用性能，也反映了原料的质量和生产工艺水平。如果生产企业对织造工艺、熨烫工艺不能严格把关，会造成产品密度稀松或小规格产品熨烫成大规格的产品，经洗涤后产品尺寸变形较大影响正常穿着，损害了消费者的利益。

3. 二氯甲烷可溶性物质

二氯甲烷可溶性物质被广泛使用于羊毛、羊绒针织品中，此种物质反映的是针织品中所含的可被二氯甲烷溶剂萃取的成分，包括天然羊毛油脂、生产工艺中添加的各种助剂，如纺纱油剂、洗涤剂、柔软剂等，可增加产品的柔软性，使手感更好。因二氯甲烷对皮肤及黏膜有刺激性，如果助剂用量不当，会使产品该项指标偏高，易出现异味、手感发黏，故国家标准中对二氯甲烷可溶性物质是有限定的。

4. pH 值

原料或成品的染色和后整理工艺大部分都要求在碱性或酸性条件下进行处理，后续处理过程中水洗不充分，会造成童装的 pH 值与人体的皮肤相差太大，从而会破坏人体皮肤酸碱度平衡，会对皮肤产生刺激或引起皮肤过敏。

5. 标识

产品所附吊牌上应有商标、中文厂名厂址、服装号型、成分标识、洗涤标识的图形符号及说明、合格证、产品执行标准编号、产品质量等级等项，这是消费者保护自身合法权益的重要证据之一。

五、选购和使用提示

1. 选购

羊绒产品具有优良特性，虽然其价位较高，仍越来越多地受到广大消费者的青睐。因此，在选购羊绒产品时，应掌握羊绒产品具有的特性，即：滑糯、轻软、柔和等特点。但大多数消费者，要通过单一的“手感”、“目测”，完全熟练地识别羊绒产品的优劣，是有一定难度的。消费者选购时可关注以下几个方面。

（1）标识

按规定，羊绒衫的商标上应注明羊绒含量。羊绒含量越高，价格也越贵。值得注意的是，国家规定羊绒衫含绒量必须在30％以上，才称作羊绒衫，羊绒含量95％以上的可以标注100％羊绒衫。

（2）牢固耐磨性

因羊绒与羊毛的混纺产品，比纯羊绒牢固耐磨，所以一般以混纺一定比例的羊毛较为结实；纯羊绒价格昂贵，反而不够结实，耐磨性也较羊毛衫差，但其服用性能比混纺产品好，在选购时可依据个人需求选择产品。

（3）重量

相同尺寸的羊绒衫与羊毛衫对比，前者明显轻于后者。

a）有些厂家用精纺圆机针织坯布，经缩绒后，制成毛衫，冒充羊绒衫，这种毛衫手感厚实柔软，与羊绒衫轻薄精巧的特点迥然不同，应注意鉴别。

b）对于市场上超低价的羊绒衫，一种是正品羊绒衫，因断码、断号、式样过时，降价销售；一种是混纺，一定的羊绒混一定比例羊毛，绒含量越少，价格越低；最差的一种是根本不含绒，好点的是拿绵羊毛衫冒充（羊绒为山羊绒，绵羊无绒），差的甚至连羊毛含量也不高。因此在选购时应加以区分。

2. 使用

作为高品位的羊绒产品，由于其纤维细而短，故产品的强度、耐磨、起球性能等各项指标均不如羊毛优，它十分娇嫩，其特点真好像“婴儿”的皮肤，柔软、细腻、光滑有弹性，但是，千万记住其娇嫩容易破损，使用不当，易缩短使用期。在穿着羊绒产品时，应特别注意减少较大的摩擦，与羊绒配套的外衣不可太粗糙和坚硬，以避免摩擦损伤纤维降低强度或产生起球现象。

3. 保养

羊绒是蛋白质纤维，特别容易被虫蛀蚀，收藏时应洗净晾干，并放置适量的防虫蛀剂，注意通风、防潮湿，洗涤时注意“三要素”：

（1）必须选用中性洗涤剂；

（2）水温控制在 30℃～35℃；

（3）小心轻搓，不可用力，清水漂净，平铺晾干，不能曝晒。

（由国家羊绒产品质量监督检验中心杨素英、许琳撰稿）

针织泳装

一、产品简介

针织泳装是指采用针织面料制成的适合于游泳时穿着的服装，也广泛应用于沙滩休闲、赛艇等水上运动。针织泳装可分为连体式泳装、分体式泳装和泳裤三种类型，如图1所示。其中连体式泳装主要有直筒式和吊带式等，分体式泳装主要有裙摆式、高腰式及比基尼式等。

泳裤　　连体式泳装　　分体式泳装

图1　针织泳装样式

与普通服装相比，泳装更多的是在公共场合贴身穿着，其安全性和私密性就显得尤为重要，除了所采用的面料要符合国家纺织品基本安全技术要求外，更要求泳装在经受长时间的阳光曝晒以及氯化水（游泳池水）、海水的浸泡后，色牢度、强力等性能的稳定性，否则就容易出现在游泳时泳装破裂或者严重褪色等尴尬现象；同时，泳装的弹性是否适宜也需要考虑，避免穿着过于紧绷的泳装而引起不适。

二、行业概况

我国泳装产业主要分布在北京、上海、浙江、福建、广州、辽宁、山东、江苏等省，占到了全国产量的80%以上，企业数量超过1000家，其中大型企业10%左右，中型企业20%左右，小型企业70%左右。

近年来，我国泳装产业发展迅速，已占据了全球泳装市场70%的份额，产品种类不断增多，质量也在不断地提高，较好地满足了人民群众的消费需求。

三、标准解读及关键指标分析

1. 标准总体情况

国内涉及针织泳装质量安全的主要标准有：

GB 5296.4—2012《消费品使用说明　第4部分：纺织品和服装使用说明》是国家强制性标准，规定了泳装标识标签需要标注的内容和标注方法，防止生产企业不标、漏标甚至胡乱标识。

GB 18401—2010《国家纺织产品基本安全技术规范》是国家强制性标准，规定了产品的色牢度、异味、甲醛、pH值和可分解芳香胺染料等几项基本安全性指标，主要是防止人体因与服装接触而导致瘙痒、过敏或致癌，是目前我国对针织泳装产品质量安全性进行监管的主要依据。

GB/T 22852—2009《针织泳装面料》、FZ/T 73013—2010《针织泳装》是我国泳装面料及针织泳装的推荐性产品标准，在国内外有广泛的应用，也是目前我国监管泳装产品的主要依据之一。

2. 关键指标分析

（1）性能指标

针织泳装的产品性能指标涉及使用效果、外观形象、舒适度等方面，主要的性能指标有纤维成分含量、标签标识、拉伸弹性等。

1）纤维成分含量

指服装材料的纤维种类及各种种类的比例，如80%锦纶/20%氨纶等，它影响泳装的穿着舒适感、洗涤维护等，是决定泳装使用性能的重要指标之一。

2）拉伸弹性伸长率

指在规定负荷作用下泳装面料伸长的长度相对原长度的百分比，是评价泳装穿着是否舒适的一个重要指标，伸长率过小的泳装穿着紧绷，易引起人体不适。

3）耐氯化水（游泳池水）拉伸弹性回复率

是评价游泳在穿着使用后变形的回复程度，耐氯化水（游泳池水）拉伸弹性回复率差的泳装容易在穿着后变形严重，弹性损失较大，失去继续穿着的价值。

（2）安全指标

1）甲醛

甲醛是一种无色、具有刺激性气味且易溶于水的有机物，纺织品在树脂整理及固色处理过程中都会使用。GB 18401—2010 按婴幼儿用品（A 类）、直接接触皮肤产品（B 类）、非直接接触皮肤产品（C 类）分类后分别进行了限量：A 类≤20mg/kg，B 类≤75mg/kg，C 类≤300mg/kg，与欧美指令和目前的国际通行的实际控制标准基本一致。

2）pH 值

pH 值是考核面料酸碱度的一项指标，由于人体的皮肤呈弱酸性（健康皮肤的 pH 值在 5.0～5.6 之间）。GB 18401—2010 规定直接接触皮肤的产品 pH 值在 4.0～8.5 内，非直接接触皮肤的产品 pH 值在 4.0～9.0 内，超出范围均为不合格，就是要确保产品的安全性。目前欧盟及欧洲各国均有相应规定，我国作为强制性标准进行限量，严于欧盟法规。

3）色牢度

主要是考核染料附着在纤维、织物之上的牢度，尤其是泳装经水洗、日晒、汗渍、游泳池水浸泡或物体摩擦后色泽所发生的变化。

4）可分解致癌芳香胺染料

GB 18401—2010 规定禁用的可还原致癌芳香胺染料为 24 种，与国际接轨，最高限量值为 20mg/kg，严于欧盟禁用染料规定纺织品致癌芳香胺浓度低于 30mg/kg 的要求。

（3）标识标签

指随泳装一起的说明书、标牌、合格证等，一般包括产品名称、产品等级、执行标准、纤维成分含量、洗涤说明等信息，是消费者选购泳装的参考依据，如果标注不正确或者不标就会误导消费者，损害消费者的权益，存在欺诈行为。

四、常见的主要问题

自 2008 年至 2012 年，国家质检总局对针织泳装产品开展国家监督抽查时，发现的主要问题如下：

1. 纤维成分含量

纤维成分含量是泳装产品抽查的主要不合格项目，合格率远低于其他抽检项目，但近年来随着各级监管的不断家严和企业质量意识的提高，合格率呈逐年上升趋势。造成纤维成分含量不合格的原因主要有：①首先，纤维含量的检测对技术人员水平要求较高，大多企业实验室无法建立相应的自检能力，企业在无法确定所用原料的成分含量又不愿意送检或不愿意批批送检，在生产时多是根据供应商提供的纤维成分数据或者是估计的纤维成分数据来制作产品的成分标签，准确性差；②企业制作一种纤维含量标签，在不同原料、不同时间生产的产品上混用。或者仅凭经验进行标识；③部分企业对国家关于纤维成分含量表示的要求不清楚，未能正确理解 GB 5296.4—2012、FZ/T 01053—2007《纺织品　纤维含量的标识》等相关标准；④个别企业故意以次充好，明知所用材料是低性能、低价值的纤维却故意标为高性能、高价值的纤维，或者故意标高高性能纤维的含量，以低档次产品冒充高档次产品，误导消费者。

2. 耐海水色牢度

耐海水色牢度是专门针对泳装而设的色牢度项目，耐海水色牢度不合格的泳装，在穿着或洗涤维护过程中，染料易脱落，会沾染浅色衣服或转移到皮肤上，从而影响泳装的继续穿着，同时脱落的染料分子或重金属离子可能通过皮肤被人体吸收，影响身体健康。色牢度不合格的原因较复杂，比如选用的染料不正确、染色工艺不合格、后处理不充分等，不排除个别厂家为了节约成本或技术落后，使用了不合适的染料或减少了某些工序，造成色牢度不合格。

五、选购和使用提示

1. 选购要点

（1）查标识

消费者在购买泳装时首先应关注产品标识。根据国家相关规定，完整的产品标识应至少包含九项内容，包括：产品名称、厂名厂址、规格号型、纤维成分含量、执行标准编号、产品合格证（出厂检验合格证）、产品质量等级、洗涤方法以及安全技术类别等，如图 2 所示。

图 2　泳装标签标识

消费者在选购泳装时，一方面要认真查看纸吊牌或水洗标。当前泳装生产的适用标准是 FZ/T 73013—2010。另一方面要注意看清标识的成分含量。泳装的成分以锦纶或涤纶与氨纶混纺为主。涤纶、锦纶的优点是表面光滑、强力高、吸水率低等，这种面料制成的泳装具有阻力小、强力高、吸湿小等优点。而氨纶的优点则是拉伸弹性好，这也是泳装所必须具备的特性之一。所以，泳装的氨纶含量一般比普通服装要高，超过 15%，较好的泳装氨纶含量甚至可达到 18%左右。如果泳装氨纶含量偏低，则不建议选购。

（2）摸里层

符合标准的要求的泳装下档部位应采用双档，胸部加衬布（或胸垫），且具有良好的透气性，才可使穿着者感觉舒适。因此，消费者在购买时，可用手触摸，或者参考泳装纸吊牌或水洗唛上标识的纤维成分含量，了解其材质。好的泳装里层柔软、有弹性，布料的纹路相对较密，裁剪精致，且采用有弹性的线缝制。

（3）试弹性

所谓的优质泳装并不是弹力越大越好，而是要求回弹复原程度好，能够保证经过多次拉伸后仍能回到原样。建议消费者在选购时可用手反复拉撑几次，观察面料的弹性回复程度。

（4）看缝制

合格的泳装缝制须牢固，线迹平直，圆顺，松紧适宜，合缝处应采用四线及五线包缝或绷缝，选购时应加以注意。尤其泳装在游泳等活动过程中受到了拉伸力较强，经过一段时间的使用后，极易从拼接处开线，造成不必要的尴尬。因此购买时应特别注意，尽量避免选购拼接过多的泳装。

（5）辨成分

建议消费者在选购时注意查看泳装产品明示的纤维成分含量，并通过手感、燃烧等简单的方法加以验证和鉴别。

（6）洗浮色

建议消费者在购买之后，按产品的洗涤要求，单独充分洗涤，去除浮色。

（7）选品牌

一件泳装，从原料的选用、纺纱、织布、染色、缝制到检验出厂，每个环节和工序都需要严格把关，才能够保证产品的纤维含量、色牢度、拉伸弹性伸长率、耐氯化水（游泳池水）拉伸弹性回复率等各项指标符合标准要求。因此，选购泳装，可着重选购实力雄厚、信誉较好的企业产品。如果消费者在买到品牌泳装后发现质量问题，可以向当地质监部门投诉。

2. 维护保养

相比普通服装，泳装经受的穿着条件比较激烈，长时间的日晒、海水浸泡及反复拉伸等，都会对泳装的使用性能造成伤害，只有在穿着使用时保持良好的习惯，进行合理的维护保养，才能延长泳装的寿命。

（1）海水中的盐分，泳池中的氯气，化学试剂和油料都会破坏泳装弹性，下水前应用清水淋湿泳装，以减低受损程度，活动结束后也应冲洗后再脱下泳装。

（2）穿着过程中避免与粗糙的岩石摩擦，减损泳装的使用寿命。

（3）潮湿的泳装不要长时间放在密封袋中，以避免热化褪色或产生异味。

（4）清洗泳装时用手轻轻搓洗，不要加含漂白剂的洗衣粉，切忌用热水来洗，否则容易损伤泳装中的氨纶，使其失去穿着价值。

（5）泳装在阳光下曝晒会影响其颜色和弹性，因此游泳装洗后要在阴凉通风处，让其自然风干，不要使用烘干机或吹风机吹干，否则泳装容易变形。

（由国家纺织服装产品质量监督检验中心（福建）虞学锋撰稿）

针织内衣

一、产品简介

1. 产品定义

内衣是指穿着于外衣里面与体肤比较接近的衣服，包括背心、汗衫、短裤、胸罩等。针织是利用织针把各种原料和品种的纱线构成线圈、再经串套连接成针织品的工艺过程。针织品质地松软，有良好的抗皱性与透气性，并有较大的延伸性与弹性，穿着舒适。目前，90％以上的内衣选用针织品。针织内衣是纺织服装市场最受消费者关注的服装品种之一，有“人体第二皮肤”之称。

2. 产品用途

内衣的主要功能是保暖、吸汗、保护人的体肤以及避免弄污外衣等。随着人们生活水平的提高，消费者对内衣的要求亦有显著的变化，从普通内衣发展到塑身内衣，从纯棉内衣发展到新型纤维的保健内衣，从厚重的保暖内衣发展到单薄、效果更佳的保暖内衣，从款式、颜色单一的护身内衣发展到色彩新颖、装饰多样的装饰内衣。

3. 产品分类

针织内衣的品种很多，按其功能的不同可分为普通内衣（如棉毛衫裤、汗衫背心、内裤、衬裙、衬衣、睡衣、睡袍、睡衣裤、家居服、婴幼儿装等），保暖内衣、美体塑身内衣、装饰内衣和保健内衣等。从原料上可分为纯天然纤维（如棉、毛、丝、麻），化学纤维和两种及以上纤维混纺交织的产品。

4. 产品特点

（1）普通内衣的特点

普通内衣穿着舒适、品种多。布面细腻、柔软、透气、时尚、大方、保暖。内衣的结构方式一般采用针织，不管用的材料是真丝的、全棉的、化纤的、混纺的，都会使它们产生很强的伸缩力，即我们习惯上所说的弹性。而双层结构的针织面料，其弹性又强于单层的。新科技材质的开发，使得有更符合人体美学的材质亮相，不仅延展性佳，与肌肤触感柔细，更重要是提高了排汗性及吸湿速干性。

（2）调整型内衣的特点

调整型内衣所依据的原理是脂肪游离。在人体学上，尤其对脂肪较多的女性来说，脂肪是可游离的。调整型内衣的功效，是可以免受许多痛苦便可以轻轻松松保持好身材，体现出对舒适、美体、健身、功能、性感等方面功能性和其他感性及理性要求。正确的内衣穿着能够让胸型更美丽，也可以引导保护骨架均匀正常发展，矫正体态，而且坚持穿就会有一定的塑身效果。

弹性蕾丝、莱卡弹性布料的运用，使得新一代调整型内衣具有透气、轻薄的优点，整件内衣都采用弹性加强材质，使得内衣对身材的约束力量更加平均分布，减少赘肉被挤压而往旁流窜的副作用。如调整型胸罩可修饰胸部曲线，使胸部挺立、增加丰满感；束腰可制造腰线，拉高腰的位置，控制胃、腹脂肪的囤积；束裤可用来抬高并制造浑圆臀形，同时可抑制小腹突出，长型束裤还能紧缩大腿赘肉，修饰臀部至大腿间的曲线；胸腰腹三合一束衣可调整胸、腰、腹三部位曲线，穿起来具稳定性，不易松动；全身束衣从胸至臀，连身包起，除雕塑各部位曲线外，可防止驼背、矫正姿势。

（3）保暖内衣的特点

保暖内衣可以让我们轻松地抵御寒冷，帮我们越冬。以其轻柔、保暖的特点，保暖内衣使人们从冬季穿着臃肿的苦恼中解脱。保暖内衣采用独特编织技术，将保暖层与面料编织在一起，也有的采用三维（圆中空）卷曲纤维与超细涤纶合成针刺，即使经超弹力拉伸或洗涤后也不会出现面、里、胆分离现象，具有塑身高弹性。由于使用的针织手法独特，使保暖内衣体现出上佳的柔软性和随身性，与人体自然贴合，即使重复多次洗涤后仍能保持上佳弹性。还具有较好的导湿透气性。

各种保暖内衣的特点：第一种：加膜保暖内衣。优缺点：在面料中使用塑料薄膜，保温性能较好，但透气透湿性差。这种保暖内衣基本没有了。第二种：多层保暖内衣。中间夹有絮料，如果絮料是羊毛或羊绒，会非常暖和，缺点是比较厚。第三种：起绒保暖内衣。由于起绒，其表面可形成一层空气层，能起到较好的保暖作用，但易产生静电。第四种：纤维保暖内衣。采用中空纤维、毛纤维等特殊纤维，起到保温作用。

纯羊毛内衣通常采用超细美丽诺羊毛原料纺出的高织纱精制而成，可以贴身穿着，没有刺痒感。它最显著的一个优点是质地轻薄，但保暖性可与厚毛衬裤相媲美。纯羊毛内衣选用的是经过防缩处理的毛纱，所以只要按正确的洗涤方法洗涤，无论手洗、机洗都不会缩水变形。

二、行业概况

1. 生产企业分布

北京和上海的针织内衣企业除了个别大型企业外，基本上是品牌运作，生产以外包加工为主。

山东省的针织内衣生产企业大多集中在济南和青岛两市及其周边地区。离青岛仅 40km 的即墨市是山东省针织内衣最密集的生产地，但很大一部分是外贸加工型企业。

在广东、福建，许多针织企业加工国际名牌内衣，生产量大，质量也达到客户要求。但从整个行业看，总体水平仍然较相对滞后，产品档次参差不齐，水平差距很大。

江苏的针织内衣企业主要集中在江苏南部的江阴市、无锡市和常州市等地，除个别大型企业外，以家庭作坊型企业为主。

浙江的针织内衣企业主要集中在义乌市、宁波市和温州市等经济发达的城市，以出口加工为主。内销产品的生产主要集中在义乌市，以无缝美体内衣为主导产品，该地区企业购买的意大利无缝织机占全国总购买量的 80%以上。

湖北省的针织内衣产品生产企业数量不是很多，主要有两家规模较大的企业，从而带动其他企业的发展。

北京、上海、江苏、浙江、山东、湖北等地区的针织内衣生产企业的规模和数量在全国占主导地位，产量占据了全国总产值的70%以上，企业生产形成了集群式的分布格局，在每一个集群分布格局内均形成了一个完整的产业链。

2. 行业特点和发展水平

内衣业天生就是一个“美”的行业，拥有着一个具备增长潜力和独特需求的市场。纵观内衣业的发展，一方面，行业前景看好；另一方面，行业发展到了十字路口，内衣业已进入了品牌竞争时代。目前中国内衣市场的增长主要来自于两个方面：一个是来自于与经济收入同步的增长，另一个来源于对内衣消费更开放的认识观念。内衣往往是社会福祉的指示器。中国的内衣市场处于演变的转折期，内衣的演变是社会观念（价值、生活方式）演变史，也是时尚演变史。因为对于许多消费者，不敢穿着过分前卫的外衣，却敢尝试最开放的内衣。因而，内衣自身成为一种文明进步的自信体现。

在各种服装销售总量所占比重上升最快的就是内衣的销售量了，从市场的观察数据来看，女性内衣、文胸的销售上升空间很大，如果说中国有两亿人属于文胸佩戴者的话，文胸的年销售量就会有6亿套以上。中国的内衣市场大有伸展的拳脚。

针织行业在我国正处在一个兴旺发达的新阶段。目前，我国针织行业已经形成了以南强北弱、东强西弱为大气候的地区性规模经济。针织内衣行业的发展不仅体现在企业数量和生产销售额的增长上，生产规模、品种开发、质量档次方面也取得了长足的进步。可以说，我国一些针织内衣企业在品种开发、产品标准等一些领域赶上了国际先进水平。

3. 国内外发展趋势

我国的内衣产业与世界发达国家相比，无论在市场，还是在产业和竞争上，都还存在着一定的差异。针织产品从内到外的发展空间都有增大。对内衣而言，功能的多元化、品种的细分化使内衣市场不断扩大，如针织外套由于其自身结构特点，有着梭织无法达到的弹性和垂感，并以此获得人们喜爱。美国的针织衣物远远多于梭织衣物，目前我国服装针织与梭织的比例为3∶7，我国的针织衣物还有很大的发展空间。

品牌化也是未来的一个趋势，我们的民族品牌最大的弱势在于创新力不足。广东、山东产量虽大，但大都是贴牌生产，一些老品牌开始走下坡路，国外的品牌正在迅速占领中国高端市场。如何在激烈的竞争中靠品牌提升核心竞争力，是针织行业普遍面对的问题。此外，制定出符合国际水平的质量标准和测试方法标准以突破“绿色壁垒”的封锁，促进国内企业的良性竞争；以新技术求发展，重视研发人才的培养，也是整个行业的大走向。

三、标准解读及关键指标分析

1. 标准总体情况

目前我国涉及针织内衣的相关标准，见表1。

表1　针织内衣相关标准一览表

序　号	标准名称	标准编号
1	《国家纺织产品基本安全技术规范》	GB 18401—2010
2	《消费者使用说明　第4部分：纺织品和服装使用说明》	GB 5296.4—2012
3	《棉针织内衣》	GB/T 8878—2009
4	《纺织品　纤维含量的标识》	FZ/T 01053—2007
5	《针织保暖内衣 絮片类》	FZ/T 73016—2000
6	《针织塑身内衣　弹力型》	FZ/T 73019.1—2010
7	《针织塑身内衣　调整型》	FZ/T 73019.2—2004
8	《针织保暖内衣》	FZ/T 73022—2012
9	《化纤针织内衣》	FZ/T 73024—2006
10	《针织彩棉内衣》	FZ/T 73035—2010

GB 18401—2010是强制性国家标准，其中涉及产品检测项目甲醛、pH值、可分解致癌芳香胺染料、色牢度、异味等检测项目。该标准是我国纺织产品的主要检测及监督标准。

GB 5296.4—2012也是强制性国家标准。它是消费者了解和选择产品的一个有效渠道，也是消费者正确使用产品的指南。产品的生产者应提供产品规格、性能、使用方法等方面必要信息的载体，采用吊牌、标签、包装说明、使用说明书等形式，以指导消费者正确选购和使用，这是生产和经销者应尽的责任。标识是生产者对消费者质量承诺的标志。

2. 关键指标分析

（1）甲醛含量

GB 18401—2010 按婴幼儿用品（A 类）、直接接触皮肤产品（B 类）、非直接接触皮肤产品（C 类）分类后分别进行了限量：A 类≤20mg/kg，B 类≤75mg/kg，C 类≤300mg/kg。

（2）pH 值

GB 18401—2010 规定婴幼儿产品 pH 值在 4.0～7.5 内，直接接触皮肤的产品 pH 值在 4.0～8.5 内，非直接接触皮肤的产品 pH 值在4.0～9.0内，超出范围均为不合格。

（3）可分解致癌芳香胺染料

染料分子结构中凡是含有偶氮基的统称为偶氮染料，即可分解芳香胺染料。偶氮染料是合成染料中品种最多的一类，广泛应用于多种天然和化学纤维的染色和印花中。部分偶氮染料经还原会释放出法规指定的致癌芳香胺类而被禁用。

在 GB 18401—2010 中规定禁用了 24 种可分解致癌芳香胺染料，与国际接轨，最高限量值为 20mg/kg，严于欧盟禁用染料规定纺织品致癌芳香胺浓度低于 30mg/kg 的要求。

（4）色牢度

色牢度是纺织品在使用或加工过程中，经受外部因素（水洗、摩擦、水浸、汗渍、唾液等）作用下的坚牢程度。色牢度的优劣直接影响穿着美观和身体健康。一般应达到 GB 18401—2010 的 B 类指标要求，婴幼儿产品则应达到 A 类要求。

（5）异味

针织内衣不允许嗅到 GB 18401—2010 中规定的异味。

（6）纤维成分含量

纤维成分含量指纺织材料的纤维种类及各种类的比例，如棉、化纤等，是决定使用性能的重要指标之一。在我国国家标准中规定偏差为标称含量的 5%。

（7）水洗尺寸变化率

水洗尺寸变化率是将针织内衣试样在规定水温和时间下洗涤，测量洗后的尺寸变化。标准中规定横向和直向水洗尺寸变化率分别表示。

（8）顶破强度

顶破强度是针织内衣试样单位面积在力的作用下，承受的最大的强力，反映出产品的耐穿性能。一般针织内衣密度稀疏，纱线强力较差都会使产品强力下降。

（9）保温率

保暖内衣的保温率能反映产品的保暖性能，保暖率越高，保暖性能就越好。

四、常见的主要问题

近年来国家监督抽查发现的主要不合格项目如下：

1. 一般使用性能指标

水洗尺寸变化率、顶破强度、保暖内衣的保温率是针织内衣产品较为重要的使用性能，纤维成分及含量也是消费者关注的重要指标之一。

（1）纤维含量

抽查中出现最多的产品质量问题是纤维含量不合格，表现在纤维含量实测值与标称值的差值超出了标准规定的允差。针织内衣的生产往往是小批量、多批次、原料采购多渠道，容易出现批次间的差异。若企业不能做到对原料或产品进行逐批检验，则极易出现质量问题。

（2）水洗尺寸变化率

水洗尺寸变化率，也是针织内衣容易出现的质量问题。主要是原料、织物组织、后整理工艺等影响因素较多，需要各道环节严格把关，才能保证产品质量。

2. 安全性能指标

（1）甲醛含量

甲醛含量是纺织品安全性指标之一，在2003年起实施的国家强制标准中就有所要求。该指标反映了纺织品中游离甲醛的含量。甲醛对人体危害较大，在内衣产品中应予以严格控制。前几年国家产品抽查中，出现甲醛含量不合格现象。这两年这项指标没有出现不合格的情况。

（2）pH 值

pH 值也是纺织品安全性指标之一，它反映了纺织品水萃取溶液的酸碱性程度。对直接接触皮肤的针织内衣产品而言，其 pH 值应在适当的范围内。这几年连续抽查针织内衣，该项指标不合格率逐年降低了。

（3）其他

可分解芳香胺染料、耐水色牢度、耐汗渍色牢度、耐干摩擦色牢度等基本安全检验项目以及耐洗色牢度、保温率（保暖内衣）检验项目在近年的抽查中没有出现不合格情况。

五、选购和使用提示

1. 选购提示

（1）标识

产品标识是消费者了解和选择产品的一个有效渠道，也是消费者正确使用产品的指南。产品的生产者应提供产品规格、性能、使用方法等方面必要信息的载体，采用吊牌、标签、包装说明、使用说明书等形式，以指导消费者正确选购和使用，这是生产和经销者应尽的责任。标识是生产者对消费者质量承诺的标志。

消费者在选购针织内衣时，首先要检查产品标识是否齐全，内外标识内容是否一致，最重要的是内容所表述的产品信息是否符合自己的需求。

近几年，抗菌型、保健型等功能型针织内衣成为市场的又一亮点，消费者在购买这类针织内衣时应注意其功能性检测报告。

（2）产品的规格尺寸

针织内衣产品的规格尺寸是以号型来表示的。“号”是指人体的身高，以厘米为单位，是选购内衣长短的依据；“型”是指人体的上体胸围和下体腰围，以厘米为单位，是选购内衣肥瘦的依据。在内衣上应标明总体高和成品胸、臀围。表示方法：总体高与围度之间用斜线分开。如 165/90，即“165”表示人体身高，“90”表示人体的围度。

（3）纤维成分和含量

“棉、毛、丝、麻”是大家所熟悉的天然纤维，涤纶、腈纶、锦纶等是化学纤维。而在近一两年中，内衣产品的纤维成分标注中较多地出现了“莫代尔”、“莱赛尔”、“莱卡”、“维勒夫特”等化学纤维新名词，这些化学纤维实际上是化学纤维外来语的译音或商业名称。以“莫代尔”和“莱赛尔”为例，两者都属于再生纤维素纤维大类，是普通黏胶纤维的换代产品。由于原料来源及生产工艺的不同，“莫代尔”纤维为高湿模量纤维，而“莱赛尔”由于采用新型环保溶剂进行生产，又被称作新型（再生）纤维素纤维，它们都是化学纤维。

提起化学纤维，一些消费者并不十分认可，其实化学纤维也是内衣产品的主要原料，尤其是新型原料的使用，改善了产品性能，使织物表面光泽度较好，柔软，垂度也非常好，织物风格大为改善，面料的手感、感观度有很大提高，不但提升了产品档次，也提高了产品的品位。在穿着或洗涤上，消费者应参考明示的方法。

（4）外观质量

质量令人满意的产品，应缝迹圆顺，横平竖直，不存在起皱的现象，更不能有漏缝的问题。首先，缝迹处应是否有针洞，由于针织品尤其是单面组织产品的脱散性很强，一旦出现针洞，很快形成破洞，影响产品的服用性能。其次，要观察产品各个部位的对称性，如两个肩宽、两个袖长（或裤长）、左右肋缝等是否一致，色泽上主附料颜色是否一致（特殊设计除外）。

（5）面料

面料是构成产品的主体，而面料是由纱线织造而成的。纱线支越高（或纱线号数较小），纱线越细，织成的面料手感细腻，穿着较为舒适。由于工艺及制作的原因，针织面料的直横向纹路会存在一定的歪斜，但是纹路歪斜不能过大，否则水洗后扭曲变形过大，影响产品的穿着使用。

（6）保暖内衣的保暖性能

保暖内衣的保暖效果主要体现在低温状态下减少人体热能的散发，同时有效地阻止外界冷空气对人体的侵袭，对成衣而言主要取决于纤维的种类和面料的组织结构及平方米克重，相同条件下热阻高的纤维制成的面料，保暖效果较好。保暖效果是一项综合性指标的体现，面料的组织结构对保暖效果影响很大。织物厚或蓬松度高的织物中往往静态空气含量高保暖性能较好。

（7）颜色

选择内衣最好是本色或浅色的，尽可能不要买深红色、紫红色、藏青色、咖啡色、墨绿色和黑色的。如果你对这些颜色特别偏爱，则一定要勤洗勤换。白色的内衣也不是很安全的，这种制品往往加上一种荧光加白剂。此外，选购儿童内衣时应该注意选购白色或贴近肤色的浅色服装为最佳，尽量选用不带束腰功能的内衣，且宝宝内衣最适合的是纯棉面料，购买儿童内衣，注意产品应带有标识且说明齐全规范。

2. 使用提示

（1）丝质衣物虽然轻柔亮泽，但容易褶皱、缩水和受日光损坏，故宜用中性洗剂，并以手洗，然后用毛巾吸干水分，平放风干。

（2）附有拉链的全身束衣，在清洗时必须先将拉链拉上，活动肩带类的胸围（即可作无肩带使用的胸围）最好先将活动的肩带取出，分开清洗。

（3）软圈及拉链的内衣须用手洗，最好使用“压洗法”及“搓洗法”洗涤。

（4）由于一般内衣均采用较柔软及纤巧的质料，故洗衣时按照标签所指示，放入洗衣网内洗涤，但必须注意的是放入网内的内衣，须以洗衣网的一半为限。洗衣时须将附有金属或软圈的衣物，以及没有软圈的衣物分开放入，以免损坏其他衣物。如遇软圈变形的情形，小心谨慎地用手搓回原来形状，切勿过急地用力强行使其变回原状，要点是使其慢慢恢复本来的形状。

（5）内衣放在原洗衣网内干衣（脱水）再以干毛巾包上，用手挤压，使水分被毛巾吸收。因如用双手直接扭出水分，容易弄皱及使内衣的质料受损坏。

（6）洗后用手轻轻挤或用毛巾把内衣包在中间吸取水分，甩几下，拉平，尽量把皱纹弄平，用夹子夹住没有弹性的地方，倒挂起来。（文胸的花边浸水后变沉向下堆着，晾干后很难看，所以要倒挂在通风处晾干）。

（7）洗完后应马上晾干，以免长久处在湿润的状况下，产生皱折及褪色。太阳光的直射是文胸变黄、褪色、布料弱化的原因，室内暖气亦会造成变黄，请避免。

（8）细致的蕾丝花边内衣或含软圈的内衣请用手洗。

（9）使用洗衣机时请使用护袋洗涤。

（10）保暖内衣不可干洗，最理想的方法是轻柔机洗或手洗。水温不超过

40℃，最好控制在30℃左右。须选用中性洗涤剂，不可用含有增白剂的洗涤皂或洗涤剂。洗涤剂要适量，过多的洗涤剂会给面料带来负担，从而影响内衣质地。

（由国家纤维纺织服装产品质量监督检验中心孔丽萍撰稿）

运动服装

随着我国居民的收入稳步增长、健康意识逐渐提升，同时以社区为基础的全民健身计划全面铺开，体育运动成为人们日常休闲活动的重要组成部分，运动服装越来越受到人们的青睐，已成为日益重要的服饰商品。运动服装的质量安全直接关系着人民群众的身体健康和生命安全，存在缺陷的运动服装易引发危险，给运动人员带来伤害。

一、产品简介

运动服装，是指适合运动时穿着的服装。按体育运动项目大致分为田径服、球类运动服、水上运动服、举重服、摔跤服、体操服、冰上运动服、登山服、击剑服等。运动服装按功能分为防护功能（防风、防水和恶劣天气）、隔绝功能（保暖）、透湿和透气功能、弹性功能和低阻抗力功能等专业或非专业运动服装；按用途分为领奖服装、比赛服装、运动装和休闲服装（包括时尚运动服装）。

运动服装具有普遍性、耐用性、多需性和专业性的基本特征，人们依据不同的运动需求选择相应的服装。随着人们生活节奏的加快，为了追赶时间的步伐，随意简单的装扮已经成为社会的流行潮流。运动服穿起来没有拘束感，轻松随意的特点让男女老少都乐于接受。运动服装已不再是传统意义上在特定场合穿着且具有鲜明特点的服装，而在与普通服装相互渗透中，向多元化方向发展，不管是专卖运动服饰的运动品牌还是以个性打造出帅气时尚的运动休闲品牌，多种风格的相互搭配，都可以配出不一样的感觉。运动装扮不仅仅是在运动时才适合穿着，上班、聚会、逛街等不同场合，也可以搭配出相称的装扮。图 1 为几类运动服装样式。

图 1　运动服装样式

二、行业状况

1. 行业分布

我国运动服装企业分布较为集中，主要集中在东南部沿海各省市，如浙江、福建、广东等地，其产量已占世界运动服装总产量的 65%左右。其中浙江的运动服装企业占运动服企业的 25%、福建占 21%、广东占 18%、上海占 6%、江苏占 5%、山东占 5%、北京占 4%、河北占 4%，其余地区所占比例相对较少。

目前，全国运动服装生产厂家已达到约九千多家，主营产品或服务包括泳装、球服、户外运动服装、室内健身服装等运动服装，同时行业企业数呈逐年上升趋势。

2. 行业特点和发展水平

根据中国运动服饰行业数据显示，2010 年我国运动服装销售额已达到 669 亿元，成为我国运动服饰的最大细分市场。根据 Euromonitor 的预测，

2015 年我国运动服装销售额将达到上千亿元。

我国运动服装行业的发展，突出表现为追求新、奇、美的个性化消费模式，已由以往的单一化转变为多元化和多层次化。不同年龄阶段的消费群体，对运动服装的消费选择也不同，详见表 1 所示。随着生活水平的不断提高而呈现从低层次向高层次的渐变，更加重视运动服装的面料性能、舒适性和功能性，以及品牌、款式和色彩。

表 1　休闲运动服装层次需求特点与影响因素

消费群体	运动服装需求	主要影响因素
学龄前儿童	侧重色彩的艳丽和舒适	舒适、易洗快干
中小学生	运动休闲装为主，便于运动、耐磨	运动量大，服装消耗快
青年男女	注重服装款式、色调和品牌	受品牌和明星着装的影响
中年人	偏重款式简洁素雅且品质较好，适合多种场合	受工作环境、个人身份和社会角色等因素的限制，同时锻炼机会少
老年消费者	收入偏低者：价格、面料、款式和耐穿；收入偏高者：款式、品牌、做工和价格	重视自身的健康和保健、价格和舒适
专业运动员	根据所参与的体育运动选择	符合运动力学和人体工程学，及其功能性和科技含量等

3. 行业发展状况

调查表明，亚洲已经成长为继美国与欧洲之后的全球第三大体育设备与服装市场，中国市场的潜力尤为巨大。近几年运动服饰是我国服饰类商品中销售增长最快的产品，行业规模逐年扩大，行业形势乐观。金融危机影响下，行业增长势头减弱，然而并没有出现负增长现象或趋势，行业总体保证了生产和盈利。

近年来，我国运动服装行业在生产厂家、企业数量增加的基础上，已有企业的规模也在扩大，形成了整个行业扩大的良好形势。行业企业将资金投入到新技术、新设备中，聘请更多的专业技术人员和生产人员加入到行业生产中，使行业产品质量和数量都得到了提升，还有很多企业选择在香港、新加坡等地上市，开始与世界品牌展开角逐。

随着近几年中国经济的飞速发展和城镇化建设的不断加快，人们在忙碌于工作的同时也感到压力的逐渐增大，而户外行业正是因为它放松、减压的宣传理念逐渐被人们所看重。户外爱好者从寥寥无几到随处可见，户外运动从默默无闻到现在耳熟能详，可以说，中国的户外市场已步入了飞速发展的时代。

后奥运时代的来临，休闲运动的回归，休闲消费在人们生活中的比重越来越大。目前的中国户外市场，人均消费虽然还远远不及欧美等发达国家，但品牌的普及度和户外运动的传播速度已今非昔比。2012 年的户外运动市场呈现出飞跃式增长，众多业内品牌都取得了较大的发展，而很多传统体育用品品牌也加快了开拓户外用品市场的步伐。最为明显的例子就是在各大百货商场中的户外产品区域不断扩大，街头巷尾的中小型户外运动用品专卖店也越来越多。这些都足以体现户外运动已被越来越多人普通人群所接受，并逐渐成为生活中不可缺少的一部分。户外运运服饰如图 2 所示。

在运动服装行业发展的问题上，我们还有很长的路要走，更重要的就是重视运动服装产品质量与品牌的建设问题，及早与国际接轨，尽早地实现我国运动服装业的腾飞。

图 2　户外运动服装

三、标准解读及关键指标分析

1. 标准总体情况

国内目前涉及运动服装质量安全的主要有以下标准：

GB 18401—2010《国家纺织产品基本安全技术规范》是强制性标准，规定了产品的色牢度、异味、甲醛、pH 值和可分解致癌芳香胺染料等几项化学安全性指标，主要是防止因接触人体而导致的不适、过敏或潜在致癌性因素，是目前我国对运动服装产品质量安全进行监管的主要依据。

GB/T 18885—2009《生态纺织品技术要求》是推荐性标准，规定了致敏染料、PVC 增塑剂、可萃取重金属、有机氯载体、挥发性物质释放、含氯酚、有机锡化合物、杀虫剂、抗菌整理、阻燃整理等化学安全要求。

GB/T 22853—2009《针织运动服》、GB/T 21980—2008《专业运动服装和防护用品通用技术规范》推荐性标准主要规定针织运动服和以纺织机织物为主要原料生产的专业运动服装和防护用品的产品质量，包含水洗尺寸变化率、色牢度、纤维成分、透湿量等项目的检测，是目前对运动服装进行监督抽查的主要依据。

QB/T 1616—2005《运动手套》、FZ/T 73037—2010《针织运动袜》等标准是目前与运动服装相配套的手套、袜子服饰产品。

2. 关键指标分析

消费者对运动服装的质量关注点主要集中在穿着过程是否容易起球、是否会褪色及沾染衣物、运动时是否容易开裂以及是否具有良好的透湿性等方面。运动服装关键性指标主要分为两类，一类为物理性能指标，包括透湿量、色牢度、力学性能、起球等，另一类为化学安全性指标，包括甲醛含量、pH 值、可分解致癌芳香胺染料、邻苯二甲酸盐及 APEO 等。另外，标识标签作为生产厂家向消费者传递产品信息的工具也具有重要的作用。

（1）物理性能指标

1）透湿量

透湿性是运动服装热舒适性评价的重要内容。运动过程人体会产生大量的汗液，具有良好透湿性能的服装可以使人体散发的汗液以水蒸气的形式通过面料传导到外界，避免汗液积聚冷凝在体表与面料之间，从而保持服装的舒适性，目前可以通过纤维、涂层、层压防水透湿膜等实现服装的透湿性。

2）力学性能

主要指标包括针织运动服装的顶破强力、接缝强力及机织运动服装的裤后裆接缝强力、撕破强力和纰裂等。人们在运动过程中往往具有较大的运动强度和运动幅度，服装的力学性能达不到标准要求在使用过程中容易引起面料破裂、肩缝、袖窿缝、侧缝、裤后档等处的缝口脱开，从而造成一些尴尬情况的发生。

3）色牢度

色牢度是考核染料附着在纤维、织物之上的牢度，尤其是织物经水浸、汗渍、唾液浸润以及皂洗、日晒或摩擦后色泽所发生的变化。通常运动服装的洗涤频率高，受日光照射多，且人们在运动过程中，服装会接触到人体的大量汗液，拼接染色部位易出现互染现象，因此，运动服装应具有良好的耐皂洗色牢度、耐光色牢度、耐汗渍色牢度及拼接互染色牢度等。

4）起球

人们在进行运动时，服装在穿着时受到机械摩擦作用，纤维露出织物表面形成起毛，继续摩擦后，纤维缠结继而成球。若起球不符合标准要求，会严重影响服装的美观。影响起毛起球的因素很多，包括纤维种类、纤维细度、纱线捻度、组织结构、面料风格、整理工艺、穿着习惯等。

（2）化学指标

1）甲醛含量

甲醛是一种无色、具有刺激性气味且易溶于水的有机物，纺织品在树脂整理及固色处理过程中都会使用。它经常被用于提高助剂在织物上的耐久性，特别是功能性服装的后整理环节。GB 18401—2010 规定婴幼儿用品应符合 A 类≤20mg/kg、直接接触皮肤产品至少应符合 B 类≤75mg/kg 、非直接接触皮肤产品至少应符合 C 类≤300mg/kg。

2）pH 值

pH 值是考核面料酸碱性的一项指标，由于人体的皮肤呈弱酸性（健康皮肤的 pH 值在 5.0～5.6），GB 18401—2010 规定婴幼儿用品 pH 值应在 4.0～7.5、直接接触皮肤的产品 pH 值应在 4.0～8.5，非直接接触皮肤的产品 pH 值在 4.0～9.0。

3）可分解致癌芳香胺染料

可分解致癌芳香胺染料是服装类产品最基本的质量指标之一，GB 18401—2010规定禁用的可还原致癌芳香胺的偶氮染料为 24 种，与国际接轨，最高限量值为 20mg/kg。

4）邻苯二甲酸盐、APEO 等

为提高运动服装的户外性能，生产厂家会加入一些纺织助剂来提高其服用性能，如邻苯二甲酸盐、APEO 等。邻苯二甲酸盐类是一种危害健康的化学品，普遍应用于染色助剂中，邻苯二甲酸盐含量超标的话，可能影响孩子的性征发育等。APEO包括壬基酚聚氧乙烯醚、辛基酚聚氧乙烯醚、十二烷基酚聚氧乙烯醚、二壬基酚聚氧乙烯醚，因具有润湿、渗透、乳化、分散、增溶、去污等多种优异功能，所以纺织助剂中涉及的品种多、用量大，穿着此类化学品超标的服装进行运动有损人体健康。

（3）标识标签

标识标签是一种向消费者传达产品性能、质量状况、维护方法等信息的工具，包括制造者的名称地址、产品名称、号型（规格）、原材料成分和含量、洗涤维护方法、执行标准、产品等级、安全技术类别、产品合格证明等信息。标签示例如图3所示。

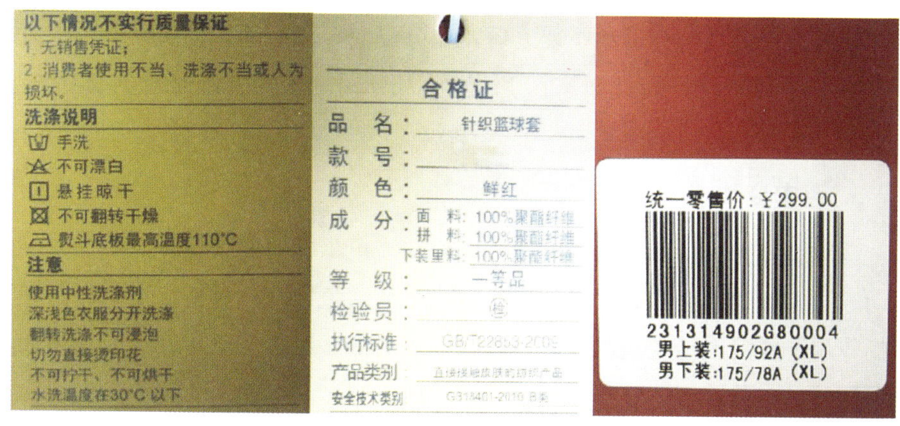

图3　运动服装的标识标签示例

四、常见的主要问题

国家质量监督检验检疫总局于2008年、2011年及2012年对运动服装开展了国家监督抽查工作，抽查项目主要参照了国家标准GB 18401—2010《国家纺织产品基本安全技术规范》，发现的主要问题如下。

1. 甲醛含量

甲醛可以通过人体呼吸道及皮肤接触引发呼吸道炎症或皮肤炎症，还会对眼睛产生刺激，对人体产生严重的危害作用。同时，它也是多种过敏症的引发剂，长期穿着会致癌。

生产运动服装面料时，为了达到防皱、防缩等效果，常在助剂中添加甲醛。部分企业为降低成本而采用质量低下的甲醛整理剂，不但本身甲醛含量超标，在应用过程中也会游离出大量甲醛。

甲醛是易溶于水的化学物质，建议消费者购买运动服之后及时进行充分洗涤，去除服装中的残余甲醛，以保证服装的化学安全性。

2. pH 值

运动服装的 pH 值与人体的皮肤若相差太大，会破坏人体皮肤酸碱度平衡，对皮肤产生刺激或引起皮肤过敏。

产品 pH 值不合格主要是因为面料的染色和后整理工艺大部分要求在碱性或酸性条件下进行，后续处理过程中若水洗不充分，就会使 pH 值超出规定范围。

建议消费者在购买运动服装之后，充分浸泡一段时间，使服装的 pH 值接近自来水的酸碱度，如此以来可避免产品因 pH 值不合格而对人体造成的伤害。

3. 色牢度

运动服装因其特殊的用途，通常对耐汗渍色牢度的要求较高，因为人们在运动时，皮肤表面会排出大量汗液，如果耐汗渍色牢度不合格，则染料易在汗渍的作用下脱落，污染浅色衣服或转移到皮肤上，脱落的染料分子或重金属离子可能通过皮肤被人体吸收，影响身体健康。

建议消费者在购买之后，按产品的洗涤要求，单独充分洗涤，尽可能多地去除运动装上的浮色，这样可以最大限度地降低不合格服装对人体造成的危害。

4. 可分解致癌芳香胺染料

可分解致癌芳香胺染料是影响人体健康的重要安全指标，含有可分解致癌芳香胺染料的服装在与人体的长期接触中，如果染料被皮肤吸收，会在人体内扩散，在人体正常代谢所发生的生化反应条件下，可能发生还原反应而分解出致癌芳香胺，引起人体病变和诱发癌症。

可分解致癌芳香胺染料不合格，通常是因为企业违规使用低成本的偶氮原料。如果出现这种情况，则此类运动装禁止销售。

5. 纤维成分含量

纤维成分含量是消费者购买服装重点关注的指标。纤维成分含量不合格主要是因为企业质量意识淡薄，未对采购的原料进行严格把关，原料部分送检或者未送检而随意标注或者根据供应商提供的数据而盲目标注。

建议消费者选购时，留心吊牌上的纤维成分标注，加以适当地鉴别标注是否符合标准要求。

五、选购提示

1. 运动服装的选择

（1）选择的运动服装要适合所处的运动环境。运动时，人体本身要消耗很多热量，假如运动环境的气温较高，那么穿一套宽松轻盈的运动服就可以帮助散热。若周围环境气温比较低的话，那么就最好选择一些可以有效保存身体热量的衣物，使肌肉感觉柔软舒适，避免运动中不必要的身体机能伤害。

（2）选择运动服还需考虑到运动形式。像在健身房中锻炼时，就要选择较为修身的运动服。因健身房内的器械较多，太过宽松肥大的衣服容易挂到器械上，从而造成了安全隐患。合体修身的运动服，可以直接感受到运动时身体的变化。比如做瑜伽、打乒乓球等运动时，简单舒适的穿着会对运动效果有一定的提升。如图 4 所示。

图 4　选择适当的运动服

（3）服装安全性选择上，对于选购贴皮肤穿着的衣服，要选购“B”类产品（直接与皮肤接触的服装产品，一般服装的标签、吊牌上会标注：“符合产品技术分类：B 类”）；有怪味的衣服不要买，新衣服穿着之前，最好用清水清洗一遍。

（4）进行竞技性的剧烈运动时，服装面料要尽量选择吸湿排汗性、透气性能好的，这样可以帮助散湿，有利于保持皮肤干燥、清爽。通常化纤织物吸湿快干性好，且易于清洗和保养，是比较好的选择。天然纤维面料相对于化纤面料吸湿性更好，且更保暖、更轻盈舒适，但变湿后保暖及舒适性会变差，故适用于较休闲、强度小的运动。

2. 运动服装的质量鉴别

（1）外观缝制质量

在购买前要检查服装的主要表面部位有无明显瑕疵，主要缝接部位有无色差和滑移。还要检查服装有黏合衬的表面部位，如领子、驳头、袋盖、门襟处有无脱胶、起泡或渗胶等现象。目测运动服装各主要部位的缝制线路是否顺直，横平竖直，拼缝是否平服，不能有起皱现象，缝迹处仔细观察是否有针洞，然后查看运动服装的各对称部位是否一致。服装上的对称部位很多，可将左右两部分合拢检查各对称部位是否准确。例如，左右两袖长短和袖口大小、袋盖长短宽、袋位高低及省道长短等逐项进行对比，此外，色泽上主辅料颜色应一致。

（2）标识标签

产品标识是消费者了解产品质量信息的重要途径，使用者依据产品使用说明上的信息指引，来进行洗涤和维护。因而其标注正确与否直接关系到消费者的使用。标识的主要内容如下：制造者的名称与地址、产品名称、号型规格、纤维成分与含量、洗涤标识、产品合格证明、执行标准编号、产品质量等级、产品安全技术类别等。洗涤符号所代表的处理程序适用于整件产品，以维护服装而不造成不可回复的损伤。洗涤符号的说明见表 2。

表 2　洗涤符号与程序

序　号	名　称	符　号	程　序
1	水洗	30	最高洗涤温度 30℃，常规程序
		30	最高洗涤温度 30℃，缓和程序
			手洗、最高洗涤温度 40℃
			不可洗

表 2（续）

序号	名称	符号	程序
2	漂白		允许任何漂白剂
			仅允许氧漂/非氯漂
			不可漂白
3	自然干燥		悬挂晾干
			悬挂滴干
			平摊晾干
			平摊滴干
			阴凉处悬挂晾干
			阴凉处悬挂滴干
			阴凉处平摊晾干
			阴凉处平摊滴干
	翻转干燥		可使用翻转干燥 常规温度，排气口最高温度 60℃
			可使用翻转干燥 常规温度，排气口最高温度 80℃
			不可翻转干燥
4	熨烫		熨斗底板最高温度 200℃
			熨斗底板最高温度 150℃
			熨斗底板最高温度 110℃ 蒸汽熨烫可能造成不可回复的损伤
			不可熨烫

表 2（续）

序　号	名　称	符　号	程　序
5	专业纺织品维护	Ⓟ	使用四氯乙烯和符号 F 代表的所有溶剂的专业干洗，常规干洗
		Ⓟ（下加横线）	使用四氯乙烯和符号 F 代表的所有溶剂的专业干洗，缓和干洗
		Ⓕ	使用碳氢化合物溶剂的专业干洗 常规干洗
		⊗	不可干洗
		Ⓦ	专业湿洗 常规湿洗

（由深圳计量质量检测研究院杨珂、张子恒撰稿）

儿童及婴幼儿服装

一、产品简介

儿童及婴幼儿服装（以下简称童装）是指为满足儿童或婴幼儿穿着需要而设计、生产、销售的各类服装。童装按适穿的年龄划分，一般将适合 3 岁以上、14 岁及以下穿着的称为儿童服装，将适合 36 个月及以下穿着的称为婴幼儿服装；儿童服装又可细分为小童装（4～6）岁、中童装（7～12）岁、大童与少年装（13 岁以上），婴幼儿服装又可细分为婴儿装（0～1）岁、幼儿装（1～3）岁。按功能划分为：内衣和外衣，其中内衣主要有贴身衣裤、睡衣、睡裤等；外衣主要有衬衫、T 恤衫、连衣裤、连衣裙、背带裤、背带裙、罩衫、茄克、外套、大衣、圆领运动衫等。儿童服装示例见图 1。

相对成人服装，童装产品有着较高的质量安全要求。儿童和婴幼儿自我保护能力差、自我防护意识弱，生理、心理和认知能力有别于成年人。童装产品的构造除了要适应儿童穿着的特点外，还需考虑童装可能存在的缺陷而带来的危害风险。如绳带是否会造成缠绕和钩挂，装饰物及小部件的是否会造成吞咽，拉链是否会夹住娇嫩的皮肤等。

图1 儿童服装图示

二、行业概况

近三十年来，随着我国改革开放步伐加大，我国童装产业发展迅猛，国内市场环境已悄然改变，加入WTO后，为我国童装业的发展创造了更为广阔的市场空间。童装市场日趋成熟，童装的产业环境也在改善，目前我国童装产业正面临着全面的产业升级。

我国儿童服装产业主要分布在广东、福建、浙江、江苏、上海、山东、河南等地，产量占到了全国儿童服装市场的80%以上，企业数量超过三万家，其中大型企业占10%左右，中型企业40%左右，小型企业50%左右。我国童装生产产业集群化态势明显，形成了以广东的佛山、浙江的湖州、福建的石狮和湖北的武汉为主的四个童装生产基地。但是，随着市场竞争的加剧，受地理位置以及产业链等影响，石狮和武汉的童装产业逐渐趋于弱势，佛山与湖州则继续做大做强。与此同时，东莞的童装行业也随着自身的优势后来居上成为了新崛起的童装基地之一。浙江湖州织里镇有童装企业及个体生产厂7000余家，年产童装4.5亿件，总量约占全国市场的30%。产品以中低档为主；福建泉州以石狮凤里和丰泽区为中心，有童装企业约1000家，以外贸为主，主要生产中档童装；广东佛山以环市镇为中心，共有童装生产企业 8000 余家，年产童装约 4 亿件，以中档童装为主，产量约占全国市场的 30%；广东东莞以虎门镇为中心，外贸为主，企业数量不多，但规模较大，主要生产中高档童装。

近年来，国内童装行业得到了快速发展，品种不断增加，质量不断提高，较好地适应了广大人民群众的消费需求，但也要看到童装市场与日益扩大的消费需求还没有很好的融合，仍然存在较大的提升空间。主要表现在以下几方面：

——童装的产品结构不合理。从款式来讲，幼童服及小童服居多，而婴儿服、中童服、大童服则偏少，尤其大童服装更是严重缺少；从价格来讲，低档次的和高价位的童装不难买到，而中等价位的款式新颖、性价比高的童装则较少。

——童装的设计水平比较低。缺乏专业设计人才，童装设计主要停留在模仿国外同类产品的色彩、款式的表面水平上，表现出服装尺码与同龄儿童的身材差距大，童装款式成人化，各品牌“千牌一面”等现象。

——追逐时尚而轻视安全。时尚化是未来发展的趋势，为了装饰美化、突出儿童活泼可爱的天性，绳带、饰品、小附件等纷纷使用在童装上，却忽略了不牢固的小纽扣易被孩子误吞，饰品上的胸针可能刺伤孩子，绳带超长可能致意外伤害，艳丽的 LOGO 涂层可能含有重金属或增塑剂等有害物质。

——重金投入品牌宣传却压缩质量成本。很多童装品牌在过度的品牌宣传上，投入了巨额的成本，相比直接决定产品质量的生产环节却极其薄弱，于是纷纷选择外包生产，忽略了生产过程中的品质控制，与此同时在服装面料及配件等材质的选择上则尽量压缩成本，不惜降低产品质量以弥补在宣传上占据的成本支出。

——童装新型面料的研发能力有待加强。随着生活水平的日益提高，人们追求高品质的童装产品，加上国外品牌的环保理念和童装健康理念的加入，人们对面料的功能性要求也更高。如面料的吸湿排汗、防臭抗菌、抗紫外线等功能。儿童的肌肤娇嫩，所以童装的选择也就更讲究健康与舒适。

三、标准解读及关键指标分析

1. 标准总体情况

国内涉及童装质量安全的主要有以下标准：

GB 18401—2010《国家纺织产品基本安全技术规范》是强制性标准，规定了产品的色牢度、异味、甲醛、pH 值和可分解致癌芳香胺染料等几项化学安全性指标，主要是防止因接触人体而导致的不适、过敏或潜在致癌性因素，是目前我国对儿童和婴幼儿服装产品质量安全进行监管的主要依据。

GB/T 18885—2009《生态纺织品技术要求》是推荐性标准，规定了致敏染料、PVC 增塑剂、可萃取重金属、有机氯载体、挥发性物质释放、含氯酚、有机锡化合物、杀虫剂、抗菌整理、阻燃整理等化学安全要求。

GB/T 22702—2008《儿童上衣拉带安全规格》、GB/T 22704—2008《提高机械安全性的儿童服装设计和生产实施规范》、GB/T 22705—2008《童装绳索和拉带安全要求》等推荐性标准主要规定儿童和婴幼儿服装上的拉带、绳索及其他小附件的设计、用料和制造要求，避免儿童受到窒息、哽塞、外伤等机械性损伤。

FZ/T 81003—2003《儿童服装、学生服》、FZ/T 81014—2008《婴幼儿服装》和 FZ/T 73025—2006《婴幼儿针织服饰》等标准都是我国儿童服装、婴幼儿机织服装和针织服装的推荐性产品标准，在国内有广泛的应用，也是我国监管该类产品的主要依据之一。

2. 关键指标分析

（1）产品性能指标

童装的产品性能指标涉及使用效果、外观形象、舒适度等方面，主要的性能指标有纤维成分含量、标签标识、起球、纰裂等。

图 2　童装标识示例

1）纤维成分含量

纤维是构成服装面料的主要原料，不同的纤维有不同的性能和价值，如棉，丝，羊毛，羊绒，涤纶等，纯棉产品穿着舒适透气，丝绸清爽透气，羊绒轻盈保暖。针对儿童的生理特点，宜选用吸湿性强、透气性好、对皮肤刺激小的天然纤维。天然纤维中又宜选用棉纤维，它不仅服用性能好，且柔软结实，价格适宜，适合水洗。化学纤维大多从石油中提炼出来，对皮肤的刺激性较大，吸湿性小、透气性差，有碍于汗液蒸发，而且合成纤维静电吸尘较严重。纤维成分及含量是决定服饰使用性能的重要指标之一，真实地反映服装的材质组成，不仅有助于消费者选购，又保护了消费者的经济利益。

2）标识标签

标识标签是一种向消费者传达产品性能、质量状况、维护方法等信息的工具，是帮助和引导消费者合理选购和正确使用产品的不可缺少的工具，有利于保护儿童的身体健康。标识标签包括号型（规格）、原材料成分和含量、洗涤维护方法、执行标准、产品等级、安全技术类别、产地等信息，如图2所示。标准FZ/T 73020—2004为该产品所执行的产品质量技术要求，号型100/52以厘米为单位表示适穿者的身高和胸围，100％棉为该服装的原料成分和含量，B类表示该产品符合国家强制性标准GB 18401—2010《国家纺织产品基本安全技术规范》中的B类安全要求。洗涤方法：水洗、漂白、干燥、熨烫、专业维护等五项如图3所示。

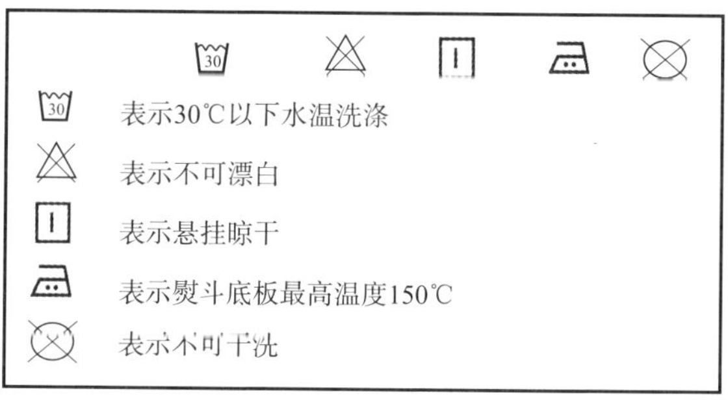

图3　洗涤方法标识

3）起球

起球是指服装在穿着过程中，受到各种外力的作用，纤维端伸出织物表面，经摩擦形成小球。容易影响服装的美观，消费者投诉较多，其中不乏一些国际知名品牌。儿童比较好动，像涤纶类化学纤维的服装，形成的球不易从纤维上脱落，而且容易吸附外来粒子产生起球。棉纤维由于强力较低，毛羽在还没有缠结在一起时就已经脱落，不易形成起球现象。所以购买童装时尽量选择纯棉产品。

4）纰裂

纰裂即通常所说织物“滑移”或织物“排丝”，纰裂程度达不到标准规定的指标，说明该件服装接缝强力不够。儿童生性活泼好动，容易引起肩缝、袖窿缝、侧缝等处的缝口脱开而无法穿着。选购服装时可在侧缝处拉一下，看一下缝口是否有“滑移”现象，并留意一下里料“滑移”情况。

（2）产品安全指标

童装产品安全方面涉及物理机械安全、化学安全、生物安全及燃烧性能等方面，童装标准中主要安全指标如下：

1）绳带安全性

绳带主要用于调整服装开口部位或部件穿着时的尺寸松紧度，或用于系紧服装本身，如图 4 所示。绳带不合适或不合理容易给儿童带来的危害：颈部绳带会发生勒住脖子，造成窒息的情况；腰部等位置的绳带太长会导致绊倒和摔倒；足部或手部，松散、未修剪的绳线会包覆手指或脚趾，阻碍血液循环，产生局部缺血性伤害等。

图 4　儿童服装绳带示例

2）小附件安全性

小附件是指为了童装美观，在款式设计时候加入的纽扣、套环、蝴蝶结、小珠子等，如图5所示。儿童喜欢把服装部件放入嘴里、鼻子、耳朵，一旦这些部件与服装分离，可能会给儿童带来危害，造成吸入性呕吐或其他严重伤害。GB/T 22704—2008 采用相关欧美标准，与欧美标准要求一致。FZ/T 81014—2008 标准规定了婴幼儿服装不允许含有闪光片、颗粒状柱子等。

图5　儿童服装小附件

3）甲醛含量

甲醛是一种无色、具有刺激性气味且易溶于水的有机物，一般纺织品在树脂整理及固色处理过程中会使用。GB 18401－2010《国家纺织产品基本安全技术规范》标准对不同类别的纺织服装产品进行了限量规定：婴幼儿用品甲醛含量应符合A类≤20mg/kg、直接接触皮肤产品至少应符合B类≤75mg/kg 、非直接接触皮肤产品至少应符合C类≤300mg/kg，与欧美指令和目前的国际通行的实际控制标准基本一致。

4）pH值

pH值是考核面料酸碱性的一项指标，由于人体的皮肤呈弱酸性（健康皮肤的pH值在4.5～6.5之间），GB 18401－2010《国家纺织产品基本安全技术规范》标准规定：A类pH值为4.0～7.5，B类pH值为4.0～8.5，C类pH值为4.0～9.0。目前欧盟相关国家没有将其纳入强制控制项目，我国作为强制性标准进行控制，严于欧盟法规。

5）色牢度

除少数天然染料外，绝大多数染料是化学品，染料应尽可能附着在织物上。色牢度是指纺织品的颜色在加工和使用过程中对各种作用的抵抗力，主要是考核染料附着在纤维、织物上的牢度，尤其是织物经水、汗渍、干摩擦以及婴幼儿唾液浸润后色泽所发生变化的程度。

6）可分解致癌芳香胺染料及致癌致敏染料

GB 18401—2010《国家纺织产品基本安全技术规范》规定禁用的可还原致癌芳香胺的偶氮染料为 24 种，与国际接轨，最高限量值为 20mg/kg，严于欧盟禁用染料规定纺织品致癌芳香胺浓度低于 30mg/kg 的要求。

四、常见的主要问题

自 2005 年至 2011 年，国家质量监督检验检疫总局连续 7 年均组织开展了童装产品国家监督抽查工作，累积共抽查 9 次。抽查中发现的不合格项目如下：

1. 甲醛含量

甲醛可以通过人体呼吸道及皮肤接触引发呼吸道炎症或皮肤炎症，还会对眼睛产生刺激，对人体产生严重的危害作用。同时，它也是多种过敏症的引发剂，长期穿着会致癌。

服装面料在整理的过程由于使用了甲醛作为整理剂，若后处理不充分，如树脂整理时，选用的单体比例不合理，会造成初缩体溶液中游离甲醛含量过高，催化剂的用量太低、焙烘的温度太低、时间太短，使树脂交联不充分，造成织物上残留游离甲醛太高，从而服装在穿着和使用过程中会逐渐释放出游离甲醛，为了保护婴幼儿及儿童的身体健康，建议消费者在购买童装之后，进行充分洗涤之后再穿着，这样会大大降低甲醛对皮肤的伤害。

2. pH 值

童装的 pH 值与人体的皮肤相差太大，从而会破坏人体皮肤酸碱度平衡，对婴幼儿及儿童娇嫩皮肤产生刺激或引起皮肤过敏。

服装 pH 不合格主要是因为面料与成品的染色和后整理工艺人部分都要求在碱性或酸性条件下进行处理，后续处理过程中水洗不充分，就会使 pH 值超出规定范围。为保护婴幼儿及儿童的身体健康，同样建议消费者在购买童装之后，进行充分洗涤后再穿着。

3. 色牢度

色牢度不合格，在衣物穿着过程中，染料易脱落，会污染浅色衣服或转移到皮肤上，脱落的染料分子或重金属离子可能通过皮肤被人体吸收，从而影响消费者健康。婴幼儿纺织产品应更加注重对色牢度的控制，因为婴幼儿经常会将衣服等物咬在嘴里，若织物的耐唾液色牢度未达标，将导致婴幼儿将染色残留物吸吮到嘴里而受到伤害。

色牢度不合格的原因较复杂，与染料种类和性质、印染工艺、纤维种类、纱线结构、织物组织等密切相关，其中一个因素出现差错，就会造成色牢度出现偏差。

建议消费者在购买之后，按产品的洗涤要求，单独充分洗涤，尽可能除去童装上的浮色。

4. 可分解致癌芳香胺染料

可分解致癌芳香胺染料是影响人体健康的重要安全指标，含有可分解致癌芳香胺染料的服装在与人体的长期接触中，如果染料被皮肤吸收，会在人体内扩散，在人体正常代谢所发生的生化反应条件下，可能发生还原反应而分解出致癌芳香胺，引起人体病变和诱发癌症，且潜伏期能长达 20 年。

可分解致癌芳香胺染料不合格，通常是因为企业违规使用低成本的禁用偶氮染料。如果出现可分解致癌芳香胺染料不合格，此类童装不能进行销售和使用。

5. 纤维成分含量

纤维成分含量抽查检测合格率不稳定，低于其他安全指标的合格率，且从 2008 年开始，呈现下降趋势。造成纤维成分含量不合格的原因主要有：企业质量意识淡薄，未对采购的原料进行严格把关，原料部分送检或者根本不送检而随意标注或者根据供应商提供的数据而盲目标注。

五、选购提示

为了孩子的健康，选购穿用童装时，消费者可以通过以下几个方面加以鉴别。

1. 童装上的各种标识

（1）厂名厂址。这是消费者自身合法权益的重要证据和保障之一。

(2) 号型规格。可依据号型规格来选择合适的穿着服装。如上衣 145/68，表示适合高 145cm，胸围 68cm 左右的儿童穿着。儿童服装的选购，要根据儿童的生长发育特点和儿童生性活泼好动的特点，一般应选择稍微宽松一点的衣服，以利于儿童的成长。

(3) 纤维成分。主要是指服装的面料、里料的成分标识，各种纤维含量百分比应清晰、正确。有填充料的服装还应标明其中填充料的成分和含量。

(4) 洗涤标识。洗涤符号所代表的处理程序适用于整件产品，以维护服装而不造成不可回复的损伤。消费者可依据服装上提供的洗涤和保养方法进行洗涤和保养。洗涤符号与程序说明见表 1。为了儿童的健康，其服装不宜采用干洗的维护方式。

(5) 产品上有无产品的合格证、产品执行标准编号、产品质量等级及其他标识。

(6) 童装上的耐久性标签应选择柔软的材料制作，并缝制在适当的部位，应注意避免直接与儿童皮肤接触的地方，防止因摩擦而损伤儿童的皮肤。

2. 外观质量的鉴别

(1) 童装的主要表面部位有无明显瑕疵。

(2) 童装的主要缝接部位有无色差和纰裂。纰裂即通常所说织物“滑移”或织物“排丝”，纰裂程度达不到标准规定的指标，容易引起肩缝、袖窿缝、侧缝等处的缝口脱开而无法穿着。选购服装时可在侧缝处拉一下，看一下缝口是否有“滑移”现象，并留意一下里料“滑移”情况。

(3) 注意童装上各种辅料、装饰物的质地，如拉链是否滑爽、纽扣是否牢固、四合扣是否松紧适宜等。要特别注意各种钮扣或装饰件的牢度，以免儿童轻易扯掉误服口中，造成气管异物，造成不必要的伤害。

(4) 有黏合衬的表面部位如领子、驳头、袋盖、门襟处有无脱胶、起泡或渗胶等现象。

3. 缝制质量鉴别

(1) 目测童装各主要部位的缝制线路是否顺直，拼缝是否平服。

(2) 查看童装的各对称部位是否一致。童装上的对称部位很多，可将左右两部分合拢检查各对称部位是否准确。如左右两袖长短和袖口大小，袋盖长短宽狭，袋位高低进出及省道长短等逐项进行对比。

4. 面料成分的鉴别

由于童装一般采用棉织物，用燃烧法鉴别棉织物的方法是：在童装的缝边处抽下一缕纱线（应包括经纱和纬纱），用火将其点燃，观察燃烧火焰的状态，棉的燃烧较快，火焰高，能自动蔓延，留下少量柔软的白色或灰色灰烬，不结焦。

（由深圳计量质量检测研究院陈国强、叶毓辉撰稿）

羽绒服

一、产品简介

羽绒服装，是广大消费者的最佳御寒用品，它是以纺织机织物为主要面料，以羽绒为主要填充物的冬季服装。羽绒一般根据来源可分为鹅绒和鸭绒，根据颜色分为白绒和灰绒，含绒量范围50%～95%，比如可以说：90%白鹅绒等。相对来说，鹅绒稍好于鸭绒，价格也相应更贵些。从颜色上来讲，白绒因为色浅，可用于浅色面料而不透色，较灰绒更受欢迎一些。

羽绒服装具有防寒性好、轻柔蓬松、洗涤方便而且绿色纯天然等优点，无论男女老少都适合穿着，所以羽绒服装市场需求旺盛，发展空间不断扩大。图1为羽绒服式样图。

二、行业概况

我国是一个羽绒资源非常丰富的国家，随着我国市场经济的不断深入发展，极大地推动了我国的羽绒产业及制品的发展，我国已成为世界上最大的羽绒及制品生产和出口国，占据世界羽绒贸易市场的“半壁江山”。江西、浙江、江苏、上海等地，是目前羽绒服装行业比较发达和集聚的地区。

作为冬季的主要消费服装之一，羽绒服装行业一直是业内关注的热点。有

图1 羽绒服式样

报告指出，2011年我国规模以上羽绒服装企业共生产羽绒服装2.64亿件，同比增长12.02%；出口6774万件，货值20.50亿美元，同比分别增长27.59%和50.42%，出口的平均单价也上升了17.89%，达到30.26美元/件。然而，受气候趋暖的影响，加之网店销售对传统销售带来的较大冲击，在各种压力之下，2011年羽绒服装销量同比下降2.1%，连续四年同比负增长。

与此同时，羽绒服装行业也呈现出一些新的特点，如成本上升导致销售单价上涨、反季销量增速同比大幅下滑、轻薄时尚款式受追捧、品牌推进更上一层楼、品牌生态初见雏形、百货商场唱主角、电商渠道成为新市场等。尽管羽绒服装行业面临着发展困境，但是挑战往往与机遇共存，从目前来看，产业转型的压力带来了新的契机，在这次调整的过程中，羽绒服装企业的生产经营正呈现出以下几大特征：

——市场竞争更加规范。现在看似萎缩的羽绒服市场，其实还存在着潜在的消费力，只是要看如何把握市场需求。作为专业羽绒服企业，需要寻找新的价值点，规避产品同质化，并为消费者提供更多的增值服务。羽绒服市场的严峻，也促使了企业面对市场显得更加理智和谨慎，更加注重产品质量，特别是羽绒的质量，更加注重羽绒服新产品的开发，更加注重市场的导向，以销定产。

——企业更加重视终端市场建设。越来越多的企业已经认识到，相比过去的明星代言和广告投入，重视市场终端可以更好地提升品牌形象。企业的宣传策略更加务实，他们把有限资金投入到产品质量、设计研发和销售终端建设上。很多企业的市场营销策划重点围绕市场终端建设和专卖店的工作展开，铺天盖地的广告轰炸时代已经成为历史。

——重点地区直营管理趋势明显。由于寒冬的迟到，即便是有生产能力的企业在新品开发上也只是点缀，因此导致了很多企业的新款产品在销售旺季之时就已经出现断货。近几年，许多企业加强了对重点区域的直营操作管理和利润点考核的管理工作。这样，使得分公司与办事处在销售旺季能够更好发挥对销售的指导和大型活动推进等服务职能，服装直营管理的效果在行业营销方式中初步显现。

——羽绒服装的时装化、休闲化和个性化日趋明显，产品更新换代能力进一步提高。随着冬季气温升高以及时装与休闲品牌的介入，羽绒服时尚化发展趋势进一步加强。人们对时尚诉求越发强烈，势必带动羽绒服时装化发展进一步加强。羽绒服步入高端市场，自主原创品牌开始向高端市场进军。随着一些国际知名品牌进入羽绒服装市场，其品牌影响力直接传递到旗下的羽绒服装产品，并且吸引了一批中高端消费群体，高价羽绒服的出现成为行业关注的现象。国内一些大型羽绒服企业也逐渐向高端市场推进。一些优秀企业不断加大研发力度，提高产品附加值，提高产品售价，避免了低价竞争和不理性竞争，集中优势品牌在规模、技术、资金等方面做好准备，向高端产品市场转型。

——产品多样化发展战略受追捧。对于企业而言，需要不断降低经营风险，开发新的利润增长点，以抵消主营产品收入放缓所带来的压力。因此，许多羽绒服装企业制定了产品多元化布局的发展战略，开始通过产品的系列化，去延伸品牌概念。

三、标准解读及关键指标分析

1. 标准总体情况

国内涉及羽绒服装质量安全的主要有：

GB 18401—2010《国家纺织产品基本安全技术规范》是强制性国家标准，规定了甲醛含量、pH 值、耐干摩擦色牢度、耐水色牢度、耐汗渍色牢度、异味和可分解致癌芳香胺染料等项目的安全性指标。这是对纺织产品提出的安全方面最基本的技术要求，保障了纺织产品在生产、流通和消费过程中能够不危害人体健康和人身安全。

FZ/T 01053—2007《纺织品 纤维含量的标识》是推荐性产品标准，规定了纺织产品纤维含量的标签要求、标注原则、表示方法、允许偏差以及标识符合性的判定。纤维含量是纺织产品的主要品质指标，是决定产品价值的重要因素之一，也是商品是否“货真价实”的主要内容，同时也起着引导消费者购买的重要作用。

GB/T 14272—2011《羽绒服装》是推荐性国家标准，规定了羽绒服装的定义、要求、检测方法、检验分类规则等，是目前政府部门监管羽绒服装产品的主要依据之一。除了考核面、里料的理化性能之外，主要还对填充物羽绒的理化指标进行考核，包括：含绒量、绒子含量、蓬松度、耗氧量、残脂率、清洁度、气味和微生物等项目。

2. 关键指标分析

（1）性能指标

羽绒服装产品性能指标涉及使用效果、外观形象、舒适度等方面，主要有纤维含量、产品标识、羽绒含绒量、充绒量、防钻绒性等。

1）纤维含量

纤维含量指面料的纤维种类及其比例，如棉、麻、丝等，它影响服装的穿着体感，不同材质的服装洗涤方法也不同，它是决定服装使用性能的重要指标之一。

2）产品标识（见图 2）

图 2 羽绒服装标识

产品标识指随服装一起的合格证、标签等，一般包含品名、产品等级、执行标准、成分、洗涤说明等信息内容，是消费者选购服装时的参考依据。如果标注不规范、不正确，就可能误导消费者，甚至存在欺诈行为，从而损害消费者的权益。

3）羽绒含绒量

羽绒含绒量是指绒子和绒丝（见图3）在羽毛羽绒中的质量百分比。羽绒的含绒量，是考核羽绒服装产品质量的一项重要指标。

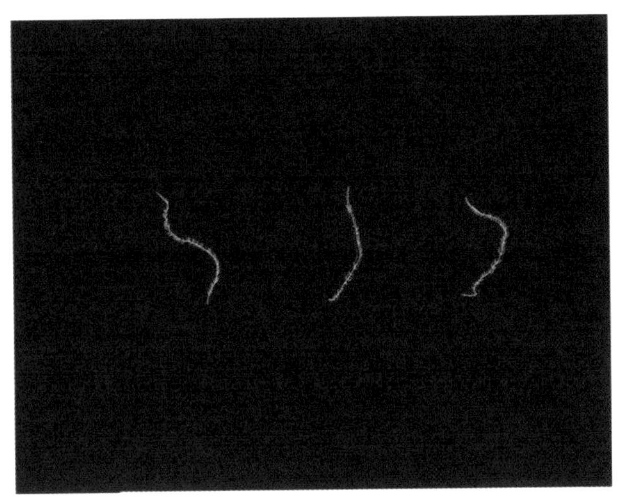

绒丝：从绒子或毛片根部脱落下来的单根绒丝。

图3 绒丝

4）充绒量

充绒量是指羽绒服中填充羽绒的总克重。充绒量的多少，会影响到羽绒服的保暖程度。

5）防钻绒性

防钻绒性是指织物阻止羽绒或羽毛从纱线缝隙间钻漏的性能，以在规定条件作用下织物上钻出的羽绒、羽毛数量表示，以此来评价织物的防钻绒性能好坏。

（2）安全指标

羽绒服装中主要安全指标有如下几项：

1）甲醛含量

甲醛是一种无色、具有刺激性气味且易溶于水的有机物，纺织品在树脂整

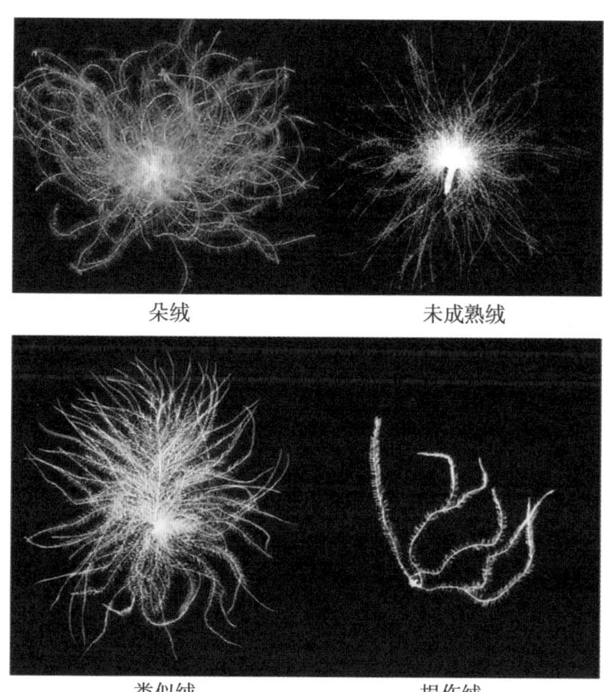

图4　绒子

理及固色处理过程中都会使用。GB 18401—2010《国家纺织产品基本安全技术规范》按A类、B类、C类分类后分别进行了限量：A类≤20mg/kg，B类≤75mg/kg，C类≤300mg/kg，与欧美指令和目前的国际通行的实际控制标准基木一致，并且规定：婴幼儿纺织产品应符合A类要求，直接接触皮肤的产品至少应符合B类要求，非直接接触皮肤的产品至少应符合C类要求。

2）pH值

pH值是考核面料酸碱度的一项指标，由于人体的皮肤呈弱酸性（健康皮肤的pH值在5.0～5.6）。GB 18401—2010《国家纺织产品基本安全技术规范》按A、B、C分类对pH值范围作了规定：A类4.0～7.5，B类4.0～8.5，C类4.0～9.0。同样规定：婴幼儿纺织产品应符合A类要求，直接接触皮肤的产品至少应符合B类要求，非直接接触皮肤的产品至少应符合C类要求。目前欧盟及欧洲各国均没有制定控制的法规，我国作为强制性标准进行限量，严于欧盟法规。

3）色牢度

色牢度是指染色织物在使用过程中，经受外部因素（如摩擦、水洗、汗渍、唾液、光晒等）作用下的退色程度，是衡量产品质量的重要指标之一。色牢度主要有：耐摩擦色牢度、耐汗渍色牢度、耐水色牢度、耐光色牢度、耐皂洗色牢度等。

4）可分解致癌芳香胺染料

GB 18401—2010《国家纺织产品基本安全技术规范》规定禁用的可还原致癌芳香胺的偶氮染料为 24 种，与国际接轨，最高限量值为 20mg/kg，严于欧盟禁用染料规定纺织品致癌芳香胺浓度低于 30mg/kg 的要求。

5）羽绒微生物

羽绒微生物的检测项目，主要与欧盟标准 EN　12935—1997《羽毛和羽绒安全要求》一致，对羽绒制品中的填充物提出了微生物状态的安全、卫生要求。羽绒微生物共考核：嗜温性需氧菌、粪链球菌、亚硫酸还原的梭状芽孢杆菌和沙门氏菌四类。

6）羽绒清洁度

羽绒清洁度是羽绒检验中的一项重要安全卫生指标，它反映了羽绒中残留的杂质、微尘及游离有机物等有害物质的含量。准确检测羽绒的清洁度对控制羽绒及其制品质量、确保人体穿着安全起着重要的作用。

7）羽绒气味

羽绒气味是影响消费者健康的另一项重要卫生指标。气味超标说明羽绒水洗工艺不够规范，会引起细菌繁殖，对人体健康不利。

四、常见的主要问题

自 2004 年起至 2010 年，国家质检总局连续 7 年组织开展了羽绒服装产品质量监督抽查工作，累计共抽查 8 次。抽查过程中主要发现以下问题：

1. 纤维含量

羽绒服的面料大部分分为两种，一种为涤纶面料，一种为锦纶面料。但不少企业不重视对面料、里料纤维含量的检测及标注。抽查中该项目不合格表现为实测结果与标注的纤维含量不相符。

2. 色牢度

色牢度的好与差，直接关系到穿着者的身体健康，色牢度差的产品在使用过程中，碰到汗水或者摩擦就会造成面料上的颜料脱落褪色，以致染料分子和重金属离子等都有可能通过皮肤被人体吸收，从而危害人体健康。

3. 羽绒含绒量

羽绒含绒量的高低是决定羽绒服装保暖性能的重要因素之一。因此羽绒含绒量的明示是企业向消费者传达羽绒产品质量最直接的方式，消费者可以通过企业明示的含绒量了解羽绒产品保暖性能，并根据含绒量来选择所需要的产品类型，进而满足不同消费者的消费需要。抽查中该项目不合格表现为实测含绒量与标注含绒量不相符（实测含绒量比标注含绒量低）。

4. 产品标识

产品标识不规范主要表现在服装号型、纤维名称及标签维护等方面，部分产品标识没有严格按照标准规定标注，主要问题是图形符号、纤维名称不规范。

五、选购和使用提示

1. 选购注意事项

羽绒服装是冬季的常备服装，如何选择一件称心如意的羽绒服，人们在购买时除了追求款式新颖外，还要注意以下几点：

（1）款式与价格

不同的款式会影响价格的高低，但价格一般以适中为宜，价格不能过低，否则，羽绒服的内在质量无法保证，特别是羽绒质量得不到保证，将有损于消费者的穿着健康安全。

（2）含绒量与充绒量

消费者在选购羽绒服时，有必要看一下羽绒服标签上注明的含绒量和充绒量是多少，因为含绒量的高低与充绒量的多少，直接影响羽绒服的蓬松度和保暖性。

羽绒服的含绒量一般以70%及以上为最佳，特别是含绒量在70%左右时，已经具备了羽绒服必要的蓬松度和保暖性能，同时也是对羽绒资源的最佳利用，符合当前世界节约、环保型理念。

（3）防钻绒与透气性

选购羽绒服，首先要不钻绒，羽绒服的内胆或衬料应具有防钻绒的性能。在选购时，如发现羽绒服的面料或里料表面有较明显的毛丝钻出，就有可能穿着后会钻绒，但少量的毛丝从绗线缝中钻出属正常现象。

选购羽绒服，其次要具有一定的透气性。消费者可将蓬松的羽绒服，用双手捏紧羽绒服的后背，使羽绒服的空气往外挤出，如不易挤出，就说明透气性较差，如能慢慢挤出，说明具有一定的透气性。个别企业为了使面料不钻绒，加了一层不透气的薄膜，这样羽绒钻不出来，但羽绒服不透气，这是标准所不允许的。

如果羽绒的透气性差，一是消费者在穿着过程中的水汽不易散发，容易引起潮湿而感到不舒适和不保暖的感觉；二是洗涤后不易晒干，以上两个因素都会使羽绒在受潮的条件下而不同程度的变质，散发臭味。

（4）羽绒服上的各种标记应当齐全、明确

标记应有厂名、地址、面料、里料的纤维含量、羽绒的种类及含绒量、充绒量、洗涤标识、质量等级及执行的标准代号等。

消费者选购羽绒服时，应注意看清羽绒的含绒量，目前市场上发现个别羽绒服上标注的含绒量，故意标注“含毛量”90%～70%或“鸭毛含量”90%～70%不等，实际含绒量仅为10%～30%，使消费者误以为“含绒量”是90%～70%，达到欺骗消费者的目的。（注：根据羽绒服装的标准规定，含绒量低于50%的羽绒不能制作羽绒服）。

（5）特别提示

1）消费者选购羽绒服应到有质量信誉，售后服务规范的大中型商场，并妥善保存好所购商品的发票，有利于保护消费者自身的合法权益。

2）消费者选购羽绒服时，应注意选择有一定市场覆盖面和知名度的品牌羽绒服产品。

2. 洗涤维护

（1）用软刷将领口、袖口底边的脏物先处理一下。

（2）将整件羽绒服放在清水里浸透。

（3）将适量的中性皂液放入清水中，手洗羽绒服表面。

（4）将手洗后的羽绒服用清水漂洗、甩干（洗衣袋）连续数次。

（5）将甩干的羽绒服先阴干后，再放置于充足阳光下晒 2h 左右（羽绒服里子朝外），再用手均匀拍打羽绒服各部位，再晾晒 1h 左右，这样羽绒服基本可以复原到原有状态和保暖功能。

（由国家服装质量监督检验中心（上海）乐季准、孙敏撰稿）

衬　衫

一、产品简介

衬衫是一种有领有袖的前开襟的上衣，现已成为最常用的男女老少均宜的服装之一。

衬衫是从内衣演变而来的，随着人类社会文明进步和科学技术的发展，越来越具有美饰、御寒保暖、形象标志、穿着安全和文化内涵等功能。人们也日益关注其质量安全性能对人的影响。

衬衫按大类分正装衬衫（见图 1）和休闲衬衫（见图 2）。正装衬衫一般在较为正式的场合穿着，适合配穿西装；休闲衬衫一般穿着比较随意。衬衫面料以全棉、丝绸、化纤等为主，面料的类型较为丰富。衬衫可按穿着人群分成人衬衫和儿童衬衫（见图 3）；按织物组织分梭织衬衫和针织衬衫；按面料可分为棉衬衫、丝绸衬衫、羊毛衬衫、化纤衬衫及混纺衬衫等；衬衫还可以分单衬衫、保暖的棉衬衫和牛仔衬衫。

与外衣类产品相比，衬衫有着较高的质量安全要求。因为衬衫穿着时大部分是直接接触皮肤的，需要更多考虑穿着衬衫带来的可能危害及其严重程度。

图 1　正装衬衫

图 2　休闲衬衫

图 3　儿童衬衫

二、行业概况

衬衫产品在服装行业中占据了举足轻重的地位，产值约占 40%，已经成为人们最为关注的量大面广的日用消费品之一。

我国衬衫产业集群的分布有着非常明显的地域性。浙江、广东、江苏是我国衬衫的主要产地，所产衬衫的量占全国总量的 70%左右。最大的衬衫生产基地为浙江的大陈和广东的普宁。其中，浙江省义乌市大陈镇有“中国衬衫之乡”之称。

通过这几年的快速发展，国内衬衫行业的品种不断增加，质量不断提高，涌现出一批品牌企业，较好地满足了广大人民群众的消费需求。但存在着下列方面的不足，有待于提高。

（1）衬衫质量稳定性较差。衬衫企业以中小型私营企业为主，起点总体相对较低，有的生产企业管理还不规范，缺少人员、设备等确保质量保障体系的资源，又不做起相对昂贵的外部委托检测，导致企业对所进的原材料无法充分监控，也就无从保障其所生产的产品质量水平，因而质量稳定性较差，容易出现质量起伏的现象。

（2）衬衫设计水平仍然不高。大部分中小微企业缺乏专业设计人才，衬衫生产还主要停留在来样仿制，主动创新不足，款式新颖、性价比高的衬衫较少。

（3）重外观轻质量现象未绝迹。时尚化是未来发展的趋势，为了装饰美化、突出衬衫的各种特性，有些企业采用一些影响使用的面料来生产衬衫，如使用过薄面料和结构疏松的面料，穿着过程中易缝子纰裂，影响穿着；有的企业不关注纺织品安全性，使用了一些色牢度较差，严重偏碱性或酸性，含较高甲醛的或有致癌物质的面料；有的外包生产，忽略了生产过程中的品质控制，在服装面料及配件等材质的选择上则尽量压缩成本，不惜降低产品质量。

随着生活水平的日益提高，人们更愿追求高质量的安全性好的衬衫产品，选择也就更讲究健康、安全与舒适。面料采用100%的天然材质，不刺激皮肤，透气、吸湿排汗，防臭抗菌的功能的产品得到青睐。

三、标准解读及标准关键指标

1. 标准总体情况

衬衫类别较多，有成人穿着的衬衫和儿童穿着的衬衫，有正装衬衫和休闲衬衫，有丝绸衬衫和牛仔衬衫，还有保暖衬衫，针织衬衫。因此，国内涉及衬衫产品质量及安全性能的主要标准见表1。

表1 国内衬衫质量及安全性能标准

序号	标准号	标准名称
1	GB 18401—2010	《国家纺织产品基本安全技术规范》
2	GB 18383—2007	《絮用纤维制品通用技术要求》
3	GB 5296.4—2012	《消费品使用说明　第4部分：纺织品和服装》
4	GB/T 2660—2008	《衬衫》
5	GB/T 2667—2008	《衬衫规格》
6	FZ/T 73043—2012	《针织衬衫》
7	FZ/T 81007—2012	《单、夹服装》
8	FZ/T 81003—2003	《儿童服装、学生服》
9	GB/T 18132—2008	《丝绸服装》
10	FZ/T 01053—2007	《纺织品　纤维含量标识》

其中，GB 18401—2010《国家纺织产品基本安全技术规范》、GB 5296.4—2012《消费品使用说明 第4部分：纺织品和服装》和GB 18383—2007《絮用纤维制品通用技术要求》为国家强制性标准，衬衫必须达到其强制性指标。

GB 18401—2010《国家纺织产品基本安全技术规范》标准规定的重要指标有甲醛、pH值、异味、可分解致癌芳香胺染料、耐干摩擦色牢度、耐汗渍色牢度、耐水色牢度和耐唾液色牢度。

GB 18383—2007《絮用纤维制品通用技术要求》标准适用于保暖衬衫填充物的考核。

GB 5296.4—2012《消费品使用说明 第4部分：纺织品和服装》标准考核的内容为消费者使用说明即标识标志，适用于在我国销售纺织品和服装的使用说明。其中的纤维含量标注内容考核按FZ/T 01053—2007《纺织品 纤维含量的标识》。

以上三个国家强制性标准是目前我国对衬衫产品质量安全进行监管的主要依据，三个标准中的指标，特别是《国家纺织产品基本安全技术规范》和《絮用纤维制品通用技术要求》标准，只要有一项未达到要求，将影响和危害人体健康，存在严重的安全质量隐患和风险。

GB/T 2660—2008《衬衫》是我国正装衬衫产品的推荐性国家标准。GB/T 2667—2008《衬衫规格》是与之配套的推荐性标准，规定了正装衬衫的各种规格尺寸。FZ/T 81007—2012《单、夹服装》、FZ/T 81003—2003《儿童服装、学生服》、GB/T 18132—2008《丝绸服装》和FZ/T 73043—2012《针织衬衫》是其他类衬衫的推荐性行业标准。

以上五个国家和行业的相关标准是我国衬衫的主要推荐性产品标准，在国内广泛运用，也是考核衬衫产品质量的主要依据。

2. 关键指标分析

（1）性能指标

衬衫的产品性能指标涉及使用效果、外观形象、舒适度等方面，主要的性能指标有消费者使用说明（标识标签）、纤维成分含量、缝子纰裂、耐洗色牢度、耐光色牢度和耐光汗复合色牢度等。

1）消费者使用说明（标识标签）

标识标签是纺织产品的使用说明书，向消费者传达该产品的性能、质量状况、使用方法等信息内容，同时也是生产者保障质量的承诺卡，是维护消费者权益的保障卡，一般包括品名、产品等级、执行标准、成分、洗涤说明、安全类别等9项信息内容。如果标注不正确或者不标将会误导消费者。

2）纤维成分含量

纤维成分含量是指服装材料的纤维种类及各种类的比例，影响服装的穿着感、洗涤方法等，是决定服饰使用性能的重要指标之一。由于消费者在选购纺织产品时往往是依据明示纤维成分含量进行选购，且纤维成分含量与价格有直接联系，滥用或误用面料成分标签会导致纺织品上明示纤维成分与实际不符，进而误导消费者的选购甚至构成欺诈。

3）缝子纰裂

缝子纰裂是影响衬衫穿着使用性能的一个重要指标。穿着时，衬衫的缝子部位受到一定的外力，面料的纱线滑移，形成局部破损。薄型面料和结构疏松的面料易出现缝子纰裂。一旦出现缝子纰裂值大，衬衫在缝子处形成了破洞，就失去了服用的基本功能。

4）耐光色牢度、耐光汗复合色牢度和耐洗色牢度

色牢度主要是考核染料附着在衬衫上的牢度，尤其是经穿着人体出汗和阳光曝晒、水洗、日晒后色泽所发生的变化。衬衫产品中耐洗色牢度、耐光汗复合色牢度和耐光色牢度指标是最常用的考核指标，是体现穿着后人体出汗曝晒洗涤和日晒干燥后面料色泽的变化和洗涤时其他面料沾色的程度。

（2）安全指标

衬衫产品安全方面涉及纺织品的安全性能指标和填充物安全性能指标两个方面。

1）甲醛含量

甲醛是一种无色、具有刺激性且易溶于水的有机物。纺织品在树脂整理及固色过程中有可能涉及甲醛的使用。含有甲醛的纺织品在人们穿着和使用过程中会逐渐释放出游离甲醛，对人体健康有害。国家强制性标准 GB 18401—

2010《国家纺织产品基本安全技术规范》规定，A类安全技术要求甲醛含量应不高于20mg/kg，B类安全技术要求甲醛含量不高于75mg/kg，C类安全技术要求甲醛含量不高于300mg/kg。衬衫作为直接接触皮肤的纺织品至少应符合B类要求，婴幼儿衬衫则应符合A类要求。

2）pH值

pH值是染整工艺中的一个重要参数，染整工艺如对产品在酸碱度上控制不当，对生产中碱或酸后处理中和不及时，或不充分，或清洗不彻底，易引起pH值超标。因人体皮肤呈弱酸性，为防止病菌的侵入，则要求纺织品的pH值（酸碱性）在微酸性和中性之间，有利于保护人体皮肤健康。如果pH值过高或过低，都会破坏皮肤的表面平衡，从而引起皮肤过敏或诱发感染，使皮肤易受到其他病菌的侵害。GB 18401—2010《国家纺织产品基本安全技术规范》规定，直接接触皮肤的衬衫至少应符合国家强制性标准中B类的pH值4.0～8.5要求，婴幼儿衬衫安全技术要求pH值为4.0～7.5。

3）异味

纺织品在加工过程中，会添加一些有利于纺纱、织造、染整、成衣、附加功能和贮存保管的助剂和化学物品，霉味、高沸程石油味（汽油味、煤油味）、鱼腥味、芳香烃气味有较强的刺激性气味，人体一旦长时间接触或大量的吸入，会造成头晕、恶心、呕吐现象，给人体健康带来的不良影响。国家强制性标准GB 18401—2010《国家纺织产品基本安全技术规范》明确规定应无此四种异味。

4）可分解致癌芳香胺染料

可分解致癌芳香胺染料是一种对人体有毒有害的染料，在一定的还原条件下，可发生还原分解反应，释放出致癌性的芳香胺化合物，被人体吸收后，会使人体DNA发生变化，成为人体病变的诱发因素。国家强制性标准GB 18401—2010《国家纺织产品基本安全技术规范》规定禁用的可还原致癌芳香胺的偶氮染料为24种。

5）色牢度（耐水、耐汗渍耐、耐干摩擦、耐唾液牢度）

色牢度是评价纺织品在使用或洗涤维护过程中，纺织品的颜色耐受外界的能力，色牢度差的纺织品在使用中会造成染料脱落褪色，不仅影响纺织品外观，更因一些脱落的染料分子有可能通过皮肤或口腔被人体吸收而危害人体健康。

6）保暖类衬衫填充料要求

GB 18383—2007《絮用纤维制品通用技术要求》规定：下列物质不得直接和间接作为加工絮用纤维制品原料：医用纤维性废弃物；使用过的殡葬用的纤维制品；来自传染病疫区无法证明未被污染的纤维制品；国家禁止进口的废旧纤维制品；其他被严重污染和有毒有害物质。一旦使用上述原料加工的生活絮用纤维制品，可能导致人体皮肤和黏膜不良的刺激和过敏反应，感染病菌，传播疾病危害人体健康。

四、常见的主要问题

1. 甲醛含量

面料及服装在染整的过程中会涉及含甲醛化学品的使用。服装的面料生产，为了达到防皱、防缩、阻燃等作用，或为了保持印花、染色的耐久性，或为了改善手感，就需在助剂中添加甲醛。这些残留助剂在穿着和使用过程中会逐渐释放出游离甲醛，通过人体呼吸道及皮肤接触引发呼吸道炎症或皮肤炎症，有时也会对眼睛产生刺激，影响人体健康。

超标原因分析：一是产品进行了防皱、免烫等后整理，没有选择无甲醛或低甲醛的环保助剂，整理时，选用的单体比例又不合理，造成初缩体溶液中游离甲醛含量过高，或催化剂的用量太低、焙烘的温度不够、时间太短，使树脂交联不充分，织物上残留游离甲醛浓度就高；二是衬衫生产工艺需要在领口、袖口处加黏合衬，在加工时使用了含甲醛高的胶水，也会导致产品中甲醛含量超标；三是采用含甲醛的整理剂整理时，后处理不充分。

2. pH 值

面料或衬衫成品的染色和后整理工艺大部分都要求在碱性或酸性条件下进行处理，若后续处理过程中中和水洗不充分，会造成 pH 值偏碱性或酸性。棉产品和蚕丝产品 pH 值易偏碱性，pH 值高达 9.0 以上，毛产品 pH 值易偏酸性，pH 值低于 4.0 以下。衬衫产品大部分面料是棉、蚕丝和毛及其与化纤的混合面料，衬衫中 pH 值指标不合格，与人体的皮肤接触会破坏人体皮肤酸碱度平衡，容易引起瘙痒，甚至引发皮炎等症状。

造成不合格的原因是：一是一些在碱性条件下染色固色的产品，特别是棉、蚕丝产品的中和处理工艺，从而导致 pH 值不达标；在酸性条下染色的产品，如毛纺产品在酸性条件下染色的，在染色后处理过程中，未采取合理的中和或水洗处理过程造成 pH 值不达标；二是衬衫生产企业，对所采购的面料和原料没有进行相关指标的检测就投入生产，同时对已生产的产品也没有进行安全指标的检测而直接出厂销售，导致最终产品 pH 值不合格。

3. 色牢度

色牢度包括安全指标的耐干摩擦色牢度、耐汗渍色牢度和耐水色牢度和穿着使用的耐光色牢度、耐光汗复合色牢度和耐洗色牢度指标。在衬衫穿着、维护保养过程中，染料易脱落，会污染浅色衣服或转移到皮肤上，脱落的染料分子或重金属离子可能通过皮肤被人体吸收，影响消费者健康。衬衫应更加注重对色牢度的控制，因为衬衫是直接接触皮肤的产品。

色牢度不合格的原因较复杂，与染料种类和性质、印染工艺、纤维种类、纱线结构、织物组织和企业的质量意识等密切相关，其中一个因素出现差错，就会造成色牢度较差。

4. 纤维含量

纤维含量不合格，是突出的问题。表现的形式有：纤维名称与产品中所含的纤维不符；纤维含量偏差超出规定范围。纤维含量实际上是产品的一种明示担保，若纤维含量不合格，必然使担保落空，是对消费者的欺骗。纤维含量不合格产生的原因，一是一些企业无检测手段，又不到检验机构检测，在制作产品标识时，完全听信原料供货商提供的信息。二是一些企业为了有利于销售，明知是一般或低档纤维，故意标为高档纤维，以次充好，欺骗消费者。三是管理混乱将标签缝错、吊牌挂错所致。四是有的企业存在侥幸心理，对不同批次相同外观的面料仅检验一次，这类面料有时从直观上很难区分，表面看是同一种面料，但经检验后却是完全不同性质的纤维。

5. 消费者使用说明（标识标志）

标识标志不合格主要表现是没有提供耐久性标签；标签不一致；纤维含量、号型规格、执行标准、产品等级、安全类别不准确和缺项；水洗唛图标错误，顺序不准确。不合格的原因主要是企业对国家强制性标准：GB 5296.4—2012《消费品使用说明　第 4 部分：纺织品和服装》、GB 18401—2010《国家纺织产品基本安全技术规范》和国家、行业标准 GB/T 8685—2008《纺织品维护标签规范　符号法》，FZ/T 01053—2007《纺织品　纤维含量的标识》不了解，或了解了却不重视，随意标注。

6. 纰裂程度

该项目主要检测机织衬衫成品主要部位的纰裂程度，不合格主要体现在面料的缝接处容易撕裂，此检验目的是要保证面料要有一定的紧密度，缝制后要有一定的牢度。不合格说明面料过于轻薄或疏松，产生原因是生产企业面料采购把关不严，缝制工艺差，缺少对面料和成品的检测。

五、选购和使用提示

为了穿着健康，选购衬衫时，消费者可以从以下几个方面进行鉴别。

1. 标识鉴别

（1）产品上有无商标和中文厂名厂址。

（2）产品上有无服装号型标识，号型标识是否用固定在衬衫上耐久性的标签，耐久性标签上的号型是否和合格证牌上的一致。号型标志就是服装规格代号，与消费者自身的身高、肥瘦相匹配，只有选择合适的号型规格的服装，才可能穿着合适。衬衫号型标识的识别：如标识为 170/92A：则表示适合于身高 170cm、紧胸围 92cm 的正常体型的人穿用，正装梭织衬衫产品上标注的 40、41、42 等，即表示领子的围度。选购衬衫时，特别应注意规格的选择，注意号型的适合度，特别是衬衫产品领子的围度的选择，衬衫的合身与否关键在于两个部位：领口和袖口，此外也要注意身长和胸围宽窄度。购买衬衫时，首先应该知道自己的身材尺寸，一般来说，衬衫领圈应比实际尺寸长 2cm 左右，最适中的衬衫领子应是在扣上第一个扣子后，还能将食指、中指两根指头插进领口。对衬衫袖长的要求是以手臂垂下，袖口刚好在手腕处最为理想，或者说袖口刚好把手腕盖住一点，袖口露出西装袖外2cm左右为宜。

（3）产品上有无成分含量标识，成分含量标识是否用固定在衬衫上耐久性的标签，耐久性标签上的含量内容是否和合格证牌上的一致。主要是指衬衫的面料、里料和面积大于15％的装饰料、辅料的成分标识，各种纤维含量百分比应清晰、正确。有填充料的服装还应标明其中填充料的成分和含量。

（4）产品有无洗涤标识的图形符号及说明，图形符号及说明是否用固定在衬衫上耐久性的标签，耐久性标签上的图形符号及说明内容是否和合格证牌上的一致。一般制造商根据选用的面料，会相应地标注服装的洗涤要求和保养方法，消费者可依据水洗唛提供的洗涤和保养方法进行洗涤和保养。对于普通的休闲衬衫，水洗唛提供的不合常理的成本较高的洗涤和保养方法，建议消费者不要购买。要注意干洗和水洗、水洗方法和温度的说明，如服装上标明只能干洗，不能水洗的符号，说明该产品不能水洗。还要注意深色衣服最好与浅色服装分开洗。熨烫温度要按照产品明示的要求执行。

（5）产品上有无产品的合格证、产品执行标准编号、产品质量等级、检验合格证明、安全技术类别及其他标识。

（6）耐久性标识是否用柔软的材料制作，并缝制在适当的部位，应注意避免直接与皮肤接触的地方，防止因摩擦而损伤皮肤。

2. 外观质量鉴别

衬衫产品的外观，一是检查主要表面部位有无明显瑕疵、裁剪及针脚缝纫的质量，看看领子、门襟、袖口等处的针脚有无歪扭，若针脚歪扭的话，一经下水，这一部位就容易变形；检查缝口是否牢固、平顺、整齐、对称；二是看衬衫的领子是否对称，领面是否有接线，是否有脱胶、起泡或渗胶现象；三是检查有黏合衬的表面部位袖口、袋盖、门襟处有无脱胶、起泡或渗胶等现象；四是特别要注意检查产品上的纽扣有无脱落现象；五是各主要部位的缝制线路是否顺直，拼缝是否平服；六是查看各对称部位是否一致，可将左右两部分合拢检查各对称部位是否对称。如左右两袖长短和袖口大小，左右肩宽，袋位高低进出及省道长短等逐项进行对比；七是检查一下衣料上有无纺织和后整理时留下的疵痕，牛津布衣料的疵痕尤其显眼，选购时应多加注意。

3. 纰裂的鉴别

纰裂即通常所说织物“滑移”或织物“排丝”，纰裂程度达不到标准规定的要求，容易引起肩缝、袖窿缝、侧缝等处的缝口脱开而无法穿着。选购衬衫时，特别是对面料轻薄或疏松的衬衫，对衬衫摆缝和袖窿缝处拉一下，看一下缝口是否有“滑移”现象。检查缝接处是否有纱线滑移和针洞较大现象，如有此现象，建议不要购买。

4. 面料的选择和鉴别

衬衫的面料使用非常广泛，真丝织品的皱、绸、纺、罗等，适于在炎热的夏季穿用；全棉精梳细纱（80～120 支）府绸，经树脂整理后，轻薄、软爽、着装后舒适美观；精梳毛纺高支机织衬衫面料，薄似蝉翼，质如织锦，抗皱性好，端庄高雅，但数量很少；新型的麻涤混纺，涤丝混纺的精加工面料制作衬衫美观实用。一般衬衫选用中档衬衫面料：纯化纤织物，仿真丝的柔姿纱、绸、皱、纺等，外观滑爽、平挺，易于单一穿着。纱支在 40 支以下的全棉织物，颜色、价格一般，虽然布质较粗，但吸湿性好，结实耐用。选购衬衫产品时，应注意面料的成分标识和质地。最好选用手感柔软、透气性好的面料，全棉面料为好。同时，也要根据自己穿着的需要，选择适合的面料。一般配合西服穿着的衬衫，宜于选用比较挺括的面料；休闲衬衫，应选择透气性较好的面料。

5. 安全性指标的鉴别

在选购衬衫时，要特别注意标注的安全技术类别和产品的颜色，有生态纺织品认证的产品有相对高的安全质量，选择适宜的安全类别。对深色面料的衬衫，用干净的白布或餐巾纸在面料表面用力来回试擦 10 次，如有严重的沾色，说明干摩擦牢度差；安全技术类别标注 C 类，建议不要直接贴身穿着。特别是注意标有纯棉免烫标识的产品，在穿着前应下水洗涤，使得面料中残留的甲醛得以充分的释放，以增加穿着的安全性。对有填充料的衬衫，要注意填充物的质量。

同时，建议消费者在购买衬衫产品后，进行充分洗涤晾晒再穿着。棉和蚕丝的产品用偏弱酸性或中性的洗涤剂进行充分洗涤，毛产品用偏弱碱性或中性的洗涤剂进行充分洗涤，深色的衬衫按产品的洗涤要求单独充分洗涤。

（由国家纺织服装产品质量监督检验中心（浙江）曹丽勤撰稿）

文 胸

一、产品简介

1. 文胸及其结构

文胸，内衣的一个品种，为女性用品。穿戴文胸能够起到保护乳房、美化乳房的作用，是处于发育过程中的少女以及成熟女性的亲密伙伴。

文胸本身物件不大，却是内衣产品中结构最为复杂的品种。组料繁杂，一般情况下，一件文胸需主面料、花边（蕾丝）、网眼和有光拉架布、无纺布、全棉针织或细布、肩带、松紧带、钢丝、背钩、调整环、斜条（绸带、捆条）、装饰花、缝线十多种材料。制作工序多达二三十道。

文胸一般主要由罩杯、侧翼和肩带组成，各主要部位如图 1 所示。

①勾扣：用于根据下胸围的尺寸进行调节，一般有 2～3 排可供选择。

②后背带：用于支撑后背肩带。

③肩带：利用肩膀吊住罩杯，起到承托作用，可进行长度调节。宽肩带常用于负重型杯，窄肩带常用于轻巧型杯。

④圈扣：连接肩带与文胸的金属环，也叫 O 形扣。

⑤调节扣：用于调节肩带长度。一般 9 字扣与 8 字扣搭配成可脱卸肩带，0 字扣与 8 字扣搭配成不可脱卸肩带。

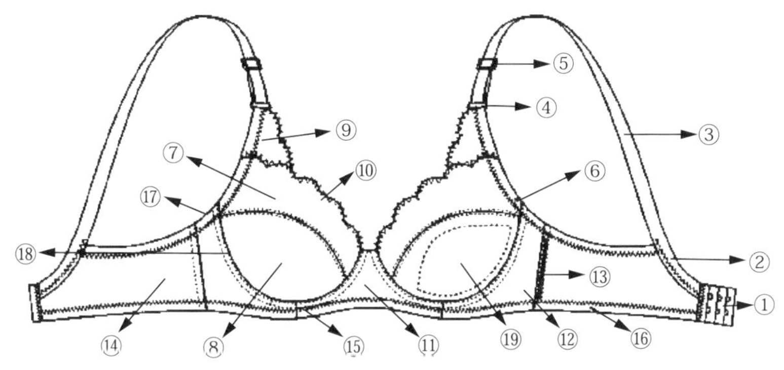

图 1　文胸的结构与主要部位示意图

⑥比弯：罩杯靠手臂的位置，起固定支撑收集副乳的作用。

⑦上托：文胸的最重要的部分，有保护双乳，改善外观的作用。

⑧下托：文胸的最重要的部分，有保护双乳，改善外观的作用。

⑨耳位：连接罩杯与肩带的部位，罩杯的提升位。宽耳位有侧推效果。

⑩前幅：将上乳覆盖于罩杯中，防止因运动而使胸部起伏太大。

⑪鸡心：文胸的正中间部位，起定型作用。

⑫侧比：文胸的侧部，起到定型的作用。

⑬胶骨：连接后比与下扒的中间部位，里面一般为胶质材料，起定型作用。

⑭后比：帮助罩杯承托胸部并固定文胸位置，一般用弹性强度大的材料。

⑮下扒：支撑罩杯，以防乳房下垂，并可将多余的赘肉慢慢移入乳房。

⑯下捆：支撑乳房，可固定文胸的位置，根据下胸围的尺寸确定。

⑰上捆：将比部脂肪收束于文胸中，用弹性材料，起到固定作用。

⑱钢圈：一般是金属的，环绕乳房半周，有支撑和改善乳房形状和定位的作用。

⑲杯垫：支撑和加高胸部，根据材质不同可分为棉垫、水垫、气垫。

2. 文胸的种类及特点

（1）按罩杯材料可分为单层、夹棉杯、模杯等类型。

单层文胸：杯罩部分用单层面料制成的文胸。单层文胸固形较差，适合胸部较丰满的女性。

夹棉杯文胸：将蓬松棉热压至一定的厚度，粘压在两层面料之间，通过杯罩裁剪上的变化和下缘钢圈的固定而制成。夹棉文胸手感柔软，适应范围广，能缝制成各种杯型，适合自然、胸型较好的女性及春夏穿戴。

模杯文胸：罩杯部分用海绵，喷胶棉或丝绵，经过高压，高温定型制成的文胸。外形浑圆自然，挺实丰满，特别适合胸部较平的少女，对身材娇小的女性也特别适合。

（2）按罩杯厚薄可分为超薄杯、薄杯、中厚杯、厚杯、加厚杯、水袋杯等类型。

（3）按杯型可分为全罩杯、3/4 罩杯、1/2 罩杯、三角杯等类型。如图 2 所示。

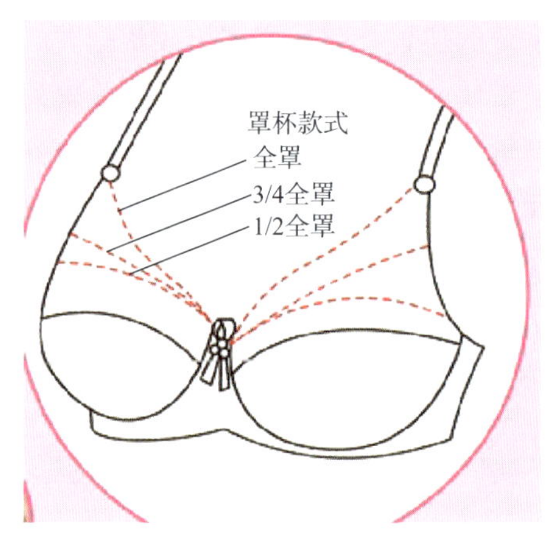

图 2

1/2 杯文胸：整个文胸呈半球状，特点是杯的前幅与下脚为平行线，具有均匀的承托力，由于前幅边不受束缚，前鸡心位一般比较高，侧比位也比较高，使胸部看起来更丰满。多为可拆带式。由于稳定性较差，提升效果不强，适合胸部较小的人穿着。与露背、吊带等搭配效果最佳。

3/4 杯文胸：上胸微露，包裹乳房约 3/4，特点是开骨线呈 V 型，内插棉倒立或是斜放，受力点在肩带上。它是文胸设计中居中效果最好的款式，强调侧压力与集中力，前鸡心位一般为低胸设计，呈现乳沟，性感迷人。任何体型均可，并适合搭配套装、西服等。

全罩杯文胸：整体呈球状，可将乳房全部包容于罩杯，它覆盖面最大，包容全面，能保持乳房稳定挺实，减少日常活动或运动时摇晃的尴尬情况，适合胸部丰满、肉质柔软、胸部下坠外扩的女性穿戴，具有很强的支撑和提升效果。一般全罩杯文胸设计都有大杯罩款。适合搭配运动、休闲装等。

三角杯文胸：遮盖面积为三角型的杯型叫三角杯，它覆盖面较小，性感迷人，功能性较其他几种文胸差，但美观性较好，适合胸部丰满胸型美观的年轻女性穿着。

（4）按外形款式设计分，有无肩带、无缝、魔术、前扣、长束、休闲、无钢圈、特殊功能等类型。

无肩带文胸：大多以钢圈来支撑胸部，便于搭配露肩及宽领性感的服饰。

无缝文胸：罩杯表面无缝处理，缝入厚绵垫，胸下围的下扒也是无缝处理，紧身无痕设计，适合搭配紧身衣裤。

魔术文胸：罩杯内侧加入衬垫（棉垫、水袋、气垫等），以托高提升胸部，表现出胸形及深坠的乳沟。

前扣文胸：勾扣安置于鸡心位，便于穿着，也具有集中效果。

长束型文胸：罩杯下端的下扒较长，能把腹部背部之赘肉及多余的脂肪往胸部集中，表现曲线，用来搭配晚礼服。

休闲型文胸：多采用棉料，搭配日常服饰和家居休闲。

无钢圈文胸：文胸中无钢圈的设计，通过力学文胸设计，自然托起女性乳房，使乳房不受钢圈的束缚。

特殊功能型：哺乳型文胸一般在胸罩的前方开一小口，方便哺乳。

二、行业概况

1. 生产企业数和分布

文胸产业在中国内地是从20世纪90年代开始进入高速发展期的，目前已经成为中国服装业最具有潜力的产业之一。据不完全统计，中国内地的内衣市场，年销售额在1000亿以上，且每年以近20%的速度在增长，在整体的市场中，文胸产品占到了60%，成为整个内衣行业的重中之重，涉及生产企业3000多家。市场的激励竞争逐步淘汰生产技术水平落后、产品质量差的企业，也使得一批有品牌、有质量的企业脱颖而出并不断发展壮大。

中国内地文胸产业布局呈现相对集中的趋势，文胸产品生产主要集中在广东、上海、北京、江苏等地。广东是全国最大、产业链最完整的内衣生产基地，年生产量约占全国70%，汕头、南海等地是文胸生产集中地区。最具代表性的汕头潮南陈店镇，文胸内衣产业占全镇GDP总量60%以上，全镇有大小文胸内衣企业 2100 多家，规模以上企业 65 家，已拥有广东省著名商标 5 家。陈店文胸的产量，约占中国文胸内地的 40%。

2. 行业特点和发展水平

在产业集中区，内衣文胸业已形成了颇具规模的产业集群。在广东汕头潮南陈店镇，全镇织布、绣花、花边、肩带等配套工厂近百家，专营文胸配件和文胸产品的店铺已超过 300 间，凡内衣文胸生产所涉及的所工序配件产品，均能在陈店就地取材。

文胸产业的发展不仅体现在企业数量和生产销售额的增长上，生产规模、品种开发、质量档次方面也取得了长足的进步。国内一些文胸企业在品种开发、产品标准等一些领域赶上了国际先进水平。

三、标准解读及关键指标分析

1. 标准总体情况

文胸产品所涉及的标准见表 1。

表 1　文胸产品涉及标准

序　号	标 准 号	标准名称
1	GB 18401—2010	《国家纺织产品基本安全技术规范》
2	GB 5296.4—2012	《消费品使用说明　第 4 部分：纺织品和服装》
3	FZ/T 73012—2008	《文胸》

GB 18401—2010《国家纺织产品基本安全技术规范》为强制性标准，对包括文胸在内的纺织产品在甲醛含量、pH 值、染色牢度、异味、可分解致癌芳香氨染料等指标上给出了应符合的最低限度要求，文胸为直接接触皮肤的产品，其指标至少应符合 B 类要求。该标准亦为目前我国对文胸产品质量安全进行监管的主要依据。

GB 5296.4—2012《消费品使用说明　第 4 部分：纺织品和服装》为强制性标准，对产品的标识标注有相应的要求。

FZ/T 73012—2008《文胸》为推荐性标准，但也是组织文胸产品生产及对其进行质量控制的主要依据之一。除甲醛含量、pH 值、异味、可分解致癌芳香氨染料、染色牢度等指标之外，该标准还对文胸产品的纤维含量偏差以及外观质量进行了规定。文胸产品的质量等级有优等品、一等品及合格品之分，产品各等级的指标要求有所不同，但与 GB 18401—2010 相同的指标，均不低于 GB 18401—2010 中 B 类的要求。进行产品质量等级评定时，按内在质量和外观质量分别评等，结合两者的最低品等来确定产品的最终等级。

2. 关键指标分析

（1）安全性指标

文胸产品内在质量指标中，甲醛含量、pH 值、可分解致癌芳香胺染料、异味、染色牢度（耐水色牢度、耐干摩擦色牢度、耐汗渍色牢度）为安全性考核指标。

1）甲醛含量

GB 18401—2010《国家纺织产品基本安全技术规范》按婴幼儿用品、直接接触皮肤产品、非直接接触皮肤产品分为三类产品，纺织品的基本安全要求根据分类后分别进行了限量：A 类≤20mg/kg，B 类≤75mg/kg，C 类≤300mg/kg，与欧美指令和目前的国际通行的实际控制标准基本一致。

文胸产品的甲醛含量不得超过 75mg/kg。

2）pH 值

GB 18401—2010《国家纺织产品基本安全技术规范》规定 A 类 pH 值在 4.0～7.5 内，B 类 pH 值在 4.0～8.5 内，C 类超出范围均为不合格，就是要确保产品的安全性。

文胸产品的 pH 值应在 4.0～8.5 内。

3）可分解致癌芳香胺染料

GB 18401—2010《国家纺织产品基本安全技术规范》中规定 24 种可分解致癌芳香胺染料的限量值≤20mg/kg，严于欧盟禁用染料规定纺织品致癌芳香胺浓度低于 30mg/kg 的要求。

4）异味

GB 18401—2010《国家纺织产品基本安全技术规范》把霉味、汽油味、煤油味、鱼腥味及芳香烃气味规定为“异味”。

文胸产品不得检出有异味。

5）色牢度（耐水色牢度、耐干摩擦色牢度、耐汗渍色牢度）

主要考核染料附着在纤维、织物之上的牢度，尤其是织物经水湿水洗、日晒、汗渍或物理摩擦后色泽所发生的变化。

（2）主要性能指标

文胸产品的主要性能涉及穿着舒适度、服帖度、外观质量等方面，主要指标有纤维成分含量、尺寸公差、本身尺寸差异、标识等。

1）纤维成分含量

指制作文胸所使用的面料及辅料的纤维种类及各种纤维的比例，如棉 50/涤纶 50、锦纶 100％等，它影响到文胸的穿着体感、洗涤方法等，是决定其使用性能的重要指标之一。纤维含量偏差应符合规定。

2）尺寸公差、本身尺寸差异

尺寸公差指文胸成品的实际规格尺寸与标称值之间的差异；而本身尺寸差异是指文胸前后、左右对称部位的差异。文胸为贴身穿着的衣物，对其合体性要求较高，过紧或过松，不仅影响到体感，还会影响到穿着效果及某些功能性的发挥，对称部位的差异过大，会影响穿着的舒适性，甚至会对身体产生不利影响。

3）标识

指文胸上吊挂的纸质标签和缝入的耐久性标签（俗称，水洗标）等，其上一般包括产品名称、产品等级、执行标准、成分含量、洗涤说明等信息，是消费者选购产品的参考依据，如果标注不正确或者不标就会误导消费者，损害消费者的权益，存在欺诈行为。

四、常见的主要问题

1. 主要不合格项目分析

近年来，在文胸产品质量国家监督抽查中发现的主要问题涉及可分解芳香胺染料、pH 值、染色牢度、纤维成分含量等方面。

（1）可分解致癌芳香胺染料

可分解致癌芳香胺染料为纺织品重要的安全性指标之一。个别文胸产品被查出使用了禁用的可分解致癌芳香胺染料。

（2）pH 值

pH 值也是纺织品安全性指标之一，它反映了纺织品水萃取溶液的酸碱性程度。对直接接触皮肤的文胸产品而言，其 pH 值应在适当的范围内。

（3）色牢度

色牢度反映产品的耐洗、耐摩擦性能，是纺织品内在质量测试的常规项目。颜色较深的文胸产品的水洗色牢度较差。

（4）纤维成分含量

纤维成分含量反映了产品所有用材料的属性，决定了产品的使用性能，也是消费者购买时的主要参考指标之一。纤维成分含量不合格主要表现在生产商或经销商错标和乱标。

2. 问题危害

（1）可分解致癌芳香胺染料

可分解致癌芳香胺染料是一种对人体有毒有害的染料，在与人体的长期接触中，染料如果被皮肤吸收，会在人体内扩散。这些染料在人体的正常代谢所发生的生化反应条件下，可能发生还原反应而分解出致癌芳香胺，并经过人体的活化作用改变DNA的结构，引起人体病变和诱发癌症，并且潜伏期可以长达20年。

（2）pH值

由于人体皮肤表面呈弱酸性（健康皮肤的pH值在5.0～5.6），可以保证常驻菌的平衡，防止致病菌的侵入，纺织品的pH值在微酸性和中性之间有利于保护人体的健康。如果直接接触皮肤的纺织品的pH值过高或者过低，都有可能破坏人体皮肤表面的酸碱度而引起皮肤的不舒服。纺织品在较强的酸性或碱性条件下不仅容易受损，而且会刺激人体皮肤。过敏性皮肤的人群就更容易产生瘙痒等症状。

（3）色牢度

色牢度是指经过染色的纺织品在服用过程中经受日晒、水洗、汗渍、摩擦等外界因素或加工处理的过程中，纺织品上的染料经受各种因素作用而在不同程度上能保持其原来色泽的性能，以及对其他纺织品沾污的程度。色牢度优劣直接影响穿着美观和身体健康。色牢度差的产品在使用中染会脱落转移，染料分子和重金属离子等都有可能通过皮肤被人体吸收而危害人体健康。

（4）纤维成分含量

纤维成分含量反映了产品所有用材料的属性，决定了产品的使用性能，也是消费者购买时的主要参考指标之一。错标或乱标成分含量会对消费者产生误导和欺骗，直接损害消费者的利益。

3. 问题产生的原因

（1）可分解致癌芳香胺染料不合格的原因

可分解致癌芳香胺染料为禁用染料，产品该指标超标企业在原料采购环节末通过检验来把关。

（2）pH 值不合格的原因

由于纺织品染色以及后整理过程中不可避免会产生酸碱性的变化，因此纺织品在后整理中必须进行酸碱中和处理，如果中和处理不充分，就会导致产品偏酸或者碱性，从而导致 pH 值达不到国家相关标准的要求。

（3）色牢度不合格的原因

影响色牢度不合格的因素分内部因素和外部因素。内部因素指染料和纤维结合的牢固程度，外部因素指产品在使用过程中外界因素对其施加的外力或提供的环境条件。染料选择不正确、染色工艺不合理、后处理不充分都会导致产品的色牢度问题。

4. 消费者可自行采取防范处置措施

建议消费者在购买文胸产品后首次穿用之前，用温水浸泡并漂洗多次，消除可能存在的甲醛的影响，同时也能调节产品的 pH 值，使其与当地生活水源的 pH 值一致。

五、选购和使用提示

1. 文胸的选购

（1）关注产品标识

产品标识是消费者了解和选择产品的一个有效渠道，也是消费者正确使用产品的指南。产品的生产者应提供产品规格、性能、使用方法等方面必要信息的载体，采用吊牌、标签、包装说明、使用说明书等形式，以指导消费者正确选购和使用，这是生产和经销者应尽的责任。标识是生产者对消费者质量承诺的标志。

消费者在选购文胸产品时，首先要检查产品标识是否齐全，内外标识内容是否一致，最重要的是内容所表述的产品信息是否符合自己的需求。

（2）按胸型选择文胸

1）圆盘型：乳房隆起不高，但底部很大，东方女性多属此类。建议选择 1/2 罩杯或有插片的文胸，增加胸部丰满度。

2）圆锥型：乳房隆起较小，且底部不大，但整体挺拔，呈圆锥状。建议选择 3/4 罩杯的文胸，能有效地衬托乳房。

3）半球型：乳房隆起较大、饱满，是理想乳房。建议选择全罩杯。

4）纺锥型：乳房隆起较高，底部不大，乳房向前突出并稍有垂感、像纺锤。建议选择 3/4 罩杯或全罩杯。

5）下垂Ⅰ型：乳房隆起但下垂，下侧部分碰到胸部。建议选择 3/4 罩杯，较宽的肩带设计。

6）下垂Ⅱ型：乳头指向地面，使呈下垂挂状。建议选择中心较窄的文胸。

7）外扩型：双峰向两侧外扩，不集中。建议选择中心集中的文胸，如 5/8 立体罩杯。

（3）文胸的尺码与型号

文胸的尺码是由其型号来表示的。文胸以罩杯代码表示型，以下胸围厘米数表示号。如，75A 表示罩杯为 A 型，下胸围为 75cm。

罩杯代码表示相适宜的人体上胸围与下胸围之差，对应关系见表 2。

表 2　罩杯代码

罩杯代码	AA	A	B	C	D	E	F	G
上下胸围之差 /cm	7.5	10.0	12.5	15.0	17.5	20.0	22.5	25.0

下胸围以 75cm 为基准数，以 5cm 分档向大或小依次递增或递减划分不同的号。如 65、70、75、80、85 等。

胸围的测量方法见图 3。

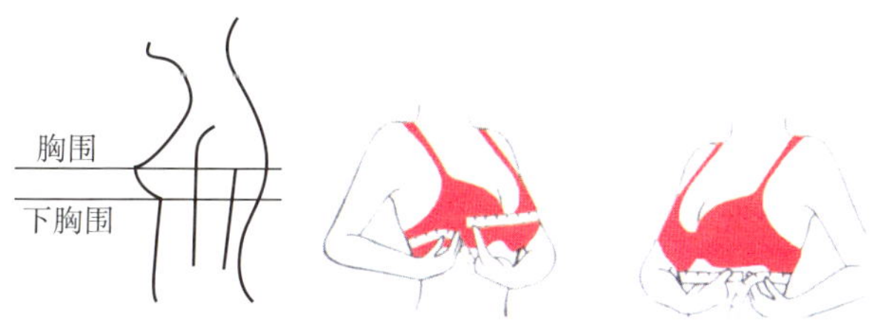

图 3　胸围的测量方法

上胸围尺寸是指人体在穿戴合体的单层无衬垫无支撑物文胸使乳房呈自然耸挺状态时，经过乳房最丰满处水平围量一周所得到的厘米数。

下胸围尺寸是指经过人体乳房下乳根水平围量一周所得到的厘米数。

若胸围是 87.5cm，下胸围是 75cm，上下胸围之差距为 12.5cm，那么罩杯为 B，应选择 75B 的尺码。

若下胸围量得为79cm，那就是80号，胸围量得为92cm，两数相减得13cm，那就是B杯，把二者放在一起，应该戴的胸罩为80B。

虽然各内衣厂商都是按这个标准来制作文胸，但由于用料、款式及一些其他的原因，还有杯型的原因（如半杯、3/4杯等），可能会有应该戴80B的却发现某些牌子的75B也挺合适。因此，建议在购买文胸时最好还是试穿一下。

2. 文胸的穿戴方法

正确穿戴文胸的方法有以下七个步骤：

（1）上身向前倾斜45度，将胸部容入罩杯中；

（2）双手握住胸罩边带滑向身后扣上背扣；

（3）调整乳头位置于罩杯尖端（尖端位置要找准，长期不注意的话，可能会导致乳房变形甚至乳头凹陷）；

（4）站直再调整，将外露的余肉收进罩杯里；

（5）以双手调整肩带，留出一指宽；

（6）将两侧边带拉平无皱；

（7）整体检查，腋下是否有副乳，背后是否往上吊。

试穿时检查要点见图4：

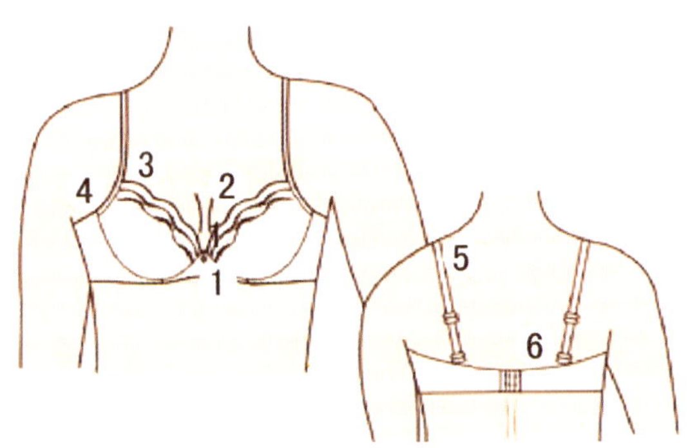

图4　试穿时检查要点

①下胸围是否紧贴，正中是否固定于心窝；

②前中心是否松浮（约可容纳1个手指之空间）；

③罩杯上沿是否过于压迫，罩杯杯位是否合适；

④腋下脂肪是否受到强烈挤压，或突出于罩杯外；

⑤肩带是否太松或太紧；

⑥后背钩位置是否平行固定于肩胛骨下方。

3. 文胸的洗涤方法

文胸的洗涤建议采用温水及中性洗剂进行手洗。如要机洗，则一定要使用洗衣袋，以避免文胸与其他的衣物搅在一起，发生变形。细致的蕾丝花边内衣或含软圈的内衣请用手洗。宜用冷水或比体温略低（30℃以下）的温水洗涤。选用一般的中性洗剂或内衣专用洗剂，用量适当，不宜过多。洗剂不可直接涂沾在文胸上，应先将洗剂完全溶于30℃～40℃的温水中完全溶解后，再放入衣物，否则会引至颜色不均匀。应避免使用含氯漂白剂，否则会损坏质料并使其变黄。避免与外衣共洗，以免造成不洁。避免与深色衣物混在一起洗，以免造成染色。

具体洗涤步骤如下：

（1）将需洗涤的文胸放入已准备就绪的水里，浸入水中5min～10min；

（2）以“轻按”的方式洗涤，特别脏处利用内衣自身的轻度互相摩擦，即可完全去除污渍。

（3）洗剂洗涤后，反复进行清洗。如洗涤模杯文胸应避免在杯面上用力搓洗，避免造成杯面变形；

（4）清洗完毕后，轻轻拧去水分之后，用干毛巾包上、用手轻轻挤压，使水分被毛巾吸收，避免用手强扭文胸；

（5）将皱缩衣物小心拉平至原状，将罩杯形状整理好；用夹子夹住没有弹性的地方（如文胸的底部边缘）倒挂起来，置于阴凉处晾干，避免阳光下直晒，以免衣物变质、变黄，寿命缩短。

4. 文胸的保养

文胸是最贴近身体的衣物，首先要注意清洁。污垢不但意味着不干净，更会影响面料的通气，吸汗及柔软性，从而对面料造成损坏。

文胸宜多件交替使用，每件文胸的寿命都可以延长一些。文胸的面料以柔薄纤细的弹性针织面料居多，穿着及脱下时不可过分用力，也要注意指甲不可勾刮纤维。

文胸应完全晾干，然后放置于空气流通处保存。

长时间保存收藏文胸时，你可以将它们一件件仔细叠起，或是罩杯与罩杯互折，只要不破坏原来的胸形即可。里衬最厚的放在上面，依序往下折放，防止厚衬的文胸因重压而变形，薄衬的文胸则无变形顾虑。对于具有造型设计（定型模、钢圈）的文胸，应避免挤压。

收放文胸时，建议与其他的衣物分开独立存放，并避免将文胸和樟脑制品存放在一起，以免衣料和橡皮筋失去弹性。

（由国家纤维纺织服装产品质量监督检验中心秦言华撰稿）

童　鞋

一、产品简介

童鞋是采用天然皮革、人造革、合成革、纺织品或其他合成材料为帮面，以橡胶、塑料、PU 发泡、PVC 等为鞋底，经缝制、胶粘、注塑、硫化等工艺加工成型的鞋类。按照穿着对象的不同，一般童鞋可分为婴幼儿鞋和儿童鞋。婴幼儿鞋是指鞋号①不大于 170，供 3 周岁以下婴幼儿穿用的鞋；儿童鞋是指鞋号不大于 250，供 3 周岁至 14 周岁儿童常用的鞋。市场上童鞋品种繁多、款式多样，一般包括皮鞋、皮凉鞋、旅游鞋、胶鞋等。常见童鞋产品类型如表 1 所示。

表 1　主要童鞋品种列表

产品名称	产品图片
宝宝鞋	

① 注：本章节鞋号为中国鞋号，以毫米表示。

表1（续）

产品名称	产品图片
儿童皮鞋	
儿童皮凉鞋	
布面童胶鞋	
儿童旅游鞋	

皮鞋是指使用天然皮革、人造材料等做帮面，以天然皮革、橡胶、热塑性弹性体、聚氨酯等橡塑材料制成的鞋底，采用胶粘、缝制或模压、注塑、灌注、硫化等工艺将帮底结合而制成的一般穿用皮鞋（靴）类产品。皮凉鞋是指以天然皮革、人造革、合成革、纺织品或其他合成材料为帮带（面），以天然皮革、橡胶、热塑性弹性体、聚氨酯等材料制成的鞋底，然后利用各种工艺将帮带（面）与鞋底结合而制成的鞋帮某些部位露空的鞋（靴）类产品。儿童皮鞋是指鞋号不大于250，供3周岁至14周岁儿童一般穿用的皮鞋（靴）。旅游鞋是指采用天然皮革、合成（人造）革和革［天然皮革或合成（人造）革］与非革材料混合制成帮面，以天然橡胶、合成橡胶、塑料、橡胶—塑料并用材料制成外底，然后利用冷粘、硫化或缝制等工艺将帮底结合而制成的，用于一般

穿用的运动、练习、健身、散步、慢跑、休闲等非专业运动的鞋（靴）类产品。

二、行业概况

根据有关数据统计，童鞋产品每年有近300亿元的市场容量。随着现代人们生活水平的逐步提高，父母对子女的生活投入越来越大，儿童消费呈现出明显的个性化、购买主动化的趋势。所以，童鞋市场空间将逐年高速递增。业内人士认为童鞋市场仍有很大的发展空间，属于朝阳产业。但是，当前中国童鞋市场两极分化比较严重，国外品牌占据高端，国内的童鞋品牌绝大多数属中低档。我国的童鞋业在整个制鞋行业中所占比例较小，品牌缺失现象也较为严重。据权威部门的调查数据显示，目前国内童鞋市场约70%是无品牌竞争，20%是进口品牌童鞋，国内品牌仅为10%，且国内童鞋品牌的市场竞争力较弱。由于品质、款式、核心技术等方面的欠缺，国内童鞋品牌的市场占有率一直比较低，一二线城市的童鞋销售额前几位，都被国外品牌所占领。目前国内童鞋产业主要分布在浙江、广东和福建这三大制造产业基地。

三、标准解读及关键指标分析

1. 标准总体情况

儿童皮鞋产品标准QB/T 2880—2007《儿童皮鞋》于2007年10月8日发布，2008年3月1日正式实施，一改以往国内童鞋产品与成人鞋产品均采用同一标准现状。近几年我国也在逐步开始建立专门的童鞋产品标准体系。从现有的童鞋产品标准来看，标准的制定正逐步考虑儿童的身体特点，更聚焦于童鞋产品的质量安全。目前，国内涉及童鞋产品质量安全的主要有以下标准：

（1）鞋类产品标准

1）GB/T 15107—2005《旅游鞋》

该标准主要规定了外观质量、帮底（和底墙与帮面）剥离强度、耐折性能、耐磨性能、外底与外中底黏着强度等要求。

2）GB/T 22756—2008《皮凉鞋》

该标准主要规定了鞋类感官质量、剥离强度、耐折性能、耐磨性能、外底与外中底黏合强度、衬里和内垫摩擦色牢度、鞋跟结合力、鞋跟硬度、勾心抗弯刚度、勾心硬度、可分解芳香胺染料、游离甲醛等要求。

3）QB/T 1002—2005《皮鞋》

该标准主要规定了鞋类感官质量、帮底剥离强度、成鞋耐折性能、外底耐磨性能、成型鞋底鞋跟硬度、外底与外中底黏合强度、勾心抗弯刚度和硬度等要求。

（2）童鞋产品标准

1）QB/T 2880—2007《儿童皮鞋》

该标准是首份专门针对童鞋制定的标准，标准对耐折性能、耐磨性能、剥离强度、外底硬度、外底与外中底黏合强度、勾心硬度、衬里和内垫摩擦色牢度等物理机械性能要求提出了要求，同时对六价铬、可分解芳香胺染料和游离甲醛化学安全项目进行了限量规定。

2）GB 25036—2010《布面童胶鞋》

该标准是中国童鞋行业首个国家强制性标准，适用于鞋号在 245 以下，鞋帮具有纺织品，适合儿童穿用的胶底鞋或其他弹性体为底的鞋品。《布面童胶鞋》标准对 pH 值、游离甲醛、可萃取的重金属、可分解有害芳香胺染料、含氯酚、*N*—亚硝基胺、鞋里和内底摩擦色牢度等健康安全项目进行严格的规定，保证健康安全。标准对于童鞋上可触及的锐利边缘（鞋上装饰件、鞋眼等部件）、可触及的锐利尖端（鞋上装饰件等部件）、可拆卸或经可预见的合理滥用测试后脱落的小附件等具有安全隐患的物理安全性能同样提出强制性要求。

3）QB/T 4331—2012《儿童旅游鞋》

该标准于 2012 年 11 月 1 日正式实施，适用于鞋号不大于 250，供 14 周岁以下婴幼儿及儿童穿用的旅游鞋。标准不仅对成鞋耐折性能、外底耐磨性能、帮底（或底墙与帮面）剥离强度、外底硬度、衬里和内垫摩擦色牢度等物理机械性能要求提出了要求，同时对可分解致癌芳香胺染料、游离或可部分水解的甲醛含量及重金属总含量等化学安全指标进行了限量规定。

2. 关键指标分析

（1）性能指标

童鞋产品的性能指标中涉及外观形象、使用效果、舒适度等方面主要有：标识、耐折性能、耐磨性能、剥离强度、外底硬度等。

1）耐折性能

耐折性能是成鞋内在品质的主要指标之一，通过模拟人脚连续行走状态而进行的耐折性能测试可以直接反映出鞋子帮面和底材的强度与韧性，以及鞋帮、鞋底和围条等部件之间的结合牢度等整体质量和穿着耐久性的重要性能。耐折试验的结果直接决定成鞋质量合格与否，所以耐折性能测试在物理检测中显得尤为重要。耐折不合格，可能导致鞋底断裂，造成穿着人脚部受伤，直接影响消费者的健康和安全。测试时，在鞋底预割口 5mm 或不割口，连续屈挠 4 万次，以折后割口裂口长度的长短（见图 1）以及折后新裂纹情况、帮面是否裂浆或裂面、帮底是否开胶等衡量耐折性能的好坏，不同标准的指标略有差异。童鞋耐折性能要求见表 2。

表 2　童鞋耐折性能要求

标准代号及名称	折后割口裂口长度/mm （预割口 5mm，连续屈挠 4 万次，鞋号在 230 以下不考核）
QB/T 2880—2007《儿童皮鞋》	≤30.0
QB/T 4331—2012《儿童旅游鞋》	（无预割口）鞋底出现裂纹不得超过 3 处，且最长裂纹长度≤5.0
GB/T 15107—2005《旅游鞋》	优等品：≤10.0；合格品：≤15.0
GB/T 22756—2008《皮凉鞋》	优等品：≤10.0；合格品：≤20.0
QB/T 1002—2005《皮鞋》	优等品：≤12.0；合格品：≤30.0

图 1　折后割口裂口长度情况

2）耐磨性能

鞋底耐磨性能是检验儿童鞋质量的一项重要指标。由于儿童天性活泼好动，走路不同于成年人，鞋底更容易磨损，如果耐磨性能不合格，则会给儿童的健康和安全带来隐患。耐磨性能的好坏是通过对试样进行磨耗后，以试样的磨痕长短来衡量（见图 2）。试样的磨痕长度越长，鞋底的耐磨性能就越差；相反试样的磨痕长度越短，鞋底的耐磨性能就越好。童鞋耐磨性能要求如表 3 所示。

表 3　童鞋耐磨性能要求

标准代号及名称	磨痕长度/mm
QB/T 2880—2007《儿童皮鞋》	≤15.0（鞋号在 170 及以下不考核）
GB/T 15107—2005《旅游鞋》	优等品：≤10.0；合格品：≤12.0
GB/T 22756—2008《皮凉鞋》	优等品：≤10.0；合格品：≤14.0
QB/T 1002—2005《皮鞋》	优等品：≤10.0；合格品：≤14.0
QB/T 4331—2012《儿童旅游鞋》	≤14.0

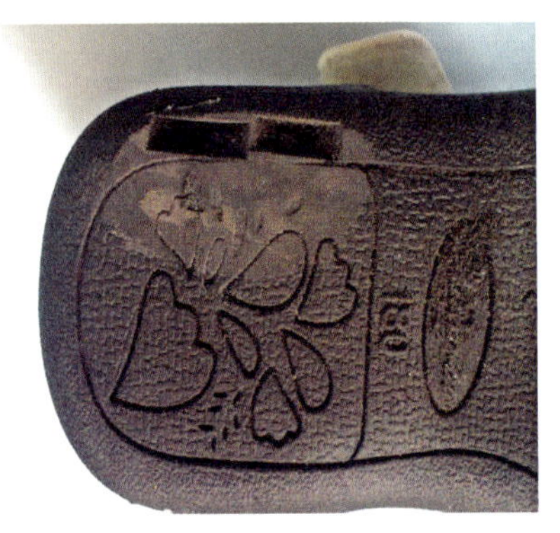

图 2　鞋底磨痕长度情况

3）剥离强度

剥离强度是鞋类商品的重要质量指标，也是历年消费者投诉较多的质量问题之一。剥离强度反映了鞋帮与鞋底（或底墙）的黏着牢度，关系到消费者穿后是否容易开胶。童鞋剥离性能要求如表 4 所示。

表4 童鞋剥离强度性能要求

标准代号及名称	剥离强度/（N/cm）
QB/T 2880—2007《儿童皮鞋》	≥40（鞋号在170及以下不考核）
GB/T 15107—2005《旅游鞋》	帮底：优等品：≥60；合格品：≥45 底墙和帮面：优等品：≥90；合格品：≥70 试验中材料撕裂而剥离层未开，判合格
GB/T 22756—2008《皮凉鞋》	男皮凉鞋：优等品：≥90；合格品：≥70 女皮凉鞋：优等品：≥60；合格品：≥50； 标准中规定的特殊款式≥40； 试验中材料撕裂而剥离层未开时，>30
QB/T 1002—2005《皮鞋》	女鞋、童鞋：优等品：≥60；合格品：≥50； 标准中规定的特殊款式≥40；
QB/T 4331—2012《儿童旅游鞋》	帮底：≥40，底墙和帮面：≥60；试验中材料撕裂而剥离层未开时，>20

4）外底硬度

外底硬度是考核童鞋外底软硬度的指标，通过对成鞋外底配方的工艺设计，可使外底硬度控制在合理的范围内，即软硬适度。外底硬度的大小直接影响儿童的脚型发育，因为脚部有丰富的神经和血管网络，过软的鞋底会造成脚弓的塌陷；过硬的鞋底对人体行走的运动学、动力学影响大，足底受冲击力大。太硬太厚的鞋底不利于鞋底的弯折，但过软的鞋底不能支撑脚掌，易使儿童的足部产生疲劳感。QB/T 2880—2007《儿童皮鞋》标准规定外底硬度应在45～60邵尔A之间，QB/T 4331—2012《儿童旅游鞋》准规定外底硬度应不小于40邵尔A。

（2）健康安全指标

童鞋产品在健康安全方面主要涉及游离甲醛、可分解有害芳香胺染料、重金属、含氯酚、胶制部件N—亚硝基胺等。

1）游离甲醛

甲醛是一种无色，具有刺激性气味的气体，是原浆毒物，能与蛋白质结合，引起慢性中毒和急性中毒。GB 25036—2010《布面童胶鞋》标准规定：布面婴幼儿胶鞋中可提取的甲醛含量应小于等于75mg/kg，除布面婴幼儿胶鞋以外的布面童胶鞋中可提取的甲醛含量应小于等于150mg/kg；QB/T 2880—2007《儿童皮鞋》标准规定：婴幼儿鞋中可提取的甲醛含量应小于等于 75mg/kg，儿童皮鞋中可提取的甲醛含量应小于等于 150mg/kg。

2）可分解有害芳香胺染料

染料在纺织品和皮革的着色上应用十分广泛，绝大多数偶氮染料本身并不具有致癌性，所谓的致癌偶氮染料是指被人体吸收后，在人体正常代谢的生化条件下，可能发生还原反应转化为致癌性芳香胺的染料。GB 25036—2010 和 QB/T 2880—2007 标准都规定禁用的可还原性致癌芳香胺的偶氮染料有 24 种。GB 25036—2010《布面童胶鞋》标准规定，布面童胶鞋中纺织材料、合成革、人造革可分解有害芳香胺染料小于等于 30mg/kg；QB/T 2880—2007《儿童皮鞋》标准规定：纺织品中可分解有害芳香胺染料小于等于 5mg/kg，皮革中可分解有害芳香胺染料小于等于 30mg/kg。

3）重金属

重金属是部分染料的组成元素，某些纺织品和皮革在用染料处理后，可能残余一些重金属离子，当超过一定的浓度后，就会形成重金属污染，对人体产生不良的影响。GB 25036—2010《布面童胶鞋》标准对布面童胶鞋中可萃取的重金属作了规定，铅不大于 1.0mg/kg，镉不大于 0.1mg/kg，砷不大于 1.0mg/kg；QB/T 4331—2012《儿童旅游鞋》标准对产品中的重金属总含量也作了规定，铅不大于 100mg/kg，镉不大于 100mg/kg，砷不大于 100mg/kg。

4）含氯酚

五氯苯酚在农业上可以作为除草剂、防霉剂和抗菌剂使用，也可作为印花浆料和皮革制品的防腐剂和防霉剂使用。在穿着含有五氯苯酚的鞋时，含氯酚会通过皮肤在人体内产生生物积蓄，从而对人类造成健康威胁，因此我国许多标准都对纺织品和皮革中含氯酚的残留进行了严格的限量规定。GB 25036—2010《布面童胶鞋》标准规定布面婴幼儿胶鞋中含氯酚的限量为 0.5mg/kg。

5）胶制部件 *N*—亚硝基胺

大量的动物试验表明，*N*—亚硝基胺在人体内可能会将 DNA 烷基化，最终诱发癌症，其致癌性已经被公认。*N*—亚硝胺类物质通常用作硫化促进剂。添加有某些促进剂的橡胶制品在硫化过程中可产生各种类型的亚硝胺，这些亚硝胺类物质或以硫化烟气的形式排出，或以固体形式残留在橡胶制品中。在特定的使用环境下，橡胶制品中的 *N*—亚硝胺被释放，从而有可能对人体的健康造成巨大的危害。GB 25036—2010《布面童胶鞋》标准规定，产品中胶制部件 N—亚硝基胺的含量为不应检出。

6）鞋里和内底摩擦色牢度

染料能够使纺织品和皮革具有丰富的颜色，使鞋类具有美丽的外观。但是，如果染色加工处理不当，这些染料就可能会在某些环境下游离出来，特别是当鞋被水浸湿，或人们在行走或运动时，鞋由于脚部出汗而变得潮湿，水或汗液会加剧鞋腔材料上染料的游离，不仅会产生鞋腔脱色和颜色迁移造成袜子沾色，直接影响美观，而且脱落的染料还可能对人体的健康造成损害。目前，相关童鞋标准对色牢度的控制指标值如表 5 所示。

表 5　童鞋色牢度指标要求

标准代号及名称	摩擦色牢度（级）
QB/T 2880—2007《儿童皮鞋》	≥3
GB/T 22756—2008《皮凉鞋》	≥2～3
GB 25036—2010《布面童胶鞋》	A 类 ≥3；B 类 ≥2～3（A 类：布面婴幼儿胶鞋，鞋号不大于 170；B 类：除布面婴幼儿胶鞋以外布面童胶鞋）
QB/T 4331—2012《儿童旅游鞋》	≥2～3

（3）标识、标签

童鞋标识（见图 3）、标签一般包括品名（包含材质、工艺及使用对象等信息）、执行标准、鞋号（型）（见图 4）、等级等信息，是消费者选购童鞋的参考依据，如果标注不正确或者不标就会误导消费者，构成未尽告知义务或欺

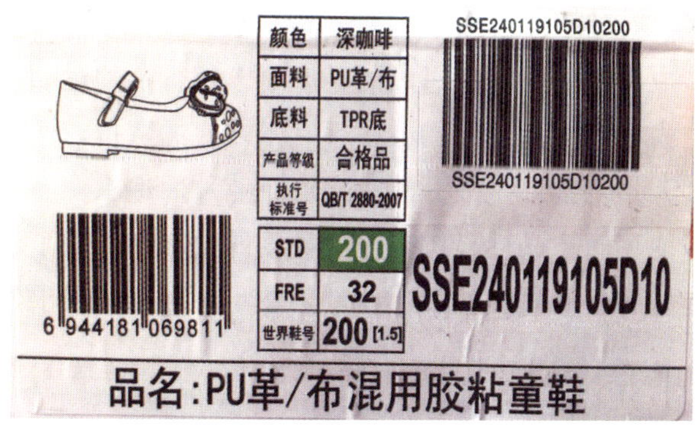

图 3　童鞋标识标签

诈行为，损害消费者的知情权和相关合法权益。

中国鞋码	120	125	130	135	140	145	150	155	160
欧洲鞋码	14	15	16	17	18	19	20	21	22
中国鞋码	165	170	175	180	185	190	195	200	205
欧洲鞋码	23	24	25	26	27	28	29	30	31
中国鞋码	210	215	220	225	230	235	240	245	250
欧洲鞋码	32	33	34	35	36	37	38	39	40

中国鞋码与欧洲鞋码换算方法：（欧洲鞋码+10）×5＝中国鞋码

图4　鞋号对照表

四、常见的主要问题

国家质检总局高度重视童鞋产品的质量安全，仅在2011年～2012年已连续2年组织开展了童鞋产品国家监督抽查工作。抽查发现，童鞋产品主要存在以下问题：

1. 外底耐磨性能

耐磨性能是表征鞋底是否容易磨损的指标。外底耐磨性能不合格将导致鞋子外底磨损严重或磨透，从而无法穿用，降低了鞋的使用寿命。外底耐磨性能不合格主要是鞋底配方含胶量低造成的，生产企业片面追求产品穿着舒适、行动轻便，轻易改变鞋底配方和工艺而未兼顾对其他性能的影响，虽然达到了柔软、舒适的要求，但耐磨性能却可能大大降低。

2. 外底硬度

儿童鞋鞋底要有适当的硬度和厚度，因为脚部有丰富的神经和血管网络，过软的鞋底会造成脚弓的塌陷；过硬的鞋底对人体行走的运动学、动力学影响大，足底受冲击力大。太硬太厚的鞋底不利于鞋底的弯折，而过软的鞋底不能支撑脚掌，易使儿童足部产生疲劳感。生产企业片面追求产品外观美观、柔软性或硬挺性，未能理解产品标准中对外底硬度的要求，采用了不合理的配方和工艺生产外底，导致外底硬度过软或过硬，达不到标准的要求。

3. 游离甲醛

游离甲醛是儿童皮鞋产品标准中的主要检测项目之一。甲醛可以作为纤维素类织物可免烫树脂整理、直接染料和活性染料染色后的固色处理、涂料印花浆料等的交联剂使用，也可以提高皮革的染色牢度和防皱性能。在制鞋行业中它还是一种重要的有机原料，主要用于人工合成黏结剂。含有甲醛的鞋，在穿着和贮存过程中，在温度和湿度的作用下，部分未交联的甲醛和水解产生的甲醛会释放出来，皮肤直接接触甲醛，可引起皮炎、色斑、坏死。

五、选购和使用提示

1. 选购

给儿童买鞋不能只为了美观，最重要的是舒适和安全。因为儿童的脚还正处于生长发育阶段，尚未定型，如果穿的鞋子不合适则会影响儿童的健康成长。建议在选购童鞋产品时，要关注以下几个方面：

（1）不要为了耐穿而买价格贵的鞋，最好购买价格比较适中的鞋，不合适了能尽快换掉。由于儿童双足长得快，最好根据儿童的实际生长发育情况，适时更换，以免造成足部发育不良和畸形。

（2）因为儿童的肌肉和脚骨十分嫩软，鞋子太小会影响脚部肌肉和韧带的发育；太大又难以掌握重心，会影响孩子活动和行走的正确姿势。童鞋的宽度以穿着后还能塞进一个食指指头为宜。

（3）3 岁以下的婴幼儿，宜买布鞋，忌买皮鞋。儿童脚部有丰富的神经和血管网络，穿皮鞋会压迫局部神经血管，影响脚趾、脚掌的生长发育，严重的还会造成脚部畸形。布鞋轻便，透气性好，穿着舒适。但对于 3～6 岁的幼儿，穿皮鞋对于他们脚部骨骼的正常生长是有利的。因为处在这一时期的孩子其脚骨尚未完全钙化定型，脚踝稚嫩娇弱，加上幼儿好动，脚的稳定性差，穿皮鞋能有效加强幼儿活动时对脚软骨的横向束缚与牵引，从而避免脚骨永久畸形和多种脚疾。

（4）宜买平底的，忌买带跟的。带跟的鞋会引起中心偏移，易产生屈膝、翘臀、弓腰等不良症状。平底鞋有利于保护正常足弓，不致引起肌肉和韧带劳损。

2. 保养

童鞋产品在使用、保养方面要注意以下几点：

（1）童鞋产品应定期清洁。皮革类、人造革类童鞋产品清洁时应避免浸水、暴晒或高温烘干，以免引起老化、变形、褪色。童鞋产品不可在高温下暴晒，应在阴凉通风处晾干，避免帮面和外底材料老化、变色。

（2）天然皮革的童鞋产品应经常打油以保证皮革的韧性和光亮度。光面皮革可用皮革保养油，白色革面童鞋产品可采用皮革保养油或涂上无色的鞋油。

（3）童鞋产品应避免与利器接触，也不能长时间与化学品、油污水、雨水等接触，鞋子应经常替换穿。

（由上海质量监督检验技术研究院陈志强撰稿）

皮　鞋

一、皮鞋产品简介

皮鞋是采用天然皮革人造材料等为帮面，经缝绱、胶黏或注塑等工艺加工成型的鞋类。皮鞋的历史相当悠久，但在中国，现代皮鞋的生产还只有120多年的历史，皮鞋因其透气、吸湿，具有良好的卫生性能，且外观端庄大气，被视为各类鞋靴中品位最高的产品，已成为人们最喜爱的一种鞋类，成为美化人民生活的大宗商品之一。

皮鞋根据穿用对象可分为男、女、童皮鞋；按穿用季节分为春秋鞋、凉鞋、棉皮鞋；根据鞋帮面结构可分为高统（高腰）、低统（矮腰）、单皮鞋、夹皮鞋；按穿用性质可分为生活用鞋、劳动保护用鞋；根据穿着场合的分类，可分为商务正装皮鞋（图2）、休闲皮鞋（图1）、时尚皮鞋、户外皮鞋、工作鞋、庭院鞋等几类。

图1　休闲皮鞋

图2　正装皮鞋

二、皮鞋产品行业状况

我国制鞋行业经过30多年的快速发展，已成为世界瞩目的鞋类生产大国、贸易大国。据统计，我国约有皮鞋生产企业近1万家，主要分布在广东、浙江、四川、山东、江苏、重庆等省市。我国以广东、浙江温州、四川成都等地为主要生产基地，年产量突破100亿双，达到世界总产量的近七成，已经成为世界上最大的鞋业制造基地和鞋类出口国。

皮鞋产品质量的优劣影响着亿万消费者的合法权益。近年来我国在皮鞋生产总量、外观设计及功能强化等方面取得了令人瞩目的成就，皮鞋产品质量水平有了明显提高。从总体上看，我国皮鞋产品质量的总体状况是稳定向上的，多年的国家和地方抽查和监测的结果表明皮鞋的整体质量水平一直在向好的方向发展，2011年、2012年的国家监督抽查的皮鞋合格率达到了95.8%、94.2%。但从社会层面看，由于我国皮鞋生产企业的特点是现代化企业与家庭作坊式企业并存，设计、生产水平各异，因此皮鞋产品质量安全仍然存在着一定的问题，由此带来的风险仍然影响着市场的稳定和消费者的健康安全。

三、标准解读及关键指标分析

1. 皮鞋标准体系

经过多年的发展，我国已经建立了较为完善的鞋类标准体系，有效地规范了我国鞋类的生产，促进和提高了鞋类产品的质量，但现行的相关标准多为推荐性标准，而涉及消费者安全的强制性标准目前只有1项：GB 28011—2011《鞋类钢勾心》。《儿童鞋安全技术规范》强制性国标尚在制定过程中。

尽管标准的范围拓宽到皮鞋产品生产的各个过程，内容延伸到产业链的上下游环节，包括鞋、鞋楦及鞋用配件、原辅材料和鞋油等，基本建立起以国家和行业标准为主体、地方或企业标准相配套的鞋类标准体系，但强制性标准的缺失和安全指标的匮乏尚不能全面保证产品质量的安全。表1中列出了与皮鞋产品质量相关的6项标准。

表 1　皮鞋产品相关标准

序号	标准号	标准名称	主要技术指标	标准性质
1	GB 28011—2011	鞋类钢勾心	规定了钢勾心的标志、尺寸、纵向刚度、抗疲劳性、硬度、弯曲性能等	国家强制标准
2	GB /T22756—2008	皮凉鞋	规定了耐磨性能、耐折性能、剥离强度、外底与外中底黏合强度、帮带拉出强度、勾心、衬里和内垫色牢度、鞋跟硬度、鞋跟结合力等物理指标及甲醛和可分解有害芳香胺染料含量 2 项化学安全性指标	推荐性国家标准
3	QB/T 2880—2007	儿童皮鞋	规定了耐磨性能、耐折性能、剥离强度、外底硬度、外底与外中底黏合强度、勾心硬度、帮面材料低温屈挠性能、衬里和内垫摩擦色牢度等，规定了皮革中 Cr（Ⅵ）、甲醛、可分解有害芳香胺染料含量等安全要求	推荐性行业标准
4	QB/T 2955—2008	休闲鞋	规定了耐磨性能、耐折性能、剥离强度、外底与外中底黏合强度、帮面材料低温屈挠性能、衬里和内垫摩擦色牢度等，规定了甲醛、可分解有害芳香胺染料含量等安全要求	推荐性行业标准
5	QB/T 1002—2005	皮鞋	规定了耐磨性能、耐折性能、鞋跟结合力、剥离强度、外底与外中底黏合强度、鞋帮拉出强度、成型底鞋跟硬度、勾心抗弯刚度和硬度、帮面材料低温屈挠性能等	推荐性行业标准
6	QB/T 2673—2004	鞋类产品标识	a. 鞋上应注商标或企业名称、中国鞋号；b. 内包装应注明生产者依法注册的厂名、厂址和邮政编码。进口鞋应标明原产国或地区以及代理商的信息；c. 应注明帮面材料、鞋号、执行标准、颜色、货号等信息	推荐性行业标准

2. 关键指标分析

(1) 剥离强度和帮带拉出强度

剥离强度、帮带拉出强度是表征鞋帮与外底黏合牢度的重要指标。

产品缺陷现象：不合格的鞋在穿着过程中，极易出现开口或开胶(见图3)。

图3 帮底开胶现象

(2) 耐折性能

耐折性能是考核成鞋的耐屈挠性能(或耐弯折性能)。

产品缺陷现象：耐折检测不合格的皮鞋在穿着过程中会出现鞋底断裂或帮面开裂以及屈挠部位帮底开胶等问题。

(3) 鞋类钢勾心

在行业标准 QB/T 1002—2005《皮鞋》中规定跟高大于 20mm 且跟口高度大于 8mm 的皮鞋要有装有勾心并且对其抗弯刚度和硬度有所要求。钢勾心安装在皮鞋外底与外中底之间的腰窝部位，支撑并保持着鞋的整体形状。虽然从外观上不能直接看到钢勾心，但是钢勾心却直接影响鞋的穿着安全和舒适度。为此国家制定了强制性标准 GB 28011—2011《鞋类钢勾心》，并于 2012 年8 月1 日实施，为皮鞋的质量安全提供有力的保障。勾心的硬度和纵向刚度、抗疲劳性和弯曲性能等指标关系到皮鞋的质量安全和耐穿性能。

安全问题：硬度低或抗弯刚度较差的钢勾心可能会在皮鞋穿用过程中因受力而变形从而使得皮鞋整体变形、鞋跟晃动，使消费者穿着不稳，严重者甚至造成崴脚、摔倒。尤其是对于具有较高较细鞋跟的女士高跟鞋，钢勾心的质量对穿着者的安全具有更大的影响。同时抗疲劳性差的钢勾心可能会在皮鞋穿用过程中因反复受力而出现断裂或损坏，不仅缩短了皮鞋的穿用寿命，而且会形成影响消费者安全的隐患。

（4）鞋跟结合力

鞋跟结合力指标是考核装配式鞋跟与鞋底的结合强度。

安全问题：如果鞋跟结合力过低，则在穿着过程中可能会出现鞋跟松动甚至脱落而造成消费者崴脚、摔倒。

（5）鞋跟硬度

鞋跟硬度指标是考核皮鞋的成型底鞋跟的硬度指标。

安全问题：鞋跟硬度过低，易造成穿着过程中鞋跟塌陷、变形现象，严重者长期穿用过软的鞋底会造成脚弓的塌陷。但鞋跟硬度过高，则穿着舒适性较差且不利于防滑（过硬的鞋底对人体行走的运动学、动力学影响大，足底受冲击力大）。

（6）外底耐磨性能

外底耐磨性能是考核鞋底材料耐磨程度的重要指标，耐磨性能的好与差直接影响着鞋的穿着寿命。

产品缺陷现象：耐磨性能差的皮鞋在穿着过程中前掌或后跟部着力部位会很快出现明显磨损，既不美观也影响穿着舒适性和鞋的耐穿用性。

（7）衬里和内垫摩擦色牢度

衬里和内垫摩擦色牢度指标是考核鞋子衬里和内垫在穿用过程中脱色程度的重要指标。

产品缺陷现象：摩擦色牢度不合格的皮鞋在穿用过程中易出现衬里或内垫掉色而污染穿着者的袜子。消费者因鞋里掉色而投诉现象时有发生。

（8）感官质量

感官质量主要指鞋的外观质量，是通过感官观察和测量比较，对皮鞋的外观质量进行判定。

皮鞋感官质量缺陷包括主跟大小不一致、主跟不平、包头软而变形、鞋内里破损、主跟垮塌变形、钉脚不平、鞋内里不平服、鞋内底不平服等。参见图 4～图10。感官质量缺陷不仅影响鞋的美观，而且影响消费者的穿着舒适性，甚至有些缺陷（钉脚不平）还可能对消费者造成伤害。

图4　主跟不平

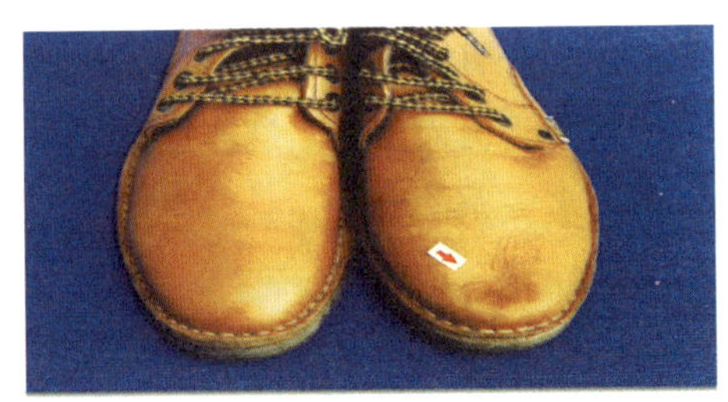

图5　包头软

图6　鞋内裡磨破

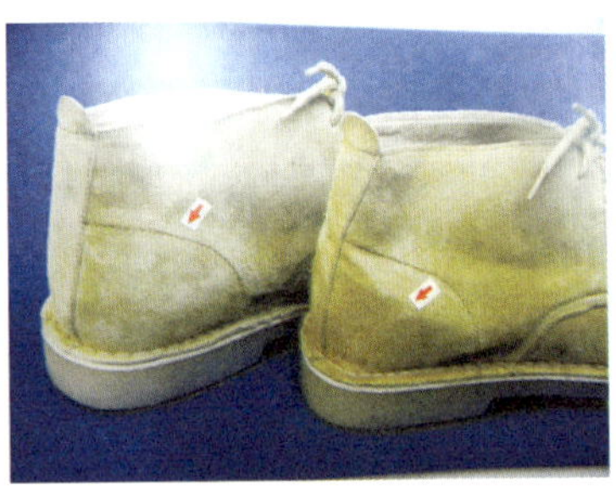

图7　主跟人小不一致

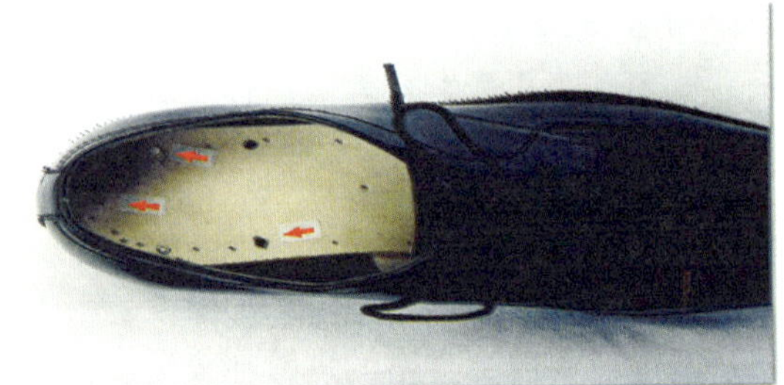

图8　钉脚不平

图9　鞋内不平服

图 10　鞋内底不平

（9）标识

标识是反映皮鞋商品信息和属性的重要方式。

产品缺陷现象：鞋号型标注不符合我国相关标准的规定，消费者选择合适尺码的鞋时会产成困扰；皮鞋帮面材质不标甚至以次充好，侵犯消费者的知情权，甚至欺骗消费者；企业名称、地址、联系方式等信息不全给消费者维权带来阻碍。

（10）化学安全指标—甲醛含量

甲醛可以作为纤维素类织物可免烫树脂整理、直接染料和活性染料染色后的固色处理、涂料印花浆料等的交联剂使用，也可以提高皮革的染色牢度和防皱性能。在制鞋行业中它还是一种重要的有机原料，主要用于人工合成黏结剂。含有甲醛的鞋，在穿着和贮存过程中，在温度和湿度的作用下，部分未交联的甲醛和水解产生的甲醛会释放出来，皮肤直接接触甲醛，可引起皮炎、色斑、坏死。

GB 20400—2006《皮革和毛皮　有害物质限量》和 GB 18401—2010《国家纺织产品基本安全技术规范》对皮革和毛皮以及纺织品分别按婴幼儿用品（A 类）、直接接触皮肤产品（B 类）、非直接接触皮肤产品（C 类）分类后进行了限量规定。皮鞋类产品中的 GB/T 22756—2008《皮凉鞋》以及 QB/T 2955—2008《休闲鞋》也均对该指标进行了规定。

原因：皮鞋产品中帮面材料（包括皮革和纺织品），在用树脂整理及固色处理过程中都可能因使用甲醛而将其引入鞋材中；此外，皮鞋生产中所用的某些胶黏剂中也可能有较高含量的甲醛。

（11）化学安全指标—可分解致癌芳香胺染料（又称禁用偶氮染料）

偶氮染料是皮革、毛皮或纺织品染色常用的染料，而可分解致癌芳香胺染料是指那些可能在适当条件下会分解出 24 种致癌芳香胺的偶氮染料，如果皮鞋中这些禁用偶氮染料含量超标，长期接触并被人体吸收后，在人体正常代谢的生化条件下，可能发生还原反应转化为致癌性的芳香胺染料。

表1所列各项标准对皮鞋产品的质量指标都进行了规定，对鞋类标识也予以了规范，尤其鞋类钢勾心是应用于中高跟皮鞋中的主要配件，是连接后跟和前掌的大梁，是鞋的“脊梁”，起着重要的承重及平衡作用，其质量影响着鞋的安全性和舒适程度。因此，对于使用钢勾心的皮鞋产品，其钢勾心必须符合国家强制标准GB 28011—2011《鞋类钢勾心》的要求。

为了对皮鞋的质量进行有效的检测和监控，我国除制定了相应的产品标准，还有一系列的整鞋检测方法标准和鞋类部件相关标准与之匹配，如GB/T 3903.1—2008《鞋类 通用试验方法 耐折性能》、GB/T 3903.2—2008《鞋类 通用试验方法 耐磨性能》、GB/T 3903.3—2011《鞋类 整鞋试验方法 剥离强度》GB/T 3903.4—2008《鞋类 通用试验方法 硬度》，GB/T 3903.5—2011《鞋类 整鞋试验方法 感官质量》、GB/T 3903.24—2008《鞋类 鞋跟试验方法 持钉力》、GB/T 3903.25—2008《鞋类 整鞋试验方法 鞋跟结合强度》，GB/T 21396—2008《鞋类 成鞋试验方法 帮底粘合强度》，GB/T 11413—2005《皮鞋后跟结合强度试验方法》等。

四、常见的主要问题

2012年第 季度皮鞋国家监督抽查工作中发现的主要问题有：

1. 帮底剥离强度

剥离强度是表征鞋帮与外底黏合牢度的重要指标。剥离强度不合格的鞋在穿着过程中，极易开口、开胶。主要与皮鞋制作过程中所用胶水的性质与质量有关。胶水是否与所用的鞋帮和鞋底材料相适应、操作不当、刷胶的力度和均匀度，以及烤胶的时间和温度等，都可能影响成鞋的剥离强度。

2. 耐折性能

成鞋耐折性能是考核成鞋鞋底是否容易断裂，帮面是否容易裂面和裂浆，以及穿后鞋子的屈挠部位的帮底结合处是否容易开胶的指标。不合格产品主要表现在：鞋子按照标准要求进行屈挠后出现鞋底裂纹过长及鞋帮和鞋底（底墙）粘合处出现开胶现象。耐折性能不合格的皮鞋在穿着过程中最常发生的问题是鞋底断裂、帮面开裂或屈挠部位帮底开胶等问题。而产生不合格的主要原因是：鞋底的材质或工艺、配方的不合理，造成鞋底硬度过高但材质的韧性又不足；帮面材料的选材、整饰方式和工艺不合理，使其经反复屈挠后易裂面、裂浆；胶水的选用、使用不合理，工人的操作不熟练，培训不到位等，造成的帮底黏合不牢固，反复屈挠后易开胶。

3. 勾心硬度

钢勾心安装在皮鞋外底与外中底（或内底）之间的腰窝部位，起着“大梁”作用，支撑并保持着鞋的整体形状，因而，勾心硬度是非常重要的安全指标。不合格的勾心会造成皮鞋整体变形，消费者穿着不稳定，严重时甚至崴脚、摔倒。尤其在女高跟鞋上的人身安全隐患更为严重。因此，行业标准QB/T 1002—2005《皮鞋》中要求跟高大于20mm且跟口高度大于8mm的皮鞋要有勾心，并且对其抗弯刚度和硬度的要求也进行了规定。该项目不合格的主要原因是：制鞋企业所用勾心的材质和勾心加工制作的工艺不合理。钢材类型和淬火温度、时间等都会影响勾心的硬度值。

五、选购和使用提示

1. 帮面材料

有天然皮革、合成革、再生革、移膜革等。

天然皮革主要分牛皮鞋面革、羊皮、猪皮等。真皮鞋的鞋面有光面革和反绒革等种类，质量好的光面皮鞋，粒面粗细均匀，平滑细致，有不规则细纹；光亮度、颜色均匀一致，没有明暗和深浅不一的现象。用手指按压皮面，出现均匀细小的皱纹，放开手指后，细纹随即消失；手摸感觉柔软润滑，富于弹性，不僵硬，而且皮革的厚薄均匀适度。质量好的反绒皮鞋，表面绒毛细软、绒毛非常均匀，颜色一致，无粗长纤维和油斑污点，无明显折皱和伤痕。真皮鞋一般两只鞋面会有轻微的差异，而合成革、再生革、移膜革面皮鞋表面花纹完全一致，不吸水。

2. 鞋底

皮鞋底有真皮、橡胶、塑料和合成发泡材料等。质量好的皮质鞋底，表面光亮平滑，颜色均匀一致，没有油斑、污点和伤痕，厚薄均匀；用手指弹，声响清脆，手感坚实，这种鞋底柔韧丰满，抗张强度大，耐磨性强。质量好的橡胶、塑料和合成材料鞋底，表面光滑一致，花纹整齐，每个花纹边角鲜明完整。从侧面看，切面均匀细致无杂质，无大小颗粒组织，无厚薄不均现象；用手摸，有较好的韧性和弹性。胶黏皮鞋要检查底边帮底黏合是否严密、平整，不能有缺胶、溢胶现象。

3. 透气性

皮鞋中以合成革的透气性最差，漆皮、移膜革和涂饰层较厚的二层皮革透气性也不好。一般头层天然革皮鞋透气性较好，尤以猪皮革为最好，因为猪皮革毛孔比牛皮革毛孔粗几倍，汗气易排出。但猪皮革不如牛皮美观，在市场上用作帮面的并不多见。

4. 大小

挑选皮鞋以舒适为原则。宽窄以鞋子在行走弯曲时不挤压脚趾、脚尖、脚背，不磨脚，穿着舒适为宜；长短以脚尖不夹不顶，行走时脚不在鞋内滑动为好。人在下午因脚部略有肿胀，此时所购皮鞋大小合适；若在上午试鞋，则应留出空余量。

5. 外观

看中式样后，还需注意缝线的针码是否均匀，两只鞋子是否基本对称，有无明显色差。将鞋尖朝自己，平放在柜台上，查看鞋底前掌与柜台的接触点是否在前掌的中心位置，如有偏差，则穿在脚上易发生侧偏，导致鞋变形。鞋跟不宜过高，以符合脚部放松时的自然弯曲为最佳。还要检查皮质的柔软度，好的皮鞋皮质软硬适中，挺拔而不生硬，柔软而不变形。用手压按压皮面，如果手感到很吃力，说明皮子过硬；若轻轻一压就松垮下去，则说明皮质太软，穿不久就可能变形。好的皮质应该是用手压下去，感觉有点顶劲，手一松，又很快回复原形，这说明皮子有一定的韧性和弹性。

6. 安全性检查（勾心强度）

在挑选的时候，用一只手握住鞋头，另一只手握住鞋跟，双手用力向鞋底的反方向弯一弯，如果感到有阻力，稍一松劲儿又弹回原形，则说明勾心柔韧度和刚度恰到好处。如果用手弯鞋的时候感到没什么阻力，这说明勾心刚度差，很容易变形断裂。如果有阻力，但是弹回情况不好，说明勾心尽管有刚度但柔韧度差，穿起来会不舒适，脚很容易感到疲劳。

7. 标识

仔细查看产品上有无商标或厂名及鞋号，这是消费者保护自身合法权益的重要证据之一。内包装上有无帮面材料的标注，产品内包装中有无产品的名称、合格证（或在鞋盒上标注的产品质量等级）、货号、产品执行标准编号、企业名称及联系方式以及其他标注信息。

（由国家鞋类质量监督检验中心（北京）刘显奎撰稿）

卫生纸

一、产品简介

通常所说的卫生纸是指“厕用卫生纸”，使用植物纤维原料生产，主要在如厕后使用，起清洁作用。卫生纸属于一次性清洁卫生用品，是人们日常生活中不可缺少的纸种之一，与纸巾纸、厨房纸巾、擦手纸等统称为生活用纸。

卫生纸种类较多，按包装形式分为卷筒卫生纸、盘纸、平切卫生纸和抽取式卫生纸，其中卷筒卫生纸又分有芯和无芯两种；按层数分为单层、双层和多层；按加工方式分为平纹纸、压花纸、印花纸等，压花或印花的产品，看起来更加美观；按颜色分为白色纸、彩色纸和本色纸。大部分卫生纸是白色或近白色的，也有少部分卫生纸在生产过程中经染色成为彩色卫生纸，本色卫生纸呈浅黄褐色（纸浆本色，非染色）。本色卫生纸作为近年来的新产品，主打环保健康理念，正逐步被社会接受。图 1 为卫生纸产品示例。

卫生纸单层纸页通常较薄，摸起来比较柔软，具有一定强度和吸水性，纸面洁净。同时，卫生纸作为一种清洁卫生用品，与人体皮肤直接接触，除了达到一定使用性能要求外，微生物指标如细菌菌落总数、致病菌也应满足一定要求，否则很可能会影响消费者的身体健康。

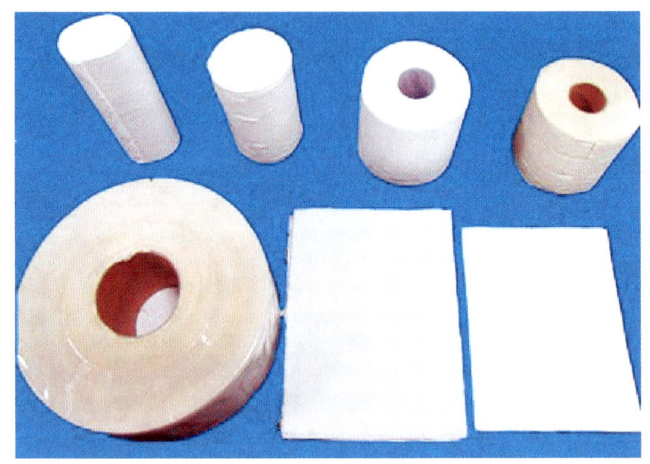

图 1 卫生纸产品示例

二、行业概况

1. 行业分布

据统计，目前全国的卫生纸生产企业有 1600 多家，主要集中产区有广东、广西、四川、宁夏、陕西、上海、江苏、浙江、湖北、福建、湖南、河北、山东等地。主要制造商有：恒安纸业有限公司、金红叶纸业（中国）有限公司、维达纸业集团有限公司、中顺洁柔纸业股份有限公司、上海东冠集团、上海金佰利纸业有限公司等。

我国用于生产卫生纸的原料有木浆、非木浆（如草浆、竹浆、蔗渣浆）和废纸浆等，其中，广东、上海、湖北、江苏、浙江、湖南、河北等地区以木浆为主，广西以蔗渣浆为主，四川、重庆以竹浆为主，新疆以苇浆为主，宁夏、甘肃、陕西以草浆为主。

2. 行业发展状况

我国的卫生纸生产企业众多，大中型企业装备水平较高，部分小型企业装备水平比较落后。随着卫生纸新项目的设备引进和投产，我国卫生纸的技术装备水平也将大大提高。新建大项目引进的高速宽幅卫生纸生产线及产成品加工和包装设备具有世界先进技术水平。

我国使用 100%原生木浆生产的卫生纸是主流产品，与国外某些国家大量使用废纸生产卫生纸的情况有一定差距，其原因是：一方面，国外通过立法鼓励企业使用废纸生产卫生纸；另一方面，我国使用废纸生产卫生纸的企业主要是小型企业，产品质量较差；另外，我国消费者的消费理念与国外消费者的消费理念也有很大不同。也有很多国家对废纸生产的卫生纸的安全性有顾虑，一般情况下不将此类卫生纸作为首选。随着绿色、环保概念的推广，生产技术水平的提高，草浆、蔗渣浆、竹浆、废纸浆在卫生纸中的使用比例将逐渐增大。

根据中国造纸协会生活用纸专业委员会的统计，我国2012年卫生纸总消费量约348.8万吨，位居世界前列。但由于我国人口众多，卫生纸的人均消费量尚未达到世界平均水平，相比北美、日本、西欧还有相当大的差距，市场长期增长的潜力仍非常大。随着我国经济的发展和城市化、国际化进程的加快，市场需求潜力将不断释放，给卫生纸行业带来巨大的发展空间。

三、标准解读及关键指标分析

1. 标准总体情况

卫生纸执行的标准为GB 20810—2006《卫生纸（含卫生纸原纸）》，该标准为强制性国家标准。该标准对卫生纸的物理性能指标、微生物指标、原料要求等进行了规定，其中微生物指标和原料要求为强制性规定。而美国、日本、韩国等国外标准，主要对卫生纸的物理性能要求进行了规定，没有规定微生物指标。另外，美国标准强制要求生产卫生纸必须使用一定比例的回收纤维。综合比较，在安全卫生方面，我国卫生纸国家标准比其他国家的卫生纸标准更加严格。

2. 关键指标分析

（1）性能指标

卫生纸主要物理性能指标有亮度（白度）、横向吸液高度、抗张指数、柔软度、外观质量等。

1）亮度（白度）

该指标反映卫生纸的白色程度。大部分卫生纸使用漂白纸浆生产，所以产品都是白色的，这种白色是纸浆本身的颜色。白色的卫生纸看起来干净、有档次，消费者也愿意购买和使用。有些卫生纸是用废纸浆生产的，废纸浆白度较低，生产企业为了提高产品白度，特意添加了荧光增白剂，使卫生纸看起来很白，这种“白色”与漂白纸浆本身的白色有显著的区别。本色卫生纸使用本色纸浆生产，呈浅黄褐色，其白度低于使用漂白浆生产的卫生纸。

2）横向吸液高度

表征卫生纸吸水性能的指标。卫生纸的横向吸液高度越大，吸水性越好，使用效果越好。

3）抗张指数

抗张指数用来反映卫生纸被拉伸时破裂的难易程度。卫生纸的抗张指数越大，使用起来越不容易破裂。

4）柔软度

柔软度反映了卫生纸的柔软程度。柔软度值越小，说明产品柔软性越好，柔软性好的卫生纸对皮肤的摩擦小，使用时更贴合皮肤。

5）外观质量

外观质量包括洞眼、尘埃、纸面状况等。好的卫生纸很少有洞眼，尘埃也少，纸面洁净，没有明显的死褶、残缺、破损、硬质块、生草筋、浆团等纸病和杂质，没有明显的掉粉、掉毛现象。

（2）安全指标

1）微生物指标

微生物指标包含细菌菌落总数、大肠菌群、金黄色葡萄球菌和溶血性链球菌。卫生纸在使用时与皮肤直接接触，因此微生物指标的合格与否直接影响到消费者的身体健康，其重要性不言而喻。标准规定每克卫生纸的细菌菌落总数应不多于600CFU，大肠菌群、金黄色葡萄球菌和溶血性链球菌均不应检出。微生物指标为强制性指标，所有卫生纸产品必须满足以上要求，卫生才能有保证。

2）原料规定

我国大多数卫生纸以原生纤维为原料，卫生安全性较好。由于生产卫生纸允许使用回收纸，而回收纸的种类较多，为确保产品的安全性，需对回收纸的种类进行规定。标准要求原料应符合《一次性生活用纸生产加工企业监督整治规定》（国质检执［2003］289号）中第十条“生产皱纹卫生纸可以使用原生纤维、回收的纸张印刷品、印刷白纸边做原料。不得使用废弃的生活用纸、医疗用纸、包装用纸做原料。使用回收纸张印刷品做原料的，必须对回收纸张印刷品进行脱墨处理。”的相关规定。

四、常见的主要问题

2010年国家质量监督检验检疫总局对卫生纸产品进行了一次全国范围专

项抽查，涉及428家企业的588种产品。通过抽查发现，细菌菌落总数、柔软度、横向吸液高度、抗张指数不合格是产品不合格的主要原因。

1. 细菌菌落总数

消费者使用卫生纸产品，主要是为了清洁卫生。细菌菌落总数不合格，会增加使用者感染细菌、致病的概率，危害使用者的身体健康。

细菌菌落总数不合格主要与原料、生产环境、加工过程、贮存条件等因素有关。部分企业采用质量差的废纸甚至是垃圾废纸来生产卫生纸，其中含有大量的微生物。也有一些小型企业生产环境差，生产时各工段未能进行有效地隔离和控制，导致微生物超标。还有为数不少的生产及加工企业规模小，设备简陋，在生产中以大量的手工代替机械化操作，加工环境差，缺少必要的消毒环节，造成二次污染。再者，一些产品在运输、贮存时，由于受潮、包装破损等原因受到污染，导致产品细菌菌落总数超标。

2. 柔软性能

柔软性能差的卫生纸产品，质感粗糙，清洁效果差，甚至损伤皮肤。

柔软度不合格主要与原料和生产工艺两方面有关。抽样发现，以废纸为原料的卫生纸柔软性差。使用废纸做原料，需要采用先进的生产工艺，废纸经过一系列复杂的处理过程，去除废纸中的油墨颗粒、填料、杂质、胶黏物等，但是该生产流程复杂，设备投资高，只有大、中型企业采用。而相当多的以废纸为原料的生产企业生产过程较为简单，导致产品的柔软度无法达到标准要求。木浆是生产卫生纸的优质原料，生产的产品一般较为柔软，如果生产、加工工艺不合理，也会导致产品的柔软度不合格。

3. 横向吸液高度

横向吸液高度不合格的卫生纸吸水能力不强、清洁效果较差，不能满足使用要求。横向吸液高度不合格的主要原因是生产企业为了提高卫生纸的强度加入了过量的增强剂。过量添加增强剂的卫生纸，在水中不易分散，还容易堵塞下水道。

4. 抗张指数

抗张指数不合格的卫生纸使用时易破损，影响使用。

原料差和生产工艺落后是导致抗张指数不合格的主要原因。

五、选购和使用提示

1. 选购注意事项

为了能够快速选购优质的卫生纸产品，消费者可以通过以下几个方面作出判断。

（1）标识

1）看有无商标、生产单位名称和生产单位地址。

2）看有无标识产品执行标准，卫生纸执行 GB 20810—2006《卫生纸（含卫生原纸）》这一强制性国家标准。如标识上无 GB 20810—2006（或 GB 20810），建议消费者不要购买。

3）看有无标识产品质量等级，GB 20810—2006《卫生纸（含卫生原纸）》规定，卫生纸按质量等级分为优等品、一等品和合格品。优等品质量最佳，但是价格可能也偏高，消费者可根据自身消费水平进行选购。如标识上无质量等级，建议不要购买。

4）看有无标识生产日期和保质期或限用日期，卫生纸产品有一定时间的保质期，通常为 3 年，存放时间越长，滋生细菌的可能性越大。建议购买近期生产的产品。

5）看产品成分标识，以辨别产品使用的原料种类。一般情况下，使用原生木浆生产的卫生纸质量较好。注意区分“原生木浆”与“原生浆”的含义，原生木浆指的是首次使用（非回收利用）的木浆，原生浆指的是首次使用的纸浆，有可能是木浆，但很有可能是非木浆，如草浆、竹浆、蔗渣浆等。

（2）外观质量

1）洞眼

将卫生纸分层揭开，取上下表层分别迎光观测，看洞眼的数量，质量越好的卫生纸，洞眼数越少。

2）尘埃、杂质

目测卫生纸的上下表面，黑色、灰色、与纸面主体颜色不一致的地方均为尘埃或杂质。质量越好的卫生纸，尘埃、杂质的数量越少。

3）纸面外观

目测卫生纸上下表面，看表面有无死褶、残缺、破损，每节宽度、每节长度是否均匀，打孔线与卷筒轴向是否平行等。纸面外观好的卫生纸，说明其纸张生产、加工工艺优良，产品质量有保障。图 2 为劣质卫生纸与优质卫生纸外观比较图。

4）掉毛、掉粉

在桌面上放置一块玻璃板，取一段卫生纸，用手捏住一端，用力抖动卫生纸，观察玻璃板上颗粒物及纸毛（纤维）散落情况，颗粒物和纸毛越少的，其质量越好。

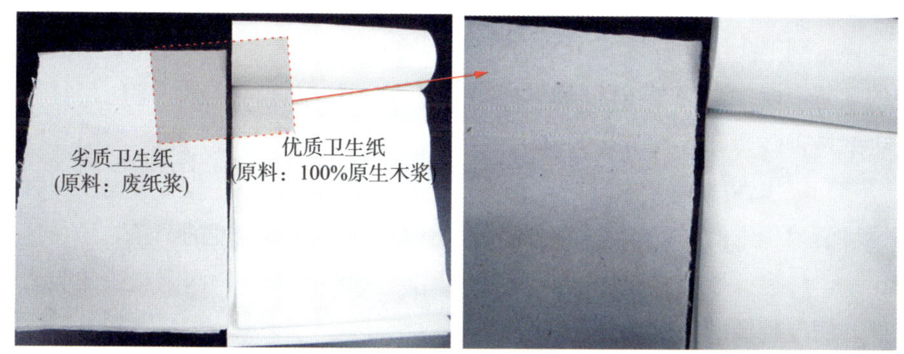

图 2　卫生纸外观比较

（3）亮度（白度）

卫生纸的白度是鉴别卫生纸质量的方式之一，卫生纸的白度来源于纸浆本身的白度和荧光增白剂的增白作用。区分卫生纸是否添加荧光增白剂的简单方法是：将卫生纸置于紫外灯下观察，看有无荧光现象（增亮，发蓝白光），见图 3。质优的卫生纸通常不添加荧光增白剂，使用废纸浆生产的卫生纸则经常添加大量的荧光增白剂，因此，消费者可以把是否含荧光增白剂作为评价卫生纸质量优劣的依据之一。

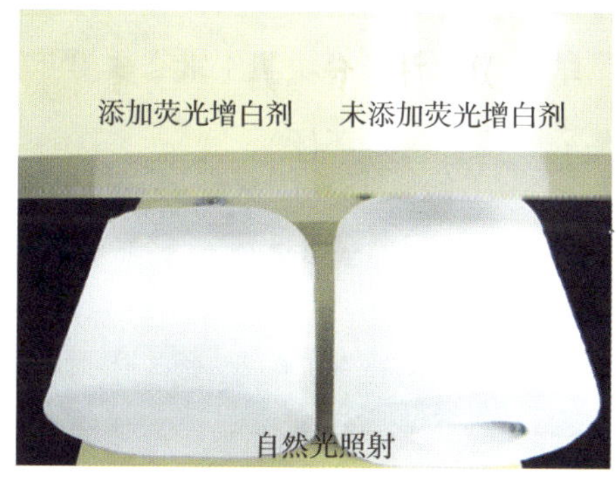

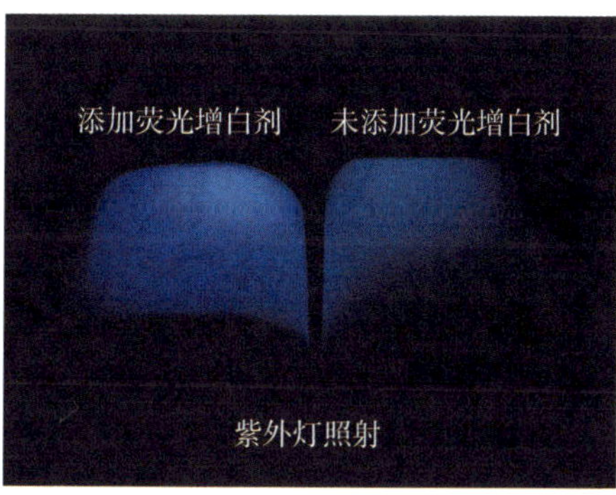

图 3　卫生纸的荧光现象

（4）柔软度

卫生纸的柔软度和使用者的使用感受密切相关，同一款卫生纸，对于不同的使用者来说，体感柔软程度可能是不一样的。婴幼儿使用的卫生纸，应越柔软越好。卫生纸柔软度可通过手摸或皮肤摩擦来评价，也可采用比较法。还可以观察纸面的皱纹是否细腻，皱纹细腻的卫生纸柔软性好。

（5）强度

要鉴别卫生纸的强度，可分别沿卫生纸的纵、横两个方向拉伸，判断其破裂的难易程度。消费者还可根据自己的实际使用情况进行鉴别，即使用过程中卫生纸是否破裂，容易破裂的，抗张指数很有可能不合格。

（6）吸水性能

可沿卫生纸的横向（卷筒的轴向）切取 15mm 左右宽度的窄条，手持窄条的一端，将另一端浸入水中，观察未浸水部分润湿的速度，润湿越快的吸水性越好，润湿越慢的吸水性越差。

（7）其他

消费者在选购卫生纸产品时，建议尽量挑选知名品牌的卫生纸产品，不要购买、使用三无卫生纸产品，知名品牌的产品质量有保证。购买时还应观察产品的包装情况，包装密封好的产品，产品质量有保证；而无包装或包装封口不严的产品，建议不要购买。

2. 使用提示

（1）卫生纸仅供厕用，不建议用来擦手、擦嘴、擦脸或用作其他用途。

（2）卫生纸在打开独立包装后应尽快使用，不要长期放在潮湿环境中。

（3）消费者在使用卫生纸时，如较容易发生断裂，建议多层使用。

（4）卫生纸使用之前可用手触摸卫生纸表面或取一小块卫生纸在手臂上来回摩擦几次，如感觉过度粗糙、挺硬，建议消费者不要使用。

（由国家纸张质量监督检验中心邱文伦、左建波撰稿）

纸巾纸

一、产品简介

纸巾纸是以天然植物纤维为原材料制成原纸后，经分切、折叠等加工制成的一次性使用生活用纸。随着人们生活水平的提高，消费者开始逐渐追求精致生活，纸巾纸在生活用纸中的消费比重也日益增加，而且呈现功能多样化，档次细分化的趋势。目前纸巾纸主要分为纸面巾、纸餐巾、纸手帕。

纸面巾通常由2～3层层叠，交互折叠成50～500抽不等，装入盒中，使用时抽出一张并带出下一张，广泛使用于宾馆等公共场所及家庭中，非常方便。

纸餐巾通常由2～3层层叠，也有的仅有一层，经压花、折叠成长形或方形，以软包装形式出现，是人们在饭店、餐馆、家庭中用餐时使用的一种纸产品。

纸手帕由2～4层层叠，折叠成长形或方形，将8～12组装入小包装袋中代替手帕，随身携带，即抽即用即弃，方便、卫生。

纸巾纸因具有吸水性好、手感柔软、洁净、使用携带方便等优点，深受广大消费者喜爱，已成为人们现代生活必备的消费品之一。与卫生纸不同，纸巾纸属于卫生用品，对生产环境、原材料和卫生指标有着更严格的要求。

二、行业概况

中国目前的生活用纸市场仍是由多个制造商组成，主要分布在山东、广东、四川、河北、广西、福建、湖南、湖北等省、自治区。

改革开放以来，我国纸巾纸的生产和消费水平均保持较快的增长速度，但人均消费量仍低于世界平均消费水平，随着人们生活水平的不断提高，国内市场需求旺盛，行业继续保持快速增长势头，投资项目持续升温。

我国纸巾纸市场在迅速发展的同时，也面临着一些问题：

——纸巾纸生产原料对进口依存过大。我国纸巾纸产品普遍以商品木浆为原料，由于国内森林资源匮乏，对进口纸浆的依存度大，故产品成本受国际纸浆市场价格波动的影响大。

——小型企业的产品质量缺乏保障。纸巾纸生产企业按照生产类型分为自产原纸生产型企业和购买原纸加工型企业。自产原纸生产型企业多为大中型企业，企业类型多为港澳台独资经营企业或合资经营企业，大部分企业都通过质量体系认证，对产品质量有严格的管理程序；而购买原纸加工型企业一般为小型企业，以有限责任公司和个体私营企业为主，由于原材料为外购，产品质量取决于原纸质量，部分企业为了降低成本购买价格低廉的原纸，而这些低价的原纸往往存在较大的质量问题。

三、标准解读及关键指标分析

1. 标准总体情况

纸巾纸是与人体直接接触的日常消费品，因此纸巾纸的标准除了需要考虑产品的使用性能外，还需重点考虑产品的安全性。目前国内涉及纸巾纸的标准主要有以下两项：

(1) GB/T 20808—2011《纸巾纸》

该标准主要规定了纸巾纸的吸液高度、抗张强度和柔软度等使用性能指标，并规定了可迁移性荧光增白剂和灰分指标，对荧光增白剂和填料的添加予以限制，确保纸巾纸的安全性。另外，标准还对纸巾纸的原料、卫生指标和标识做出了要求。

(2) GB 15979—2002《一次性使用卫生用品卫生标准》

纸巾纸的卫生指标应符合 GB 15979—2002《一次性使用卫生用品卫生标

准》的规定要求。该标准主要规定了包括纸巾纸、湿巾、卫生巾等在内的一次性使用卫生用品的卫生指标，其中有关纸巾纸的主要是微生物指标，包括对细菌菌落总数、大肠菌群、致病性化脓菌（绿脓杆菌、金黄色葡萄球菌和溶血性链球菌）和真菌菌落总数的规定。该标准还对生产企业的生产环境、人员健康等提出了严格要求。

这两项标准是目前政府监管纸巾纸产品质量的主要依据。

2. 关键指标分析

（1）卫生指标

纸巾纸在使用过程中与人体发生直接接触，卫生指标不合格可能会影响使用者的身体健康，因此卫生指标也是衡量纸巾纸质量合格与否最基本、最重要的因素。《纸巾纸》标准中要求纸巾纸的卫生指标应符合 GB 15979—2002《一次性使用卫生用品卫生标准》规定，细菌菌落总数≤200CFU/g，真菌菌落总数≤100CFU/g，大肠菌群和致病性化脓菌不得检出。

（2）可迁移性荧光增白剂

可迁移性荧光增白剂是指在规定试验条件下，可转移至其他物体上的荧光增白剂。荧光增白剂是一种荧光染料，广泛应用在纺织、造纸、洗涤剂、塑料等行业中。在造纸工业中加入荧光增白剂可以改善纸的外观，使纸张洁白。目前业内对荧光增白剂的认识还不统一，虽然现在还缺乏有关荧光增白剂毒性的权威数据，但普遍认为该物质可能对人体产生危害，为了确保消费者的安全，标准中规定了纸巾纸不应有可迁移性荧光增白剂，防止荧光增白剂转移至人体上。

（3）灰分

灰分指纸巾纸经高温炉灼烧后所剩残余物的质量百分比。灰分含量除受纤维原料影响外，主要受填料的添加量影响，因此增加灰分指标可用来限制企业在生产过程中过量添加滑石粉等填料。根据生产原料的不同，标准中规定以木纤维为原料的产品灰分指标应≤1.0％，以含非木纤维（蔗渣、麦草、竹等）为原料的产品灰分应≤4.0％。

（4）亮度（白度）

亮度（白度）指标是反映纸巾纸白度的指标。亮度（白度）高的产品外观看起来洁净，给消费者良好的视觉感受。亮度（白度）的高低与产品使用的原料以及是否添加荧光增白剂有关。一般以纯木浆为原料生产的纸巾纸亮度（白度）较高，以非木浆（如麦草浆、苇浆、蔗渣浆、竹浆等）为原料生产的纸巾纸的亮度（白度）稍低，提高产品的亮度（白度）会增加能耗和资源消耗，提高产品成本，非常不利于环保。因此，标准中规定了亮度（白度）的上限值，即应≤90.0%，一方面促进资源节约，保护环境，另一方面也间接限制了荧光增白剂的添加。

（5）横向抗张指数和纵向湿抗张强度

横向抗张指数和纵向湿抗张强度两个项目是考核纸巾纸强度性能的技术指标。分别反映纸巾纸在干、湿两种不同的情况下，纵横两个方向承受拉力的大小。若纸巾纸强度太低，则在使用过程中容易烂、不耐用，影响产品的正常使用效果。

（6）横向吸液高度

吸液高度是毛细吸液能力的体现，能够反映出纸巾纸的吸液能力。纸巾纸的吸液高度越大，则表明纸巾纸的吸液能力越好。一般来说，多层纸巾纸产品横向吸液高度较高，单层产品横向吸液高度较低。

（7）柔软度

柔软性能是纸巾纸产品最重要的使用性能之一，柔软性能以柔软度来表示。柔软度是衡量产品对于使用者手感舒适程度的重要指标，柔软度小的产品，质感细腻、柔软，使用舒适，柔软度大的产品相对硬挺、手感粗糙。

四、常见的主要问题

1. 强度性能指标

横向抗张指数和纵向湿抗张强度是纸巾纸的强度性能指标，强度指标是纸巾纸产品的一项重要技术指标。纸巾纸多用于代替手帕作擦拭用途，使用时会与水或汗相接触，故应具有一定的干强度和湿强度，以避免在使用过程中遇水产生掉毛掉纸屑的现象。如果纸巾纸产品的强度不合格，易造成擦拭处布满纸屑和纸毛，从而影响使用。

造成抗张强度不合格的主要原因是生产企业的原材料质量差或生产工艺不合理。有的企业采用短纤维原材料，生产的纸巾纸强度低。部分生产企业一味地追求柔软度，在打浆、起皱等方面的生产工艺条件不合理，使纸巾纸的抗张强度下降。为了使纸巾纸产品有一定的湿强度，在实际生产中，需要添加一定的长纤维原料及湿强剂，但有些生产企业为了降低成本，往往减少湿强剂的添加，甚至不加，这就造成了纸巾纸的湿强度较差。

2. 柔软度

柔软度不合格的产品较硬挺，手感粗糙，消费者在使用过程中，会感觉不舒适。

一般生产原料对柔软度的影响较大，用纯木浆生产的纸巾纸皱纹细腻、柔软度好；用竹浆生产的纸巾纸，柔软度较好，而用草浆、苇浆、蔗渣浆生产的纸巾纸柔软度较差。另外，生产过程中起皱工艺控制不好，也会使皱纹粗大，造成产品柔软度超标。

3. 横向吸液高度

吸液高度不合格会导致纸巾纸产品在使用时不能及时吸收液体，影响产品的使用。吸液高度不合格大多为单层产品，单层产品经压花工艺后，容易造成纤维断裂，影响吸水性能，使横向吸液高度很难达到标准要求。

4. 卫生指标

抽查中，有少数纸巾纸产品的卫生指标不合格，均为细菌菌落总数或真菌菌落总数超标。

作为一次性使用的卫生用品，纸巾纸的卫生指标是最基本的要求。如果卫生指标不合格，可能会对使用者的身体健康造成危害。

产品卫生指标不合格的原因有很多，原材料的卫生状况、生产过程、产品的包装贮存等各个环节都有可能造成卫生指标超标。

五、如何选购纸巾纸

纸巾纸是人们日常生活中必不可少的一种卫生清洁用品。如今商场、超市中纸巾纸产品琳琅满目，包装上也各具特色，因此消费者在选购纸巾纸时，应注意以下几点。

1. 尽量选择大型企业、知名品牌的产品

大型企业的产品经过多次的国家监督抽查表明产品质量稳定、可靠。同时这些企业的产品生产设备先进，生产过程管理严格，使用的原材料质量好。虽然这些企业的产品价格可能相对贵一点，但使用时能保证卫生、舒适，用起来放心。另外，通过 ISO 9001 质量体系认证的企业生产的产品也是首选。

2. 查包装和标识

检查产品的包装是否封口完整，以防产品外露，受到污染。

查看产品包装上的标识，产品标识是了解产品质量信息的重要途径，产品标识的内容应包括：产品名称、厂名、厂址、产品的执行标准编号、生产日期和保质期或限用日期、产品质量等级。

3. 看原料

目前，纸巾纸的生产原料复杂，有棉浆、木浆、非木浆等。生产原料一般会在产品包装上注明，如100%原生浆等。用棉浆生产的纸巾纸质量最好，但其产量极低，市场上难寻踪迹。纯木浆纸巾纸的质量通常较好，而用非木浆生产的纸巾纸产品的质量次之。GB/T 20808—2011《纸巾纸》中规定不得使用废纸等回收纤维状物质做原料，因此消费者应拒绝使用以废纸为原料生产的纸巾纸。

4. 试手感

摸一摸，好的纸巾纸质地较均匀、皱纹细腻、摸起来手感舒适，差的纸巾纸手感粗糙；撕一撕，好的纸巾纸撕起来有韧性，表明产品的强度高；搓一搓，差的纸巾纸搓了以后易掉粉、掉纸毛，并且易破裂。

5. 不要过度追求高亮度（白度）

消费者通常会误认为亮度（白度）越高则产品越干净，其实纸巾纸并非越白越好。有些生产企业为了提高产品白度，过量添加荧光增白剂，对消费者的健康造成安全隐患。这样的产品表面看起来白的不自然、色调不柔和，消费者最好不要购买。消费者可用紫外灯或验钞器检验纸巾纸是否添加荧光增白剂（见图 1）。为了节约资源和保护环境，并确保人身健康安全，倡导消费者不要过度追求高亮度（白度）的产品。

6. 慎用小餐馆提供的餐巾纸或卫生纸

餐巾纸通常由餐馆免费提供，但是由于有些小餐馆为了节约成本，所购买的餐巾纸通常是一些廉价的劣质产品，一般强度较低，易掉毛、掉粉，有的见水就散，外观色泽暗淡，有大量的黑色尘埃或杂质。这些餐巾纸大多以废纸为原料生产，可能会携带有荧光增白剂、重金属等有害物质，对消费者的人身安全造成危害。因此建议消费者慎用小餐馆提供的劣质餐巾纸。

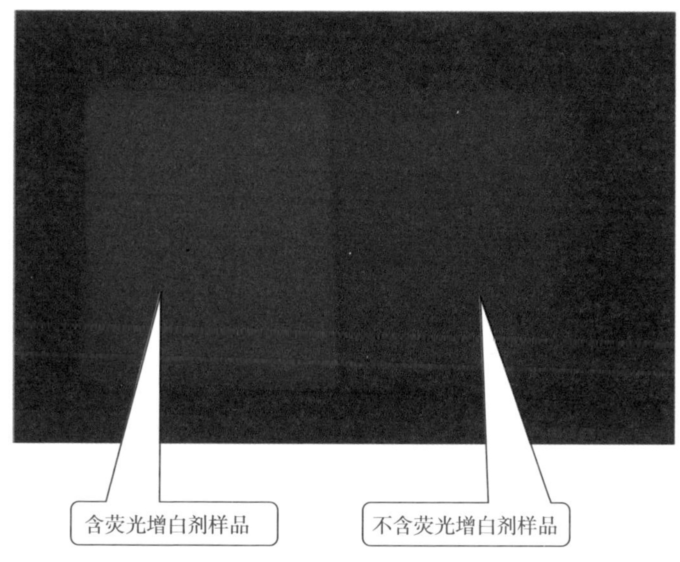

图 1　含荧光增白剂和不含荧光增白剂的样品在紫外灯下的检测对比

此外，有些餐馆直接用卫生纸代替餐巾纸使用，由于卫生纸产品对生产环境、及微生物等指标要求都没有餐巾纸严格，因此建议消费者不要直接用卫生纸代替餐巾纸使用。

（由国家纸张质量监督检验中心黎的非、刘洋撰稿）

卫生巾（含卫生护垫）

一、产品简介

卫生巾和卫生护垫是每个成年女性离不开的生活必需品，已成了女性生活中不可缺少的“伴侣”。卫生巾和卫生护垫针对女性的生理期来设计，具有使用简单、携带方便等特点。

卫生巾（见图 1）和卫生护垫（见图 2）的产品结构主要有三层。第一层

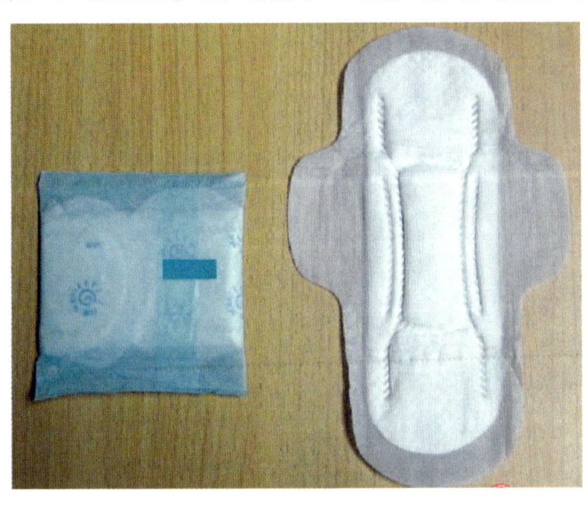

图 1　卫生巾

是面层，面层是直接与肌肤接触的部分，主要材料是无纺布、打孔膜或纯棉面层，起渗透和隔离作用；第二层是吸收层，主要材料是绒毛浆或无尘纸，大部分产品还含有高分子吸水树脂，用来吸收和锁住流出的经血；第三层为底层，主要材料是聚乙烯薄膜，防止经血渗漏，背面涂有热融胶，起固定作用。

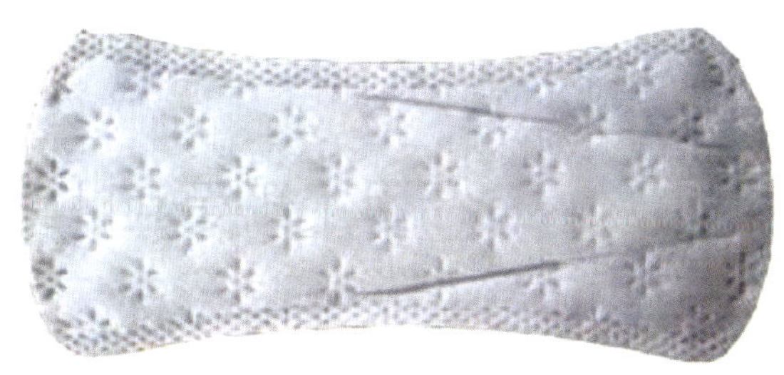

图2　卫生护垫

卫生巾产品的分类方法有多种：

（1）按面层材料一般分为棉柔、干爽网面和纯棉三类。棉柔类指面层采用非织造布材料制成的产品；干爽网面类指面层采用打孔膜为原料制成的产品；纯棉类指面层采用纯棉材料制成的产品。随着产品的多样化发展，还会出现其他种类面层材料的产品。

（2）按结构可分为直条型卫生巾（见图3）和护翼型卫生巾（见图4）。

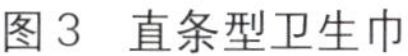

图3　直条型卫生巾

图4　护翼型卫生巾

（3）按使用时间及吸收量大小一般分为日用和夜用，日用卫生巾长度在245mm左右，而夜用卫生巾长度在285mm以上。

（4）按产品功能分为普通型和功能型，功能型卫生巾主要是在产品中加入特定的成分或者达到特定的功效，如抗菌除味型等产品。

产品的分类随着卫生巾产品的市场细分和产品的差异化，不断的发生变化，目前市场上还出现了妇婴两用巾、迷你型和特长或超长型等产品，以满足不同时期、不同人群的需求。

二、行业概况

2012年我国卫生巾产量约758.1亿片，销售量682.3亿片，工厂销售额约193.8亿元（按平均出厂价0.284元/片计算）；消费量614.1亿片，市场渗透率91.3%。卫生护垫产量343.8亿片，销售量319亿片，工厂销售额约31.6亿元（按平均出厂价0.099元/片计）；消费量约298.3亿片。2012年卫生巾和卫生护垫工厂销售额合计约225.4亿元；市场规模约285.5亿元（按零售价加价率40%计），比2011年增长8.6%。[根据中国造纸协会生活用纸委员会的统计数据，2012年底统计在册的卫生巾生产企业有916家，主要分布在福建、广东、河北、山东、江苏、浙江、天津等地。]

2012年全国综合排名前15位的卫生巾生产商的销售额合计约占全国总销售额的86.2%，行业集中度比上年有较大提高。

随着科学技术的发展和新材料的应用，卫生巾和卫生护垫种类、规格越来越多。目前我国卫生巾行业市场情况表面主要有以下几个方面：

——跨国公司的品牌在高端市场继续占主导地位。跨国公司凭借其强大的广告投放实力和研发优势，占据高档产品市场大部分的市场份额。据新生代市场监测机构资料，2012年市场占有率排名前3位的卫生巾品牌分别为护舒宝、苏菲和七度空间，消费者忠诚度最高的前3位卫生巾品牌分别为护舒宝、ABC和苏菲。

——市场销售额继续增长。卫生巾市场自1985年以来，经过20多年的发展，市场进入成熟期，新进入该领域的有实力的大企业很少，市场供给量的增加主要靠大中型企业的扩产。与全球的平均增长水平（2%～3%）相比，我国卫生巾市场是增长较快的市场，这一方面是因为我国市场不断向三四级城市和乡镇渗透，另一方面是因为上海、北京等大城市已经达到中等发达国家的水平，女性生理期更换卫生巾更加频繁，消费者的人均使用量有所增长。

——产品不断升级创新。由于消费水平的提高和职业女性的需求，护翼卫生巾几乎已经完全取代了直条型卫生巾，少量直条型产品主要销往农村和西部不发达地区。同时由于对产品档次的要求越来越高，对优质高端产品和差异化产品需求也在增加。相应地，为了赋予产品差异化特征和附加值，企业对产品进一步细分，并在强调产品舒适性、功能和时尚并重、包装方面进行创新。

三、标准解读及关键指标分析

1. 标准总体情况

我国卫生巾标准经过不断修订完善，现行卫生巾（含卫生护垫）产品标准执行 GB/T 8939—2008《卫生巾（含卫生护垫）》，该标准已经得到了行业内大部分企业采纳并执行，为提高产品质量、规范行业发展、保护消费者权益起到了重要作用。卫生标准执行 GB 15979—2002《一次性使用卫生用品卫生标准》。

（1）GB 15979—2002《一次性使用卫生用品卫生标准》

该标准为强制性国家标准，于 2002 年 9 月 1 日实施。该标准规定了卫生巾（含卫生护垫）产品和生产环境卫生标准、相应的检验方法以及原材料与产品生产、消毒、贮存、运输过程卫生要求和产品标识要求。

（2）GB/T 8939—2008《卫生巾（含卫生护垫）》

该标准为推荐性国家标准，于 2008 年 9 月 1 日实施。该标准从性能要求、卫生要求和原材料要求、试验方法、检验规则及标志、包装、运输、贮存等方面进行了规定。

2. 关键指标分析

（1）卫生指标

卫生指标是卫生巾（含卫生护垫）产品最重要、最基本的指标。卫生指标不合格，会对使用者的身体健康造成危害。GB 15979—2002《一次性使用卫生用品卫生标准》中规定卫生巾（含卫生护垫）产品卫生指标包括细菌菌落总数、真菌菌落总数、大肠菌群和致病性化脓菌（包括绿脓杆菌、金黄色葡萄球菌、溶血性链球菌）。具体要求见表 1。

表 1　卫生巾（含卫生护垫）产品中卫生指标要求

指标名称	单　位	要　求	
		普通级	消毒级
细菌菌落总数	CFU/g	≤200	≤20
真菌菌落总数	CFU/g	≤100	不得检出
大肠菌群	—	不得检出	不得检出
致病性化脓菌	—	不得检出	不得检出

注：致病性化脓菌指绿脓杆菌、金黄色葡萄球菌与溶血性链球菌

（2）技术指标

技术指标涉及卫生巾（含卫生护垫）产品的使用性能。主要技术指标有吸水倍率、渗入量、pH 等。

1）吸水倍率

吸水倍率是指卫生巾（含卫生护垫）产品的吸收能力。它主要是考核卫生巾（含卫生护垫）的吸收层能否满足使用的需求，吸收倍率越高，说明吸收层的吸收能力越大。GB/T 8939—2008《卫生巾（含卫生护垫）》标准中规定卫生巾产品吸水倍率≥7.0 倍，卫生护垫产品吸水倍率≥2.0 倍。吸水倍率的提高，主要是在吸收层中加入高分子吸水树脂，但是过度的追求高吸水倍率，会提高生产成本，同时也可能会造成资源的浪费。

2）渗入量

渗入量是衡量测试液体对卫生巾表层渗透速率的指标，是卫生巾产品的重要指标。渗入量大，表明卫生巾产品渗透快，吸收性好。GB/T 8939—2008《卫生巾（含卫生护垫）》标准中规定卫生巾产品渗入量≥1.8g，卫生护垫不考核该项指标。

3）pH

pH 是衡量卫生巾（含卫生护垫）产品对皮肤的刺激性指标。人体的皮肤呈弱酸性（健康皮肤的 pH 值在 5.0～5.6），GB/T 8939—2008《卫生巾（含卫生护垫）》标准中规定卫生巾和卫生护垫产品的 pH 为 4.0～9.0。

四、常见的主要问题

自 1992 年起，国家质量监督检验检疫总局对卫生巾（含卫生护垫）产品质量进行 15 次国家监督抽查，其中 2008 年至 2012 年连续 5 年对卫生巾（含卫生护垫）产品进行了监督抽查，抽查中发现的主要问题如下：

1. 卫生指标

卫生巾（含卫生护垫）产品卫生指标不合格主要为细菌菌落总数和真菌菌落总数超标，未检出大肠菌群和致病性化脓菌。卫生指标不合格主要原因是原材料的卫生指标不达标，个别企业为了降低成本，使用价格低廉的原材料甚至劣质的原材料。GB 15979—2002《一次性使用卫生用品卫生标准》中对于原材料进行了明确规定：禁止使用废弃的卫生用品作原材料或半成品。在监督抽查中发现个别卫生巾产品的面层较脏，打开面层材料后，其吸收层掺杂着一些碎屑，这是由于使用了废弃的卫生用品作为原材料，这样的产品卫生指标远远超出标准的要求。另外部分企业没有健全的卫生制度，生产环境杂乱、不清洁，生产过程和包装过程未与外界隔离，使半成品和成品在生产过程中受到污染，也是造成产品卫生指标不合格的原因。

2. 渗入量

卫生巾产品渗入量不合格，说明卫生巾产品没有良好的渗透性，其吸收层就无法发挥作用，产品本身也就失去了使用价值，并且在使用过程中会发生漏液现象。

卫生巾产品渗入量不合格的主要原因是卫生巾产品的表层包覆材料渗透能力差。这类产品多为干爽网面产品，干爽网面产品面层所采用的原材料一般为打孔膜，部分生产企业为了降低成本，使用价格低廉甚至是劣质的打孔膜，这类打孔膜根本无法起到渗透作用。

3. pH

pH 是卫生巾（含卫生护垫）产品的重要性能指标。卫生巾（含卫生护垫）在使用过程中与人体的皮肤相接触，如果 pH 超出标准范围，过高或过低将会对皮肤产生刺激，引起皮肤过敏等症状。

通过近几年监督抽查发现，pH 不合格主要为卫生护垫产品，造成卫生护垫 pH 不合格的原因，主要是由于卫生护垫的原材料 pH 不合格造成的。生产卫生护垫的原材料较多，包括无纺布、打孔膜、吸水纸、离型纸、热熔胶，任何一种原材料的 pH 偏高或偏低都会造成卫生护垫产品的 pH 超出标准范围。

五、选购提示

卫生巾和卫生护垫为女性安全度过生理期，保障女性的身心健康发挥了重要作用。面对目前市场上琳琅满目的卫生巾和卫生护垫品牌和各个商家铺天盖地花样百出广告宣传，需要我们消费者具备一定的选购知识。选择合适的卫生巾和卫生护垫产品，需要注意以下几点。

1. 产品包装标识齐全

卫生巾外包装应有以下标识：产品名称、执行标准编号、商标、企业名称、地址、联系方式、品种规格、内装数量、生产日期和保质期或生产批号和限期使用日期、主要生产原料等。消费者应选择标识齐全的卫生巾，并尽量选择近期生产的产品。

2. 外观分辨卫生巾的优劣

每个外包装和独立小包装的封口应平滑，无漏气现象；好的卫生巾应表面清洁，厚薄均匀，封口无损。从手感来看，好的卫生巾由吸收性强，蓬松性好的绒毛浆制作，应又轻又软。

3. 选择卫生巾要注重自身的感受

目前卫生巾的种类很多，它们都有自己的特点，一般来讲纯棉类卫生巾吸收速度快，干爽网面类防回渗性能好，适当的药物卫生巾有保健功能等。但由于每个人身体素质不同，对卫生巾的感受也会有所区别，如有的人觉得网面干爽，有的人会觉得网面与皮肤接触不舒服，有的人对药物卫生巾还会产生过敏等。所以要根据自己使用的实际感受来挑选最适合自己的种类。

4. 优先选择大型企业的产品

一般来讲，大型卫生巾企业的生产环境比较好，管理比较严格，对物理性能、卫生指标检验严格监控，其中不少企业已通过了质量体系认证。选择使用这些大型企业的卫生巾安全性方面相对可得到保证。

5. 小心洋垃圾制成的卫生巾

据有关方面反映，随着国内卫生巾市场的扩大，一些小企业为降低成本，从国外厂家进口废弃的边角料，用从尿片、尿裤、卫生巾废品中拆出的绒毛浆生产卫生巾，并投放市场，卫生指标难以保证。这种所谓的“卫生巾”销售价格比正规厂家产品平均低50%。因此要求消费者一定要睁大眼睛，切忌贪便宜，尽量在大商场、超级市场购买声誉比较好的品牌，不要在路边小店随意购买。

六、科学使用卫生巾

1. 合理购买、妥善保存

卫生巾的卫生要求非常严格，离生产日期越近质量越有保证。购买的卫生巾存放时不要放到卫生间内，以避免因环境阴暗潮湿而滋生霉菌，污染卫生巾。

2. 使用卫生巾之前应洗手

人的手上带有大量细菌，打开卫生巾时，尽量不要用手接触卫生巾的表面，避免二次污染，使用前最好洗手。

3. 组合使用，及时更换

一般女性经期分为三个阶段，可根据这三个阶段选择使用不同型号的卫生巾。月经量很大时，白天需用护翼型，晚间需用夜用型；平时可使用标准型；月经前后可使用超薄型或迷你型卫生巾或护垫。这种搭配选择一方面是为了安全、舒适，另一方面也是为了节省经期花费。消费者在使用卫生巾时往往有两种错误的做法：一是使用了吸收力强、保护功能好的卫生巾，就以为长时间使用同一片卫生巾也没有关系；二是在经血量少的时候忘记更换。由于血液中含有丰富的营养物质，易成为细菌大肆滋生的“培养基”，所以使用卫生巾时一定要勤于更换，每片卫生巾的使用时间最好不要超过 3h。

（由国家纸张质量监督检验中心邱文伦、左建波撰稿）

家用卫生杀虫产品

一、产品简介

家用卫生杀虫产品属于日用消费品类中的日用化工产品，是驱（灭）蚊虫、苍蝇、蟑螂、老鼠等害虫的居家生活用品。其分类一般是根据作用方式进行分类：触杀剂（如杀虫气雾剂、喷射剂等），烟熏剂（如蚊香、电热蚊香片、电热蚊香液等），胃毒剂（如杀蟑饵剂），驱避剂（如驱蚊胺、驱蚊水、樟脑丸等）四大类产品。目前常见的主要包括蚊香、杀虫气雾剂、电热蚊香片、电热蚊香液、卫生香、烟片、驱蚊水、防蛀剂（如樟脑丸）等产品；上述产品中，蚊香、杀虫气雾剂、电热蚊香片、电热蚊香液四种产品产销量最大。

蚊香是以家用卫生杀虫剂，植物性粉末、碳质粉末、黏合剂和着色剂等原料混合制成的盘式固体状，点燃后，药剂以气体状态作用于蚊虫，起到驱（灭）蚊虫效果的产品。

杀虫气雾剂是将家用卫生杀虫剂、溶剂、辅助剂密封充装在气雾包装容器内，借助抛射剂的压力把内容物通过阀门和促动器按预定形态喷出，用于杀灭害虫的一种制品。

电热蚊香片是将卫生杀虫剂，由可吸性材料作为载体制成的药片，与恒温电加热器配套使用，在额定的加热温度下，有效成分以气体状态作用于蚊虫，起到驱（灭）效果的产品。

电热蚊香液是指将可吸性芯棒放置在装有有效成分的瓶中，经配套使用的电加热器加热后，以气态作用于蚊虫，起到驱（灭）蚊虫效果的产品。

二、行业概况

我国家用卫生杀虫产业主要分布在湖南、河北、山东、浙江、广东、福建、四川、江西、江苏等地，产量占到全国家用卫生杀虫产品市场的85%以上。全国该行业生产企业数达500多家，其中大型企业占6%左右，中型企业35%，小型企业59%。从2006年开始，家用卫生杀虫行业得到飞速发展，目前年销售量达300多亿元，出口量达20多亿元，已成为世界驱（灭）蚊虫用品生产大国，也是技术上的强国。

三、标准解读与关键指标分析

1. 标准总体情况

（1）性能指标标准

GB/T 18416—2009《家用卫生杀虫用品　蚊香》

GB/T 18417—2009《家用卫生杀虫用品　电热蚊香片》

GB/T 18418—2009《家用卫生杀虫用品　电热蚊香液》

GB/T 18419—2009《家用卫生杀虫用品　杀虫气雾剂》

QB/T 1692.4—2010《卫生香》

LY/T 1645—2005《日用樟脑》

QB 2548—2002《空气清新气雾剂》

QB/T 1858.1—2006《花露水》

（2）安全指标标准

GB 24330—2009《家用卫生杀虫用品安全通用技术条件》

2. 关键指标分析

（1）有效成分使用要求

国家标准规定："必须是经国家有关部门登记允许使用的药剂"。这是一个很重要的条款，产品质量在这一条款上被检出不合格，就属于严重不合格产品。日常检验中发现个别企业仍在使用限用、禁用的药剂，如S2（八氯二丙醚）已经是明文规定限制使用，但是还有的企业仍在使用；对于新开发的增效剂，也必须在经过鉴定且允许使用证明材料齐全的情况下才能使用。

（2）有效成分含量及允许波动范围

有效成分含量及允许波动范围应按照 GB 24330—2009 家用卫生杀虫用品安全通用技术条件的要求，有效成分含量必须控制在一个区间内。如蚊香产品，其有效成分含量允许波动范围，应当不高于标明值的 40%，不低于标明值的 20%，这样既保证了产品的药效，又符合健康环保的消费理念。

（3）药效

药效就是杀虫产品的（灭）虫效果，包括一系列评价，如 KT_{50}、死亡率、现场模拟等。药效这一指标就是产品的生命，没有好的驱（灭）虫效果，就没有产品的销路。如国家标准规定盘式蚊香产品的 $KT_{50} \leqslant 8.0$min，多年的检验数据表明，在这一指标上不合格的产品微乎其微。

四、常见的主要问题

自 2006 年至 2012 年，国家质检总局连续 7 年组织开展了家用卫生杀虫用品国家监督抽查工作，累计抽查 9 次，抽查产品主要是蚊香、杀虫气雾剂、电热蚊香片、电热蚊香液四种产销量最大的品种。从国家监督抽查结果分析，产品存在的主要质量问题如下：

1. 有效成分使用要求

家用卫生杀虫用品中的“有效成分”是指产品中所使用的农药，目前，蚊香、杀虫气雾剂、电热蚊香片、电热蚊香液等家用卫生杀虫产品所使用的农药主要是拟除虫菊酯，我国现已登记的拟除虫菊酯农药有几十种。如果产品中使用的农药种类及配方控制不当，将直接影响产品的杀（驱）虫效果，同时在使用过程中带来安全隐患，如身体不适、中毒等。根据强制性国家标准 GB 24330—2009《家用卫生杀虫用品安全通用技术条件》和《农药管理条例》的规定，家用卫生杀虫用品生产前应办理《农药登记证》，对产品中的农药配方进行相应的毒理试验和药效试验，并严格按照《农药登记证》上登记的农药种类和含量进行生产，这样才能确保产品的使用安全和杀（驱）虫效果。

有些生产企业为了降低生产成本，用价格低廉的农药（未登记）去代替价格昂贵的农药（已登记）；有些企业为了提高产品杀（驱）虫效果，违规添加未经登记的农药，这样随意改变使用的农药种类，导致产品不合格。

2. 有效成分含量

家用卫生杀虫用品中的“有效成分含量”即产品中农药含量，如果使用环境中的农药浓度过高，在杀（驱）虫的同时亦会对人体产生一定的危害作用；如果使用环境中的农药浓度太低，则达不到杀（驱）虫的效果。

产品《农药登记证》上规定了农药的种类和含量，强制性国家标准GB 24330—2009规定了其允许波动范围，只有严格按照规定配方进行生产，才能确保产品使用安全和杀（驱）虫效果。

有些生产企业为了降低生产成本，人为减少用药量；有些生产企业为了提高产品的杀虫效果，人为加大用药量，结果均导致产品不合格。

3. 产品标识（签）

相应产品标准均规定，产品包装上应标识有以下中文内容：产品名称、商标、厂名、厂址；有效成分及含量；产品执行标准编号；生产日期、产品批号和有效期；农药登记证号或农药临时登记证号；农药生产批准文件号或生产许可证号；毒性标识；注意事项等。

由于产品标识不齐全、不规范，给消费者使用带来不便或发生意外时不能采取相应措施。

究其原因，主要是生产企业的设计人员对产品标准不熟悉。

五、选购和使用提示

1. 选购

为了保护消费者的身体健康，建议消费者在选购此类产品时，首先要查看产品包装上是否标有《农药登记证》号。消费者可以根据产品包装上标明的农药登记证号登录《中国农药信息网》进行查询。

消费者在购买家用卫生杀虫产品时，还应注意以下几点：一是要针对防治对象购买所需产品，如：有的产品侧重防治蜚蠊，有的侧重防治蚊子，有的侧重防治苍蝇，有的能防治以上几种。二是要检查产品包装标识，是否标有厂名、厂址；有效成分及含量；生产日期、产品批号和有效期；农药登记证号或农药临时登记证号；农药生产批准文件号或生产许可证号；毒性标识；注意事项等内容，内容不全的产品不要购买。三是要购买品牌产品，因为品牌产品的质量相对稳定可靠。

2. 使用

消费者在使用家用卫生杀虫产品时，应注意以下几点：一是使用前应仔细阅读产品使用方法、注意事项及中毒急救方法，不同品种产品其使用方法、注意事项及中毒急救方法不同。如杀虫气雾剂的使用方法：用前摇匀，驱杀蚊蝇时按房间面积向空间适量喷雾，驱杀蜚蠊时，向其出没或栖息处适量喷雾。使用后人畜立即离开房间，关闭门窗，20min 后打开门窗，充分通风后方可再次进入房间。二是注意事项：置于儿童接触不到的地方；切勿向人体及食物喷雾使用后注意通风；勿倒置使用；勿向火源和红热物品喷射；用后洗手；贮存时防止高温和曝晒或直接放在火源旁等。三是中毒急救：若过量吸入，应移至空气流通处；若沾附皮肤，应用肥皂水冲洗；若溅入眼睛，应使用清水迅速冲洗；若不慎误食，应携此包装及时就医。

（由国家家用杀虫用品质量监督检验中心何建国撰稿）

家用合成洗涤剂

一、产品简介

1. 产品定义和分类

合成洗涤剂是一类以去污为目的而生产的日用化学制品，它由表面活性剂成分和一些辅助成分（如螯合剂、抗污垢再沉积剂、增白剂、填充剂等）所组成。合成洗涤剂从产品形态上可分为粉状（含块状）、液体和浆状洗涤剂，其中以粉状和液体状为主。

合成洗涤剂通常根据其产品用途和使用范围进行命名、定义或分类。就用于普通家庭日常生活的合成洗涤剂产品而言，主要有：用于衣物洗涤的粉状产品，称为合成洗衣粉（简称洗衣粉），液体产品则称为洗衣液，膏状产品则称为洗衣膏；用于家庭碗筷等餐具洗涤的有餐具洗涤剂、果蔬清洗剂等；用于家庭清洁护理的洗涤剂有厨房油垢清洗剂、玻璃清洗剂、地毯清洗剂、地板清洗剂、家具清洗剂、卫生洁具清洗剂等；此外某些产品根据其特殊用途命名，如衣领净、丝毛净、衣物柔顺剂、漂渍液等。表 1 为家用合成洗涤剂品种、用途分类表。

表 1　家用合成洗涤剂主要品种、用途分类

品　种	性状描述	用　途	解释说明
洗衣粉	粉状或颗粒状产品，通常为白色，间有少许有色颗粒	衣物洗涤	根据产品主要成分及加入量不同分为：无磷普通洗衣粉（WL－A 型）、无磷浓缩洗衣粉（WL－B 型）、含磷普通洗衣粉（HL－A 型）和含磷浓缩洗衣粉（HL－B 型）
洗衣液	透明或不透明的均匀液体状产品	衣物洗涤	根据产品主要成分及加入量不同分为：普通洗衣液和浓缩洗衣液
洗衣膏	白色膏状体	衣物洗涤	已比较少见，部分地区有销售。有普通洗衣膏和无磷洗衣膏之分
洗衣片	白色或染色的固体	衣物洗涤	国外有销售，国内较少见
衣物预去渍剂	透明或不透明的均匀液体状产品	配合洗衣机洗涤衣物使用，在洗涤前涂抹在重垢、难清洁的污渍部位，帮助去污	又称衣领袖口预洗剂，俗称衣领净，在采用洗衣机洗涤时，辅助主要洗涤剂（如洗衣粉、洗衣液）的洗涤去污
丝毛洗涤液	透明或不透明的均匀液体状产品	丝绸、羊绒等相对比较娇嫩织物洗涤	近中性洗涤剂，对织物损伤程度小，但去污效果相对于洗衣液或洗衣粉弱。同洗衣液类似分为普通型和浓缩型
衣物柔顺剂	透明或不透明的均匀液体状产品	用于在衣物洗涤过程中配合洗涤剂使用，起到使织物柔软、蓬松、消除静电作用	简称柔顺剂，本身不具有去污作用，通常是在洗涤完成后最后一次漂洗时加入，为了去除衣物残留的静电，使衣物柔软、蓬松
漂渍液	透明或不透明的均匀液体状产品。有特殊的气味	在洗涤过程中配合洗涤剂去污使用，用于对衣物上污渍进行漂白	分为氧漂剂和氯漂剂，氯漂剂有刺鼻的氯气味道，不能与酸性物质混合使用

表1（续）

品　种	性状描述	用　途	解释说明
餐具洗涤剂	透明或不透明的均匀液体状产品（粉状产品较少见）	锅、碗、碟等餐具的洗涤	俗称洗洁精、洗洁净等。作为食品相关产品，国家目前实施生产许可证管理
果蔬清洗剂	透明或不透明的均匀液体状产品（粉状产品较少见）	用于水果、蔬菜的洗涤	与餐具洗涤剂用途相近，有时市场上有两种用途集于一体的产品。作为食品相关产品，国家目前实施生产许可证管理
厨房油垢清洗剂	透明或不透明的均匀液体状产品，或有粉状产品	用于炉灶、抽油烟机等各种硬表面清洁	有些特殊的产品，添加有有机溶剂，带有特殊的气味
玻璃清洗剂	透明或不透明的均匀液体状产品，或有膏状产品	用于外墙玻璃、门窗玻璃、家庭镜面、装饰玻璃等玻璃制品清洁	分为普通型和防冻型两种
地毯清洗剂	透明或不透明的均匀液体状产品	用于清洁地毯	分为通用型、除渍型两种。后者一般直接涂抹或喷洒使用，对地毯局部重点污渍清洗
地板/家具清洗剂	透明或不透明的均匀液体状产品，或有膏状产品	用于家庭硬表面的清洗	
卫生洁具清洗剂	透明或不透明的均匀液体状产品	用于卫生间器具的清洗	分为通用型（适用于各种卫生洁具的清洗）和专用型（适用于便池、马桶的清洗）两种

2. 产品用途和特点

合成洗涤剂（以下简称洗涤剂）产品的共性功能是去除物品的污垢，达到清洁的目的，根据清洁对象的不同而选用不同的产品。当赋予某类洗涤剂特殊用途时，则彰显其特有的功能。例如，餐具洗涤剂一般均能有效去除餐具、食品工具等物件上的动植物油污及其他污垢，同时具备使用时的基本安全条件有：不损伤皮肤，对人体安全无毒；不腐蚀餐具、灶具等厨房用品。针对果蔬清洗剂，应具备清洗蔬菜水果上的污垢及农药残留的作用，不损伤皮肤，对人体安全无毒，同时不影响食品的外观、口感、气味等。而如果是杀菌消毒餐具洗涤剂，其特点还应具备杀菌、抗菌、抑菌的效果。

二、行业概况

1. 生产企业分布情况

洗涤剂行业区域性发展趋势比较显著，明显呈东、南部发达，西、北部欠缺的状态。从洗涤剂生产企业数量的分布地域来看，东北地区相对较少，主要集中在华东、中南地区。2011 年广东省洗涤剂行业的工业总产值占全国的 60%，在行业中的地位举足轻重。

2. 生产区相关情况

中南地区的规模以上洗涤剂企业 2011 年创造的工业总产值对全国贡献最大，其所创造的工业总产值占全国总量的 67.26%。尤其是区域内广东省经济指标尤为突出，工业总产值占全国总量的近 60%。另外，华东地区是行业内第二个重点产业集群地区，其所创造的工业总产值已经占全国总量的 21.64%。从结构上看，这一区域的产值主要由环上海的长江三角洲区域所创造，其中浙江省是这一区域内最为活跃的省份，其工业总产值占全国的 7.88%。

三、标准解读及关键指标分析

1. 标准总体情况

截止 2012 年底，洗涤剂行业已制定并颁布实施 130 项国家标准和行业标准，其中国家标准 62 项、行业标准 68 项，这些标准由各类产品和部分重点原材料的质量规格标准、检验方法标准，以及产品分类、标识标志、管理要求等标准组成。

目前我国主要的家用洗涤剂产品标准有：GB 9985—2000《手洗餐具用洗涤剂》、GB/T 13171.1—2009《洗衣粉（含磷型）》、GB/T 13171.2—2009《洗衣粉（无磷型）》、GB/T 21241—2007《卫生洁具清洗剂》、GB/T 24691—2009《果蔬清洗剂》、QB/T 1224—2012《衣料用液体洗涤剂》、QB/T 2116—2006《洗衣膏》、QB/T 4348—2012《厨房油垢清洗剂》、QB/T 4086—2010《玻璃清洗剂》和 QB/T 4532—2013《硬质地板清洗剂》。这些标准从产品使用和质量安全角度出发，对产品本身应该满足的指标要求作出规定。

2. 关键指标分析

洗涤剂作为一种去除物品上残留污渍的日常用品，主要是由多种具有特殊功能的化学物质通过一定的工艺过程混合制成，其应用效果和产品成本除了与加工生产工艺有关外，主要由各类原料成本所组成。由此标准根据产品应用特点和范围对主要原料的使用量、应用效果，以及使用安全性方面作出指标规定。

1）有效成分

表面活性剂含量，或称（总）活性物含量，又称有效物含量。表面活性剂是一种具有两亲分子结构的特殊化学物质，它是产生去污作用的主要物质，也是影响洗涤剂产品成本的主要因素，所以各类标准对其最少使用量均做出规定。由于产品用途和使用对象的不同，表面活性剂在不同产品中使用差距较大，各类标准所限定的最少加入量也有很大的不同。

2）使用性能

去污力作为衡量洗涤剂应用效果指标，在多数的洗涤剂产品标准中做出规定。去污力的测试，通常采用比较产品与标准配方的洗涤剂对标准化污垢去除作用的大小判定。由于产品使用方式的不同，去污力测试方法在不同的产品标准中各不相同，且有些产品不能通用。例如，餐具洗涤剂去污力测试是检验产品对残留在盘子上的油脂去除的效果，衣料洗涤剂去污力则是考察产品对织物上残留的日常生活污渍的去除效果。

3）安全性

pH、碱度等指标，为保证洗涤剂对清洗对象、使用者的安全性，根据产品特点，标准通常均规定了产品的 pH 范围，或碱度范围，或两者。另外对于餐具、果蔬等与食品相关的洗涤剂品种，标准还会对砷、重金属、荧光增白剂、甲醇、甲醛以及微生物等指标做出限制要求，以保证产品使用的安全性。

同时为保证洗涤剂对环境的安全性，洗涤剂产品标准中还会对使用的原材料，如表面活性剂、磷酸盐等，做出一定的指标要求。

4）其他

各类洗涤剂产品标准对于产品包装、标志均做出了原则性规定，此外一些产品标准会根据产品应用的实际情况，对产品进行类型划分。如洗衣粉和洗衣液就有普通型（A）和浓缩型（B）之分，标准对浓缩型产品的去污力要求是 2 倍于普通型产品，即浓缩型产品采用普通型产品的 1/2 浓度测试比较去污力。

四、常见的主要问题

国内洗涤剂市场在充分的市场竞争环境下，品牌集中度逐年提高，市场上以少数几个大品牌为主，地方中小品牌较少，由此也使得产品质量得到了一定程度的保证。自 1985 年确定产品质量国家监督抽查制度，次年即安排对洗衣粉开展了首次国家监督抽查，其后原国家技术监督局发文将洗衣粉、餐具洗涤剂列入国家监督抽查产品名录，一段时期以来对洗衣粉、餐具洗涤剂交替安排国家监督抽查。历次抽查结果表明，大型骨干企业的产品品质较好，某些个别中小企业对产品质量重视不足，产品存在不合格的情况。洗涤剂产品易于产生问题的方面有：

1. 产品中有效成分

由于表面活性剂是产生去污作用的主要物质，部分企业为控制成本，不断减少用量，致使表面活性剂的加入量低于标准要求，造成不合格情况的发生。对于消费者而言，则需增加洗涤剂的实际使用量才能达到预期的效果。

2. 去污力

导致产品去污力低于标准规定的原因很多，除表面活性剂使用量不足外，使用性能较差的表面活性剂品种、各种表面活性剂和助洗剂配比不当等均可能造成产品去污力不达标的情况。

3. pH 值

对于洗衣粉、洗衣液等织物洗涤，碱性越高则去污效果越好，但其有一定的影响，即碱性越高对织物的损伤越大，如果是手洗的话还会对使用者的肌肤产生影响，因此标准通常设定了产品 pH 值范围。某些产品为保证去污力，在配方中过量使用一些碱性物质以减少表面活性剂使用，导致产品碱性过高。

4. 磷酸盐与荧光增白剂

在洗涤剂产品安全性方面近几年发生了两件比较引人关注的事件，均与衣物洗涤剂有关，一是洗衣粉无磷化，二是部分洗衣液含有荧光增白剂。

洗涤剂的无磷化，主要是由于磷作为一种营养物质，会引起封闭性水域中藻类浮游微生物的过量繁殖，使水体溶解氧减少、透明度下降、水质恶化，这种现象被称为富营养化。由于环境保护的需要，我国在部分湖泊富营养化比较严重的经济发达地区实行洗衣剂中禁磷措施。

荧光增白剂可以使白色衣物增白、彩色衣物增艳，同时可使白色的洗衣粉产品外观白色鲜亮，卖相好，因此一直在洗衣粉中使用，并在洗衣液中也有一定的应用。其本身的安全性已得到欧盟、日本等相关学术机构的评估确认，因此在这些国家法规中目前尚无不得在衣物洗涤剂中使用荧光增白剂的规定。

我国现有标准规定了可用于洗涤剂中的荧光增白剂品种，但对洗衣粉等衣物洗涤剂没有设定最高使用量。事实上，荧光增白剂在衣物洗涤剂中使用量仅为 0.2%左右，过量使用不仅浪费资金，而且会产生相反的作用，即当荧光增白剂用量增加到增白饱和值后，衣物的白度反而会下降，甚至出现“泛黄”现象。

5. 微生物指标

对于餐具洗涤剂、果蔬洗涤剂等食品用洗涤剂，由于其存在进入人体内的可能性，标准对产品规定了砷、重金属、荧光增白剂、甲醇、甲醛等卫生化学指标和微生物指标，国家抽查多次发现部分产品的菌落总数超标的现象，显示某些企业生产加工环境差，对产品质量把关控制不严等问题。

6. 产品标识

由于洗涤剂产品品种多，相对应的标准也不少，因此要求企业对自身产品所适用的标准需要比较熟悉的了解和应用。某些企业技术能力有限，错误引用标准，不按标准规定明确标识产品类型的情况较为常见，这对消费者正确选择产品产生困扰，同时也干扰混乱了市场。

五、选购和使用提示

洗涤剂种类繁多，除某些产品性能相当，一定情况下可以互换使用，如洗衣粉和洗衣液、餐具洗涤剂和果蔬洗涤剂，消费者应该根据洗涤对象和方式选择合适洗涤剂品种。下面根据目前市场产品实际的情况，给出一些购买使用建议。

1. 选购

（1）分清产品类别

对于洗衣粉、洗衣液等衣物洗涤剂，有浓缩型产品和非浓缩型产品之分，浓缩型产品相对于普通型产品，有效物含量高，一次洗涤的用量少，但同样质量下销售价格也相对高些。购买时应重点关注产品包装标识，对于产品名称则仅作为参考了解，例如市场上有些洗衣液或洗衣粉商品名称中有“高浓度”、“超浓度”等非标准规范用语，其产品包装标识中仍将产品定位为普通型产品。又如，超浓缩洗涤剂产品，由于标准没有“超浓缩”的产品分类，其与浓缩型产品执行的是相同的质量指标要求。

（2）关注生产许可证标志

作为食品相关产品，餐具、果蔬洗涤剂目前为生产许可证发证产品，产品包装上应有 QS 标志，购买时也应关注。

（3）看外观、辨气味

对于普通消费者而言，从产品外观、气味方面辨别选择产品是主要的方式之一。对于洗衣粉，产品应该颗粒均匀，流动性好不结团，颜色纯正，气味清香无异味，蓬松饱满；对于液体洗涤剂，应均匀一致无杂质，如为透明产品，应该清亮透明，非透明产品色调均匀一致，产品具有所添加的香型气味。另外液体洗涤剂黏度应适当，由于液体洗涤剂通常需要加入增稠剂，因此黏度高的洗涤剂不一定有效物含量高，不能仅凭黏度选择液体洗涤剂。

2. 使用

（1）使用时应根据产品说明正确使用，以免造成物品或人身损害。以漂白剂为例，以过氧化物为主的漂白洗涤液称“氧漂”、“彩漂”，以次氯酸钠为主的漂白洗涤液称“氯漂”、“漂水”，其作用是将织物上污渍予以氧化去除，可以解决白色衣物多次洗涤后的泛黄现象，同时“氧漂”还可以使彩色衣物增亮。漂白剂使用时一定要按说明稀释后使用，使用不当易造成衣物损坏。必须注意：彩色衣物慎用含氯漂白剂，否则会损伤衣物。此外含氯漂白剂不能与酸性洗涤剂如卫生间清洗剂混合使用，两者相遇会产生氯气导致人身安全事故。

（2）在使用洗衣机洗涤衣物时，特别是滚筒洗衣机，选择低泡型洗涤剂较好。因为用高泡洗涤剂容易使泡沫溢出，另外，泡沫会减少衣物间的机械摩擦，从而降低去污力。事实上泡沫高并不代表洗涤剂去污力强。

另外，正确的使用方法可以使洗衣粉达到最佳的洗涤效果，而错误的用法不但影响洗涤效果，还会对衣物产生不良影响。如有的消费者洗衣服时，衣服往水里一扔，洒一些洗衣粉，也未将洗衣粉搅匀、溶解，然后过几小时再洗，这样未溶解的洗衣粉粘在衣服上，时间长了会造成衣物发花，这是由于洗衣粉中含有微量增白剂，长时间局部浓度过高所致。

液体衣物洗涤剂相对于洗衣粉有溶解速度快，低温溶解性好，分散性好，可使洗涤剂更充分地发挥作用，性能比较温和，对织物损伤程度小等优势。但由于其可以添加的助洗剂品种较少等原因，去污效果相对于洗衣粉要弱些。因此可以根据洗涤衣物的污垢程度和洗涤周期，合理选择洗衣粉或洗衣液。

丝毛类洗涤剂作为液体衣物洗涤剂的一个种类，相对于洗衣液去污力低一些，但产品呈中性，对丝绸和羊毛衣物损伤程度小，有些产品还具有柔软、防起球、抗皱等调理作用，防蛀型的丝毛洗涤剂除柔软、洗涤功能外还有的防蛀作用，以满足消费者多样化需求。

（3）衣物柔顺剂能在衣物纤维表面形成阳离子保护膜，可为衣物增添柔顺、防止静电、防止褶皱、熨烫轻松等优点。衣物柔顺剂是在衣物最后一遍漂洗时加入。由于柔顺剂的特性，它不可以与洗衣粉等洗涤剂同时使用。目前市场上有些洗涤剂宣称具有洗涤、柔顺等多种效果，看似省时省力，事实并非如此，就目前现有技术来看，要想取得理想的洗衣、护衣效果，还是应将两个过程分开。

（4）浴缸表面的污垢有其特殊性。主要为皂垢、水垢和人体污垢等的混合污垢，一般的清洗剂不易彻底清洗掉这类混合污垢。另外，浴缸表面的搪瓷层，对酸和碱极为敏感，所以清洗浴缸宜用中性的浴缸专用清洗剂。

（5）厕盆清洁产品主要有两种：酸性洁厕液和块状厕盆自动冲洗剂。前者主要起到清除污垢的作用，后者主要起日常保洁作用。实际使用中，判断酸性洁厕液好坏的主要依据是对陶瓷釉面的损伤程度。好的产品需要通过配方技术来达到缓蚀，因而选择酸性洁厕液一定要选择正规厂家的产品，以免损伤卫生洁具，加速结垢；判断块状厕盆自动冲洗剂优劣，一是看使用周期的长短，一般应为3～4周。二是使用的安全性好，即对厕盆及下水管道无腐蚀，三是缓释均匀，这可以通过颜色变化的均匀性来判断。

（6）普通型玻璃清洗剂一般具有能去除玻璃表面上的尘污的作用：而一些多功能型的玻璃清洗剂除具有上述性能外，还具有能在玻璃表面形成光亮薄膜，以达到不留痕迹，不挂水，防雾及防再污染的目的，使玻璃长久保持明亮光洁。

（7）餐具/果蔬洗涤剂对油污的去除能力强，因而对皮肤上的油脂也有脱脂作用。但是餐具洗涤剂对手部皮肤的影响还和洗涤频率、洗涤剂浓度、水质和洗涤温度等多种因素有关。一般来说，洗涤次数多、洗涤剂浓度高、水质差、水过冷过热都会加剧皮肤的干燥感，正常情况下一般家庭一日三餐的洗涤对皮肤基本无影响。

餐具/果蔬洗涤剂国家采用许可准入制度管理，洗衣粉、洗衣膏、洗发香波等其他洗涤剂不能用于洗涤餐具、蔬果，因为其安全性没有保障。

（8）厨房油垢清洗剂主要分为二大类：通用型油污清洗剂和抽油烟机专用清洗剂。前者对硬表面损伤小，较少采用溶剂，碱度也比较低，适用范围广，可用于清洗灶台、换气扇、风扇、冰箱、百叶窗帘、办公用具、车辆、机器设备和地砖等以及各种瓷、金属、玻璃、人造革和塑料制品硬表面上较轻度的油污、污渍和尘垢，同时也可用于清洗抽油烟机上的油垢；而专用型油污清洗剂，例如，抽油烟机清洗剂，是根据清洗对象的特殊性而专门设计的，有的产品气味比较大，碱度也比较高，去油污能力也比较强，此类产品专用性比较强，应严格按说明书要求使用。

（由国家洗涤用品质量监督检验中心（太原）姚晨之撰稿）

太阳镜

一、产品简介

太阳镜是常用的夏季个人防护用品，它通过遮挡太阳光，以减轻因眼睛调节造成的疲劳或强光刺激的伤害。人们到户外场所活动，尤其是阳光照射强烈的夏季，会有一种睁不开眼或要眯眼才感觉舒服的情况，其实这就预示周围的光太强，人眼会根据外界光线的强弱来调节瞳孔大小，或本能地通过闭眼或眯眼来减少进入眼睛的光通量，如果长时间在强光的照射下，超过了人眼调节的极限，会对眼睛造成伤害，极端情况下会致盲。太阳镜正是能起到遮挡阳光作用的护眼产品，同时太阳镜又是防止紫外线辐射的重要产品。

太阳镜最基本的功能是：减少强光刺激和防紫外线，而一副好的太阳镜要在保证基本功能的同时，还应当做到：视物清晰不变形、对颜色识别不失真、准确辨识交通信号等。

在市场上有各种眼镜架和眼镜片制成的太阳镜，按采用的镜架类型可分为塑料架太阳镜和金属架太阳镜；按采用的镜片材料可分为树脂片太阳镜和玻璃片太阳镜，太阳镜所用镜片材料以树脂材料为主。

太阳镜按镜片类型分为均匀着（染）色太阳镜、渐变着（染）色太阳镜和偏振片太阳镜；按用途可分为遮阳镜、浅色太阳镜和特殊用途太阳镜。所谓遮阳镜，顾名思义是作遮阳之用，以减轻眼睛调节造成的疲劳或强光刺激造成的伤害。

浅色太阳镜对太阳光的阻挡作用不如遮阳镜，但其色彩丰富，适合与各类服饰搭配使用，有很强的装饰作用。浅色太阳镜由于其色彩丰富、款式多样，受到了年轻一族的青睐，时尚女性对其更是宠爱有加。对这一类品种，如果没有科学的理解，会给使用者带来不利的影响。比如，某些色彩的眼镜长期配戴会导致人眼疲劳，如果配戴者误把这类眼镜也当遮阳镜用，无法起到遮阳的效果。

特殊用途太阳镜具有很强的遮挡太阳光的功能，常用于海滩、雪地等太阳光极强烈的野外，其抗紫外性能等指标有较高的要求。

二、眼镜行业概况

我国是世界上最大的眼镜生产国和出口国，我国眼镜行业的工业总产值在2005 年为 190 亿元，2010 年工业产值达到 340 亿元，“十一五”期间年均增长率为 12%。据海关统计数据，2011 年，我国眼镜产品出口达 33.54 亿美元，同比增长 10.64%。从出口的国家和地区来看：美国、中国香港和意大利占据了我国对外出口眼镜的前三位。

眼镜是产业比较集中的产品，97%以上的生产企业集中在广东、福建、浙江、江苏和上海 5 个省和直辖市。太阳镜的主产区为福建厦门、广东深圳东莞和广州、浙江温州和台州。

截止到 2012 年 1 月底，全国共有 1140 家眼镜生产企业获得生产许可证，浙江省的温州和台州、江苏省的丹阳、广东省的深圳东莞和广州、福建省的厦门和上海这五个省、直辖市的生产企业数量占据了全部获证企业数量的97.46%。从获证的产品单元来看，太阳镜生产企业的数量最多，共有 584 家，在获证企业中占到 51.23%。

三、标准解读及关键指标分析

1. 标准总体情况

目前，涉及太阳镜产品标准有 2 项，一是 QB 2457—1999《太阳镜》，它是一项强制性的产品标准，该标准是参照美国标准 ANSI Z80.3 制定的；二是 GB 10810.3—2006《眼镜镜片及相关眼镜产品　第 3 部分：透射比规范及测量方法》，该标准包含了对太阳镜透射比、左右镜片透射比相对偏差要求和测试方法。

2. 关键指标分析

（1）顶焦度偏差

太阳镜的标称顶焦度值应为 0.00D（顶焦度值即为消费者常说的度数，表示零度），镜片制造时的偏差或镜片与镜架的装配不符，都有可能产生顶焦度的偏差，若偏差超出一定范围，（即带有或正或负的顶焦度）则配戴者可能会感到视物变形，严重的则会影响配戴者的视力健康。对应于 GB 10810.1—2005《眼镜镜片　第 1 部分：单光和多焦点镜片》国家标准（QB 2457—1999《太阳镜》的引用标准，下同）中的表 1 要求，其球镜顶焦度允差为±0.12D；柱镜顶焦度允差为±0.09D。

（2）棱镜度

太阳镜的棱镜度应为 0.00Δ，若镜片具有棱镜度，则会产生视物移焦，若超过标准允许的范围，则可能导致双眼视物不能合一，或产生高低的不平衡，加剧配戴者的眼肌及视神经无序地调节，严重的还会导致神经调节紊乱或产生斜视等。根据 GB 10810.1—2005 表 4 要求，其棱镜度允差为 0.25Δ。

（3）光透射比（τ_V）

对于浅色太阳镜，其光透射比应＞40％；对于遮阳镜，其光透射比的范围为 8％～40％。对于特殊用途太阳镜，其光透射比的范围为 3％～8％。光透射比项目是表征太阳镜功能的一个重要指标，我国现行产品标准 QB 2457—1999《太阳镜》按此功能分为 3 类：遮阳镜、浅色太阳镜和特殊用途太阳镜；GB 10810.3将此功能细分为 1～4 类，1 类最浅、4 类最深。类别不同，太阳镜的用途截然不同。如果用浅色太阳镜作遮阳之用，配戴者将无法获得遮阳的效果，如长时间在阳光较强的户外活动，配戴者仍因要受到较强光的刺激而感到疲劳，浅色太阳镜一般起到装饰作用，或在阳光并不强烈的室内使用。反之，在室内或并不需要遮挡强烈阳光的场所佩带遮阳镜，则会因瞳孔过度放大而产生不适、易疲劳。在太阳镜中，透射比较小的产品不太适合骑车人或驾车者佩戴，因为骑车人或驾车者的行进速度要比行人快，透射比太低会影响他们的反应能力。

（4）平均透射比（紫外光谱区）

平均透射比在量值上是镜片在紫外光谱区间对紫外射线的平均透射比，在标准中规定：a）在 315nm～380nm 的 UVA 波段，其平均透射比 τ_{SUVA} 应≤5%（特殊用途太阳镜应≤0.5τ_V）；b）在 290nm～315nm 的 UVB 波段，其平均透射比 τ_{SUVB} 应≤1%。

当太阳镜满足此项要求，就达到了紫外防护的最低要求，即在挡住强光的同时也挡住了相应量的紫外光，不会对配戴者造成伤害。通常情况下戴上太阳镜会降低进入人眼光通量，致使配戴者瞳孔增大，在同等外界条件下，如果太阳镜不能阻挡相应量的紫外光，人眼将接受比不戴太阳镜时更多的紫外光。

不是所有的太阳镜都有防紫外功能，有防紫外功能的太阳镜，一般有以下几种明示方式：

a）标注“UV400”：这表示镜片对紫外的截止波长为 400nm，即其在波长（λ）400nm 以下的光谱透射比的最大值 τ_{max}（λ）不大于 2%；

b）标注“UV”、“防紫外”：这表示镜片对紫外的截止波长为 380nm，即其在波长（λ）380nm 以下的光谱透射比的最大值 τ_{max}（λ）不大于 2%；

c）标注“100%UV 吸收”：这表示镜片对紫外线具有 100% 吸收的功能：即其在紫外区间的透射比 τ_{SUV} 不大于 0.5%。

达到 a）～c）要求的太阳镜，才是真正意义上对紫外线有防护功能的太阳镜。一般情况下，太阳镜产品的防紫外功能，会标注在标签上、说明书上，也会直接用标贴标注在太阳镜的镜片上。

防紫外线性能是太阳镜的一项重要功能，一副太阳镜是否具有防紫外的功能，我们无法用肉眼辨别，防护功能要由生产企业作出明示承诺，是企业的明示指标，并不是所有的太阳镜产品都有防紫外功能，消费者在购买时应注意查看产品是否具有防紫外功能。

（5）色极限

在平均日光下，通过镜片观察黄和绿色交通讯号，所测得的色坐标应在 CIE（1931）标准色度图上所示的可接受区域内（QB 2457－1999《太阳镜》图 1）。若测得的色坐标值超出了规定的色极限区域，则会导致混淆各种交通讯号，是交通事故的隐患之一。

（6）交通信号透射比

透过镜片观察红、黄、绿交通信号，其相应的透射比，标准中规定：对于红色信号应≥8%；对黄色和绿色信号应≥6%；若各色交通信号透射比太低，则降低了对信号的识别能力，也是交通事故的隐患之一。

(7) 标志

根据 QB2457—1999 标准对标志的要求，每副眼镜至少应标明：执行的标准代号，类别、生产厂名和商标。

在产品标识中标明眼镜类别，可供消费者挑选太阳镜时能根据使用的用途和场所进行正确选购。太阳镜标签或吊牌标注的基本信息见图 1 和图 2。

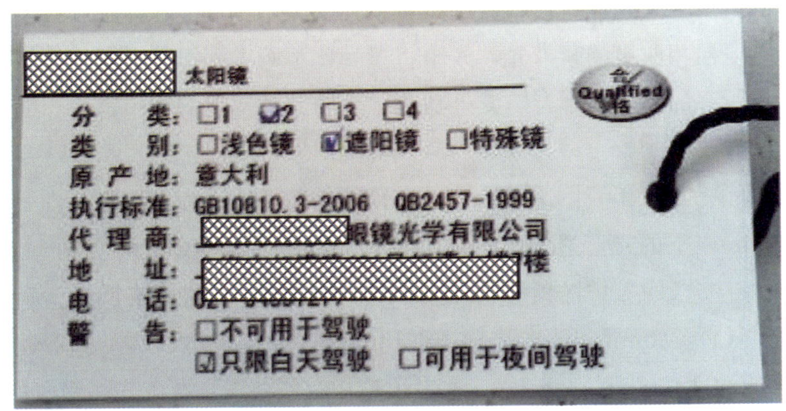

图 1　进口产品

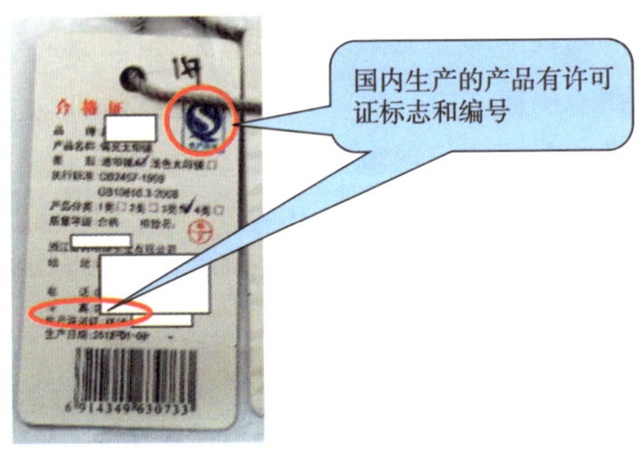

图 2　国内生产产品

(8) 抗冲击性能

对于明示具有防护功能或通过 FDA，其镜片必须能承受 16g 钢球自 1.27m 的高度自由下落冲击而不碎裂。该指标是对具有防护功能眼镜的最低要求，若明示镜片具有防护功能，却又通不过本标准，则有可能误导消费者在不安全的场合戴一副自认为是安全的眼镜，如有意外发生时，将直接危害消费者的眼睛。

四、常见的主要问题

眼镜产品的质量历来是政府监督部门非常重视的，自 2003 年起至今国家质检总局组织了 9 次全国范围内的太阳镜产品的监督抽查，在历次抽查中发现的主要问题如下，消费者在选购产品时应予以特别的关注：

1. 光透射比和产品“类别及分类”标识

消费者根据环境条件和使用用途选择合适的太阳镜是非常有必要的。可见光谱区透射比项目不合格，容易使消费者错误选择太阳镜，即选择了不适宜的类别、用途或功能特点的太阳镜，导致消费者在配戴太阳镜时，可能出现不适或视物不清等情况。按标准要求太阳镜必须标注“类别及分类”，产品的类别及分类对太阳镜产品来说是一项非常重要的指标，类别不同，太阳镜的用途截然不同。如果用浅色太阳镜作遮阳之用，配戴者将无法获得遮阳的效果；如果是 4 类的太阳镜就不适合骑车人配戴，因为 4 类太阳镜的透过率低，会减弱快速运动时的物体辨识。大多数消费者无法用肉眼辨别太阳镜的类别，所以生产厂商应在产品标识上标明太阳镜的类别及分类，对保护消费者的合法权益就尤为重要。在每次抽查中都会有少数产品错标或不标，反映出部分生产企业对产品出厂加挂产品标签很随意。管理好的工厂对不同订单、不同款型应加挂的标签（包含产品类别信息）有明确的生产指令，而缺乏现代化企业管理的工厂，仅将标签与品牌相联系，并以老板或管理人员的口头指令为依据，这是造成产品类别与标签中明示类别不一致的重要原因。其次就零售商而言，其只注重于产品的款式、外观及品牌，进货时把关不严，不同型号的商品上架时，标签可能出现乱“戴”的情况，表现出对消费者使用安全的不重视。

造成这些项目不合格的主要原因：一是生产企业未采取有效措施，品牌商（委托企业）对产品又疏于管理。在国内，绝大部分工厂都将太阳镜的类别标识标注在产品的吊牌上，而吊牌与指定的产品又不能做到一一对应。有些品牌商（委托企业）为了节约成本，自己来印制吊牌后再挂在产品上，由于对生产情况不能及时掌握，又缺乏有效的检测设备，无法做到吊牌上的参数与产品相一致。部分质量管理比较优秀的企业往往会将类别印制在太阳镜的镜腿上或具有唯一性编号的标签上，保证标识的正确性和可追溯性。二是生产企业对国家相关标准不熟悉，不具备光透射比的检验相关检测设备，又未能对采购的太阳片进行严格的进货验证、登记，造成各批太阳镜仅按色号归类，不能保证各批太阳片的类别及分类的一致性，也不能保证成品太阳镜所使用的镜片有一一对应的透射比参数。

2. 镜架抗汗腐蚀性

对太阳镜产品而言，绝大多数是在天气炎热、配戴者容易出汗的情况下使用，如果人工汗液项目不通过，一方面容易造成镜架中析出的重金属，如镍、铅等对配戴者造成一定的伤害；另一方面镜架的褪色、镀层的剥落会造成美观上的缺陷，最终导致消费者的质量投诉。这种情况主要出现在镀层差的金属架太阳镜上。

产生这一问题的主要原因是大部分太阳镜生产厂都是自行生产太阳镜用的眼镜架，一些企业采用降低销售价格来进行市场竞争，为了降低生产成本而采用价格便宜的电镀，所换来的是镀层非常薄或低劣工艺的电镀，造成抗汗腐蚀项目的不合格，图 3 为人工汗液不合格的样品。

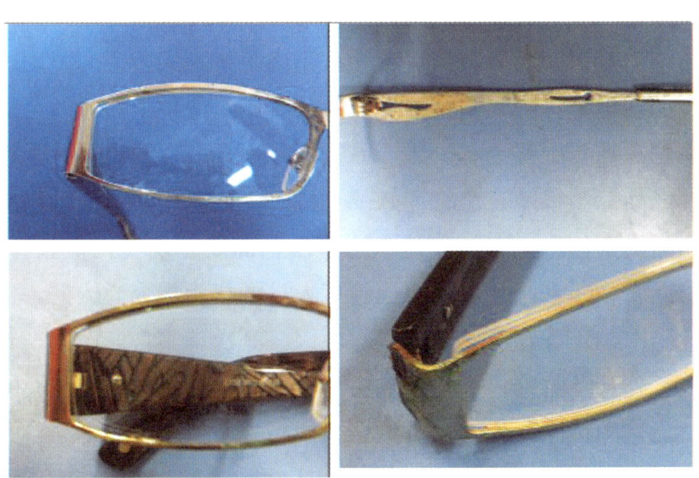

图 3　人工汗液不合格的样品

3. 防紫外性能

一副太阳镜是否具有防紫外的功能，我们无法用肉眼辨别，必须依靠专用仪器检测，厂方对产品的“明示”是消费者选购具有防护功能太阳镜的唯一参考。我们可以在一些产品的标签和眼镜正面看到诸如：100％防紫外、UV400 、阻隔全部的紫外线、防紫外等明示标识，这些“明示”本应是对产品某一性能的质量担保，但却被某些厂家作为吸引消费者的噱头，部分厂家为了迎合“消费心态”，在不知道或未做过有效的检测来证明该产品是否有防紫外功能的情况下，直接将防紫外标签贴在太阳镜上或标注，随意夸大其产品的防护性能。

造成这一项目不合格的主要原因，一是生产企业对太阳片的供货商压价，只求价格低，且大部分太阳镜生产厂都不具备镜片透射性能的检测能力，镜片供货商虽然会提供了价格满足要求的镜片，但其防紫外功能却被减掉了，造成了不合格产品流入市场；二是部分太阳镜零售商店缺乏相关的知识，无法正确判别产品是否具有防护功能，是否与生产厂商明示的指标相一致，也没有针对相应的产品品牌、型号来查验供货方提供的检验报告，造成进货验收形同虚设或张冠李戴。

4. 其他

每次抽查都会出现个别产品的交通信号透射比、光透射比相对偏差、棱镜度和球柱镜顶焦度不合格的情况。

（1）交通信号透射比项目不合格，将使得太阳镜的佩戴者不能正确分辨交通信号灯信息，影响交通安全，严重的可能造成人员伤亡等重大交通事故。

（2）光透射比相对偏差是指太阳镜左右镜片光透射比之间的偏差，该指标不合格会造成佩戴太阳镜时，左右眼对太阳光阻挡产生较大差别，造成消费者佩戴不适。此类不符合主要出现在渐着（染）色太阳镜产品中，此类产品目前在市场较为流行，如果生产者对采购镜片的一致性、镜片加工时对左右镜片中心定位的控制不严，都会造成此项不合格。

（3）棱镜度和球柱镜顶焦度是太阳镜最基础的项目，棱镜度超差会出现视觉疲劳，引起配戴者头晕、心悸、想呕吐，长期配戴这种眼镜，容易诱发斜视。出现这些项目不合格的主要原因或是所采购的太阳片本身存在一定的质量问题，或是在太阳镜生产过程装片时裁片和镜框不够吻合，镜片过紧，应力不均或是装配时眼镜片的基弯和眼镜架的不匹配而导致眼镜片变形造成。但最关键的是疏于进货检验和出厂检验。

五、选购和使用提示

选择太阳镜，要以内在质量和功能为主，款式为辅。应关注以下方面：

1. 镜片的顶焦度值应满足对平光镜片的要求，并且不应存有影响视力的屈光疵病。简便的鉴别方法为，将镜片置于眼前上下移动，同时透过镜片观察远处线性目标，目标不应有上下随动及波浪形变形。

2. 镜片的颜色不能偏。观察周围环境的颜色不能失真，能正确识别不同颜色的信号灯，看物体的边缘清晰。一般选用中性灰或灰棕色、绿色等。若颜色太偏，如深蓝色和紫色等，不仅不利于对眼睛的保护，还有可能引发交通事故。

3. 镜片颜色的深浅要合适。主要视活动场所而定，在太阳光强的场所可选用颜色深的太阳镜，反之太阳光弱时应选用颜色浅的，阴天或在室内没有必要戴太阳镜，骑车或驾车者，不要选择颜色太深的镜片。如果太阳镜选用不当会加重眼睛调节的负担，引起眼肌紧张和疲劳，使视力减退、严重时会出现头晕眼花、不能久视等症状。一旦出现上述症状，应立即停戴太阳镜，并在医生指导下进行局部按摩和适当休息，一般数天后症状便可消失。

4. 防止紫外线对眼部组织的损伤，应尽可能选择有防紫外功能的，即明确标注“防紫外”、“100%UV 吸收”或“UV400”等。这些标注信息可能出现在产品吊牌上的，也有可能直接贴膜在太阳镜镜片上，见图 4。如有怀疑可要求查证眼镜店进货验收的相关产品防紫外功能的检测证明。

图 4　标签和镜片上的防紫外标识

（由国家眼镜玻璃搪瓷制品质量监督检验中心张尼尼撰稿）

配装眼镜

一、产品简介

按产品的生产情况，配装眼镜分为批量生产的老视镜和按个人验光处方定制的定配眼镜。眼镜镜片和眼镜架是生产配装眼镜的元件，老视镜是由工厂按规定的度数和适用的瞳距范围批量规模化连续生产出来的，供那些由于生理原因而眼睛自然老花的人群选用，通常可以在眼镜店直接买到；而定配眼镜则是用于矫正屈光不正，根据验光师对个体的验光数据，一对一专门制作的，定配眼镜的制作生产是随着验光手段的科学化和冷加工设备的机械化而形成行业规模的。

老视镜在产品上应标注度数和光学中心距（见图 1）。定配眼镜应附有信息完整的配镜加工单，一般有下列信息（见图 2）。

二、标准解读及关键指标分析

1. 标准总体情况

目前，我国发布实施的配装眼镜的产品标准有两项，GB 13511.1—2011《配装眼镜　第 1 部分：单光和多焦点》、GB 13511.2—2011《配装眼镜　第 2 部分：渐进多焦点》。

图 1

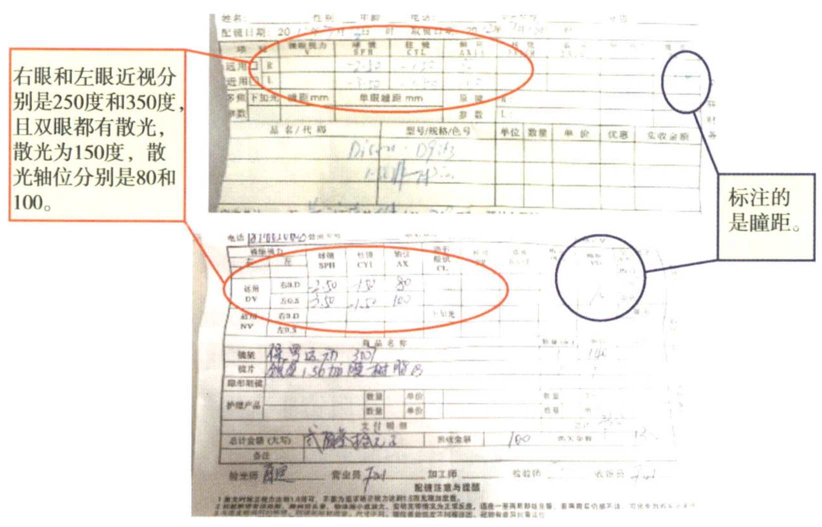

图 2　验光配镜单基本参数（例）

2. 关键指标分析

（1）球镜顶焦度偏差

根据配镜单上球镜顶焦度值，标准有四档不同的允差要求（详见 GB 10810）。一般，球镜顶焦度绝对值小于等于 9.00D 的，其允差为±0.12D。9.00D 以上的，允许的偏差在±0.18～±0.37D。

注：－9.00D 为我们俗称的 900 度近视，＋2.00 为我们俗称 200 度老光或远视。

（2）柱镜顶焦度偏差

根据配镜单的球镜顶焦度及相应的柱镜顶焦度值，其允差列于 GB 10810 表 1 中。一般而言，对于球镜顶焦度绝对值在 3.00D 以内的小柱镜（柱镜不超过 0.75D），标准允许偏差为±0.09D；3.00D。以上的小柱镜，允差为±0.12D。球镜和柱镜的顶焦度越大，允许的绝对偏差值也越大。

注：柱镜即我们俗称的散光。

（3）柱镜轴位偏差

根据配镜单柱镜顶焦度值，柱镜轴位方向允差分别为±9°、±6°、±4°、±3°、±2°，标准中主要根据柱镜的大小，来确定确定柱镜轴方向允差，柱镜度数越大，允许的轴位方向偏差越小，柱镜大于 250 度，其轴位允差为±2。

注：有柱镜的眼镜，才涉及柱镜轴的方向，如配镜单中标明轴位 180°或 75°等。

（4）光学中心水平偏差

根据配镜单最大顶焦度值不同，光学中心水平允差范围为±6.0mm～±2mm。对一副眼镜而言，两片镜片都有光学中心，左右片光学中心水平距离原则上应和人眼的瞳距一致。度数不同允许的水平偏差也就不同，度数越大允许光学中心水平偏差越小，对度数超过 4.25D ，光学中心水平距离和人眼瞳距的偏差仅允许 2mm。

定配眼镜的光学中心除了水平偏差应满足标准要求外，单侧瞳距与一半的水平中心距离之间的差不能超过标准允差的一半，理想情况是配戴者的眼瞳与眼镜的光学中心重合。

（5）光学中心垂直互差

根据配镜单最大顶焦度值不同，由低向高，其垂直互差的允许值从 3.0mm～1.0mm（详见 GB 13511.1—2011 表 2）。即度数越高允许的光学中心垂直互差就越小。人眼对垂直方向偏差的承受力远低于水平方向，垂直互差会引起佩戴人员的不适，比较光学中心水平偏差和光学中心垂直互差指标，也可明显看出允许范围的差异，前者是：6.0mm ～2.0mm ，而后者则为 3.0mm～1.0mm。

（6）镜片的表面质量和内在疵病

在镜片中心 ϕ30mm 的区域内，不能存有影响视力的内在缺陷。镜片表面应光洁，透视清晰。俗称的像跳就是镜片材料不均匀或加工的表面畸变引起的，表现为：在镜片很小的区域内顶焦度反生突变。有这种问题的镜片看上去仍是透明的，消费者不容易发现问题，佩戴此种镜片制作的眼镜会使配戴者头晕。

（7）装配质量

装上的镜片应不松动，无明显隙缝。如果是金属架，其锁接管的缝隙应不大于 0.5mm。外观无崩边、钳痕、镀（涂）层剥落及明显擦痕、零件缺损等。

三、常见的主要问题

配装眼镜第一次国家监督抽查要追溯到 1992 年，当时的抽样合格率接近零，引起了全社会的一片哗然。从 1995 年至今，国家质量监督检验检疫总局连续 10 多次在全国范围内对配装眼镜的质量进行国家监督抽查，抽样合格率有了大幅度的提高，定配眼镜和老视镜的抽样合格率由 40％左右提高到 90％以上。在历次抽查中发现的主要问题如下：

1. 顶焦度

充片现象已经成了一个屡禁不止的痼疾，每次监督抽查都会出现顶焦度不合格的情况，通过对检测数据进行分析，许多顶焦度不合格的企业都存在充片的嫌疑。如有些眼镜店，为了留住生意，承诺能立等可取，对没有备片的定单，以度数相近的镜片充当处方镜片，如顾客要求定配一副－4.25DS/－1.00DC（即近视加散光）的眼镜，但店中没有－4.25DS/－1.00DC的备片，为了做成这笔生意，就用－4.00DS/－1.25DC 的镜片代替。这种情况在小型眼镜店里经常发生。如果消费者反映配戴不舒服，眼镜店常常会轻描淡写的说“新眼镜都这样，戴戴就会习惯了”。其实充片的定配眼镜，对于消费者的伤害是很大的，因为充片的度数偏差一般达到±0.25 度左右。另外，眼镜行业中还存在一种误区，即验光配镜立等可取。片面强调快，势必会放松对质量的追求，也助长了充片现象的发生。

2. 光学中心加工

光学中心水平距离与处方中的瞳距不一致、左右片光学中心不在同一水平线上，这些问题主要是由于加工人员的割装操作造成的。影响这些项目的因素有：加工设备的自动化程度、加工人员的操作技能，以及最终的验收检验和完善的质量保证制度。从统计数据看，出现光学中心水平偏差、光学中心垂直互差等项目不合格的商店，基本上都是规模偏小、从业人员业务素质不高，加工制作水平相对比较落后的眼镜店。由于场地小、生意少，设备的利用率相对较低，为了降低成本，一般都采用半自动加工设备或手工加工制作，一旦忽视产品的最终检验，把不合格的产品交付到消费者的手中的概率就非常大。

3. 柱镜轴位

从监督抽查的数据分析，每次都有少数定配眼镜的柱镜轴位不合格，造成此类不合格的主要原因为磨边吸盘更换不及时，许多眼镜店为了节约成本，一副吸盘使用十多次，甚至更多，使得吸盘的吸力下降，在磨边过程中镜片产生转动，最终柱镜轴位偏差超标就不可避免了。其实眼镜的制作是一门技术性很强的特殊工种，目前我国已经建立起遍及各地的培训机构，目的就是希望企业重视从业人员的培训工作，提高眼镜从业人员加工配镜的技能。

4. 最终产品的检验工作

不少眼镜商店对交货检验工作不够重视，一是企业管理上并没有要求对交付的每一副眼镜都要进行出货检验，二是对检验人员的培训投入很少，虽然有检测仪器，但检验人员除了检测顶焦度外，不清楚还有哪些技术指标要检验。小的眼镜店当班人员少，有时验光、加工和检验都由一个人完成，使得监督机制不全。在监督抽查中对眼镜店的调查发现，承担最终检验的人员中有相当部分的人员未经过专业培训，首先是看不懂标准，再是分不清什么产品是合格的，什么产品是不合格的，国家标准中对定配眼镜有哪些指标要求、具体的要求是什么？如何检测等都不清楚。也有一些商店的最终检验的人员和加工人员是同一人，即便自己已经发现加工的眼镜存在质量问题时也不说明，因为报废镜片对个人的收入是有直接影响的，对于不能独立行使检验权的检验人员，很难做到公正。

对于定配眼镜，任何参数加工不准确，都会直接影响配戴者的视力健康。

四、选购和使用提示

对于配镜者，要配一副眼镜并不难，但要配一副适宜自己的眼镜则必须经过三步曲：

1. 验光

首先你应该先到具有一定规模的专业眼镜店进行验光，验光师会根据你的特定状况，开出一张适合你的配镜处方，此处方上应标明所配眼镜的参数，如球镜、柱镜、柱镜轴位及瞳距等。

2. 眼镜的制作

验光处方就像医生为病人开药方，而镜片的配制质量则直接关系到你所配的眼镜是否符合验光处方单上的要求，就像按药方配的药是否符合医生所开处方的要求一样。一般而言，镜片的配制包括选坯、粗磨、精磨、抛光、定位、割装等多道工序，每一道工序都关系到镜片及其配装质量。一般情况下，商店仅承担定位、割装等后道工序，镜片表面的加工则由镜片生产厂完成。

3. 检验和校配

厂家或商店在把成镜交给顾客之前，还应经过百分之百的检验，对各项指标，特别是光学参数应该从严把关。最后应根据消费者的脸型及视物习惯，进行有针对性的校配。

简而言之，一副质量符合国家标准的眼镜应是：

(1) 度数要准确，偏差在标准范围内。

(2) 左右镜片的光学中心，其水平距离与瞳距要一致，上下要在同一水平线上，不能一高一低。

(3) 如有散光，轴位应与配镜单一致。

(4) 最好本人取镜，现场校配，这是一个非常重要的环节。因为每个人的耳朵、鼻梁不一定完全对称，眼镜架的出厂整形是按完全对称，并保持“三平”(即圈身平、托叶平、镜脚平)操作的。如果一副眼镜制作虽然完全符合要求，但要是校配不合适，这就相当于一副合格参数的眼镜，戴在佩戴者的脸上无法与验光处方相匹配。

(5) 消费者戴镜后若感到头晕、头痛、视物不清等不适，应及时与店方取得联系，以求解决。

（由国家眼镜玻璃搪瓷制品质量监督检验中心张尼尼撰稿）

日用陶瓷

一、产品简介

日用陶瓷按花面装饰方式可分为釉上彩、釉中彩、釉下彩和色釉瓷及一些未加彩的白瓷（见图1）。

釉上彩陶瓷色彩艳丽，图案丰富，由陶瓷装饰材料直接置于产品表面，烧制而成。花面紧贴于釉层表面，如果用手触摸，制品表面有凹凸感，肉眼观察稍有高低不平。

图1　日用陶瓷装饰

釉中彩陶瓷彩在高温烧制过程中，陶瓷颜料融入釉中，冷却后被釉层覆盖。用手触摸制品表面平滑如玻璃，无明显的凹凸感。

釉下彩陶瓷制品在瓷坯上进行彩饰，经施釉高温烧制，花面被釉层覆盖，表面光亮、平整，基本无高低不平的感觉。

色釉瓷是烧成后釉面呈现出某种特定的颜色，如黄色、蓝色、豆青色等的陶瓷制品。

白瓷通常指未经任何彩饰的陶瓷。

人们通常说的日用陶瓷是指饮食用陶瓷，不仅花色繁多，造型各异，而且细腻光滑，美观大方，不生锈、不腐朽、不吸水、易于洗涤，装饰性强。供日常生活使用的各类陶瓷产品（见图 2），可分为盛装食品类产品、烹饪食品类产品、包装食品类产品三类。

图 2　日常生活中使用的陶瓷

盛装食品类产品：用于短期盛装食品的陶瓷产品，如盘、碗、碟、杯等。

烹饪食品类产品：用于明火或电加热烹饪食品的陶瓷产品，如烹调器、炖锅等。

包装食品类产品：用于长期包装食品的产品，如酒瓶、菜坛等。

日用陶瓷除装饰功能外，更重要的被用于盛放、烹饪及包装食物，因此，对其安全性必须十分重视。

二、行业状况

我国是日用陶瓷生产大国、出口大国和消费大国，全国规模以上（年产值 500 万元）的日用陶瓷生产企业约 800 家，年产量约 150 亿件，占全世界总产量的 45%，出口量约占全球日用陶瓷出口量的近二分之一。改革开放 30 多年来，我国的日用陶瓷行业得到了迅速的发展，生产企业遍布全国，主要产瓷区有广东、广西、福建、湖南、河北、山东、江西、山西等省，各地相继建立了陶瓷研究所、设计院、大专院校以及陶瓷设备制造、装饰材料制造等专业工厂，一个完整的工业体系已基本建立。

三、标准解读及关键指标分析

1. 标准总体情况

目前，我国已经发布实施各类日用陶瓷国家标准和行业标准共101项，其中国家标准47项、行业标准54项。国家标准中产品标准19项、方法标准22项、基础标准3项、安全卫生标准3项；行业标准中产品标准23项、热能标准7项、方法标准24项。这些标准的制定与完善对提高日用陶瓷产品质量、促进行业发展起到了重要的作用。比较重要的标准有：

（1）GB 12651—2003《与食物接触的陶瓷制品铅、镉溶出量允许极限》

该标准规定了与食物接触的陶瓷制品铅、镉溶出量允许值，适用于与食物接触的瓷器、炻器，有釉和无釉陶瓷制品，但不包括食品制造工业、包装和烹调用陶瓷器。

（2）GB 8058—2003《陶瓷烹调器铅、镉溶出量允许极限和检测方法》

该标准规定了陶瓷烹调器铅、镉溶出量的允许极限和检测方法，适用于与食物接触的砂锅、汽锅、火锅、炒锅、热煲等各类陶瓷质烹调制品。主要技术内容等效采用国际标准ISO 8391－1：1986《与食物接触的陶瓷烹调器铅、镉溶出量测试方法》和ISO 8391－2：1986《与食物接触的陶瓷烹调器铅、镉溶出量允许极限》。

（3）GB/T 3532—2009《日用瓷器》

该标准规定了日用陶瓷的产品分类、技术要求、试验方法、检验规则和标志、包装、运输、贮存规则，适用于日用细瓷、普瓷、炻器类产品。标准详细制定吸水率、抗热震性、铅、镉溶出量、微波炉适应性、冰箱到微波炉适应性和冰箱到烤箱适应性等技术指标，是目前我国日用陶瓷产品质量安全生产的重要指导性文件。

（4）GB/T 13522—2008《骨质瓷器》

该标准规定了骨质瓷器的产品分类、技术要求、试验方法、检验规则及标志、包装、运输、贮存规则，适用于以磷酸三钙为主要成分的日用骨质瓷器。为保证消费者使用安全，标准在铅、镉溶出量、吸水率、抗热震性、白瓷白度和磷酸三钙等技术指标上都有相应要求。

（5）QB/T 2579—2002《普通陶瓷烹调器》

本标准规定了普通陶瓷烹调器的产品分类、要求、试验方法、检验规则和标志、包装、运输、贮存。适用于普通陶瓷烹调器皿。标准在外观质量和热稳定性指标上有要求。

2. 关键指标分析

（1）铅溶出量、镉溶出量

强制性国家标准 GB 12651—2003《与食物接触的陶瓷制品铅、镉溶出量允许极限》对与食物接触的日用陶瓷产品的铅溶出量、镉溶出量等影响人身健康的指标有严格限定，扁平制品的铅溶出量≤5.0mg/L、镉溶出量≤0.50mg/L,对小空心制品的铅溶出量≤2.0mg/L、镉溶出量≤0.30mg/L。同时另一强制性国家标准 GB 8058—2003《陶瓷烹调器铅、镉溶出量允许极限和检测方法》对陶瓷烹调器规定任何单一制品铅、镉溶出量的允许极限值：铅≤3.0mg/L；镉≤0.30mg/L。

（2）微波炉适应性、冰箱到微波炉适应性、冰箱到烤箱适应性

此项指标是GB/T 3532—2009《日用瓷器》新增加的与消费者使用日用陶产品密切相关的指标，是表明产品是否适合在微波炉、烤箱中使用的特征性指标。

由于日用陶瓷产品均有一定的吸水性，使用后的清洗过程中坯体会吸入一些水分，在微波炉、烤箱中使用过程中水分的气化可能会造成产品的开裂或破损。极个别产品可能因水分气化的速度过快，水汽无法通过产品的无釉处逸出，导致产品在微波炉、烤箱内炸裂。

（3）吸水率

吸水率是表明陶瓷产品烧成后致密程度的特征性指标，吸水率指标是划分陶瓷瓷种的依据，吸水率≤0.5%、≤1.0%、≤5.0%的陶瓷，分别为细瓷、普瓷、炻器，吸水率≥10%为陶器。吸水率的大小直接反应产品的瓷化程度。

（4）抗热震性

抗热震性是表明陶瓷产品抵抗外界温度急剧变化时而不出现裂纹或无破损能力的特征性指标，是重要的使用性能指标。推荐性国家标准 GB/T 3532—2009

《日用瓷器》中规定成套或系列产品 180℃至 20℃热交换一次不裂；非成套或系列产品小、中型产品 180℃至 20℃热交换一次不裂，大、特型产品 160℃至 20℃热交换一次不裂。推荐性国家标准 GB/T 13522—2008《骨质瓷器》中规定各型产品 140℃至 20℃热交换一次不裂。

（5）外观质量

外观质量是产品等级划分的重要指标，我国现行的产品标准将产品分为优等品、一级品、合格品 3 类。优等品相当于国际先进水平，一级品为国内先进水平，合格品为国内一般水平。优等品的外观质量基本达到了“五无一小”的要求，即无斑点、无落渣、无色脏、无针孔、无釉面擦伤、变形小。一等品和合格品在允许存在缺陷上比优等品有较大的宽松要求。

（6）磷酸三钙

磷酸三钙是骨质瓷素胎的主要成分，也是鉴别骨质瓷与非骨质瓷的重要指标。国家推荐标准 GB/T 13522—2008《骨质瓷器》中对骨质瓷器明确规定产品素胎中磷酸三钙的含量不低于 36%。

四、常见的主要问题

质检部门非常重视日用陶瓷产品的质量安全，国家质检总局逐年组织开展了日用陶瓷产品国家监督抽查工作，覆盖日用餐具，日用茶具、陶瓷烹调器等产品。抽查发现，产品主要存在以下问题，消费者在选购和使用时需要予以关注：

1. 铅溶出量、镉溶出量指标

使用铅、镉溶出量指标超标的陶瓷产品盛装、烹饪、包装食物，一旦铅、镉重金属摄入人体，易与体内的酶结合，使酶失去活性，造成消化系统、血液循环系统损坏。另外，对人的大脑、神经系统、生殖系统、内脏、骨骼也会有损害。

究其原因分析如下：一是铅作为助溶剂，镉作为增色剂，长期用在陶瓷颜料中。含有铅、镉的颜料使得花饰均匀、鲜艳、明亮。少数釉上彩产品使用了劣质颜料，或在花面设计上对含铅、镉高的颜料用量过大，或烤烧时温度、通风条件不够，导致烧制出的产品铅、镉溶出量超标。二是为降低产品表层釉的烧成温度而加入了含铅成分所致。

釉中、釉下彩陶瓷产品铅、镉溶出量极少或几乎没有，釉上彩绝大多数陶瓷产品铅、镉溶出量指标也是合格的，但为了消费者身体健康，建议在选购用于盛装酸性食物的釉上彩陶瓷器具时，应尽量选用表面装饰图案较少的产品。

2. 抗热震性

抗热震性是指陶瓷产品抵抗外界温度急剧变化时而不出现裂纹或不破损的能力。随着旅馆业的发展及家庭现代化的普及，日用陶瓷产品必须适应高温快速消毒和家庭中冰箱微波炉的使用，同时产品接触的多为加热的食物，抗热震性差的产品在热冲击的作用下会导致产品的开裂或破损，造成对人体的伤害。

究其原因，主要是日用陶瓷生产企业在原料配方上设计不合理，导致产品较低的强度，抗震性不合格。同时产品的坯体和釉层的热膨胀系数不相匹配也将导致抗热震性不合格。

3. 吸水率

吸水率不合格的原因比较复杂，究其原因主要有产品原料配方设计不合理，原料细度控制和颗粒分布不合理以及烧成温度、烧成制度不得当造成。绝大多数日常使用的陶瓷餐具、茶咖具等要求的吸水率≤1.0%，有的甚至是≤0.5%，而一些生产厂家过度节约生产成本，降低烧成温度，导致产品欠烧，吸水率偏大。产品致密度不够高、强度低，长时间使用容易出现色泽暗淡和破损等情况。

为保障消费者的利益，建议在选购时，将产品托在手上，用手指轻敲口沿，若声音沙哑，说明吸水率偏大或有裂纹存在。

五、选购和使用提示

消费者在选购和使用商品时尽量考虑以下几点：

1. 选购

（1）首先要查看产品包装箱或箱内文件所标明的产品名称和等级。

（2）应尽量选择表面无明显缺陷、器型规整的产品。盘、碗类产品，可将几种规格大小一样的产品叠放在一起（见图 3），观察其相互间的距离，距离不匀，说明器型不规整。

（3）单个产品可将其平放或反扣在玻璃板上，看是否与玻璃板吻合，以判断其变形大小。

（4）瓷质产品可托在手上，用手指轻敲口沿，若发出沙哑声，说明吸水率偏大或有裂纹存在。

（5）釉中彩、釉下彩陶瓷的表面看起来很平滑，有玻璃光泽，用手摸无明显凹凸感，观察制品表面无高低不平。

（6）选购微波炉用瓷具应避免有金属装饰的产品，如带有金边（见图4）、银边或用金装饰的图案或用金属丝镶嵌图案的产品。

图3　叠放规整的陶瓷餐具

图4　金边装饰的陶瓷餐具

（7）用洗碗机洗涤的产品宜选用边缘较厚带圆弧状加强边的产品，因为这类产品在洗涤过程中不易损坏。

（8）盛装酸性食物的器皿，应尽量选用表面装饰图案较少的产品。同时选购的产品若图案颜色不光亮，可能是烤花时温度未达到要求，此类产品的铅、镉溶出量往往较高，特别注意那些用手即可擦去图案的产品，这种产品往往铅、镉溶出量极高。

2. 使用

（1）对可能用于微波炉、烤箱、洗碗机的产品，应选购标明“微波炉适用、烤箱适用、洗碗机适用”字样的产品。

（2）对使用量大的产品，如餐饮业，宜选用边缘较厚带圆弧状加强边的产品，此类产品在使用中不易损坏。

（3）建议不要使用已有裂纹的产品，这类产品的强度较低、盛装食物时可能出现破碎，造成对人体的伤害，并且由于裂缝的存在，在使用过程中会藏污纳垢而不易清洁，可能造成细菌繁殖，影响人体健康。

（4）对标明用于装饰的产品，不能用于盛装食物。

（由国家陶瓷产品质量监督检验中心（江西）陈冰撰稿）

锁 具

一、产品简介

锁具具有锁闭功能，以金属材料为主，经机械加工，表面处理，装配而成的产品，素有铁将军之称。在日常生活中每家每户都离不开它。它给我们住宅、公务设施、交通工具以及涉密装置等带来了安全，带来了放心。

锁具是各种锁类的统称。锁具大致可分为三大类：一、工业用锁具，二、民用锁具，三、特殊用锁具。本文仅对民用锁具（以下简称锁具）进行阐述。锁具按其结构可分为：弹子锁、叶片锁、磁性锁、密码锁、电子编码锁。按其性能、功能、特征可分为：门锁、挂锁、自行车锁、家具锁。门锁又可分为：外装门锁、插芯门锁、球形门锁。（见表1）

表1　常见锁的类型

序号	名称		实物照片	说明
1	外装门锁	单舌门锁		一种外装门锁，锁舌为一斜舌，其锁闭和开启形式可通过斜舌碰撞锁扣盒（板）和用执手从里面实现。斜舌可被钥匙从外面和被执手从里面开启

表 1（续）

序号	名称		实物照片	说明
1	外装门锁	双舌门锁	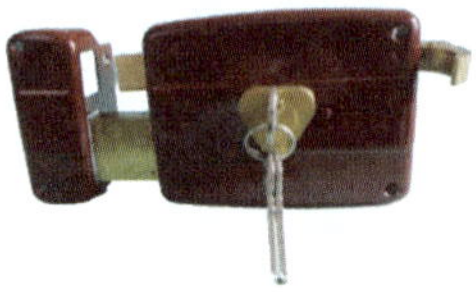	一种外装门锁，其中锁舌为一斜舌和呆舌，其锁闭和开启形式可通过钥匙从外面和被执手从里面实现。斜舌开、闭同上
		双扣门锁		一种外装门锁，锁舌为呆舌、斜舌、其锁闭和开启形式同双舌门锁。 锁闭时锁舌与锁扣为双扣形。锁舌移动方舌为上、下垂直运动
2	弹子插芯门锁	单方舌		一种弹子插芯门锁，锁舌为方舌，其锁闭和开启形式可通过钥匙从外面和用执手从里面实现
		单斜舌		一种弹子插芯门锁，锁舌为斜舌，其锁闭形式可通过斜舌碰撞锁扣盒（板）和用执手从里面实现，开启可通过钥匙从外面和用执手从里面实现
		双锁舌		一种弹子插芯门锁，其中锁舌为一斜舌和一呆舌，其锁闭和开启具有单方舌和单斜舌的功能
3	球形门锁			保险锁舌可被内、外执手开启，当外执手被里面的锁闭装置锁住时，用外执手上方钥匙或转动内执手开启

表1（续）

序号	名称		实物照片	说明
4	挂锁	直开挂锁		以挂的形式锁物件（体）的锁。钥匙从锁头底面插入后，旋转开启的锁
		横开挂锁		钥匙从锁头侧面插入后，旋转开启的锁
5	自行车锁	蟹钳形自行车锁		用于锁闭自行车的锁，锁体形状呈蟹钳形的自行车锁
		U形自行车锁		锁架形状呈U形的自行车锁
		条形自行车锁		形状呈条形的自行车锁
6	家具锁	弹子家具锁		适用在家具（抽屉）上，锁芯槽方向与锁舌运动方向一致的锁

二、行业概况

我国是世界上最大的锁具制造国和出口国。现有一定规模的锁具生产企业已超过1200家。年产值达450亿元。

我国的锁具生产企业主要分布在广东、浙江、山东、上海等地。锁具生产企业较集中的地区有：浙江的温州、广东的中山小榄。他们的锁具年产值分别达到123亿元和140亿元。

浙江温州的锁具制造起步于20世纪50年代崛起，在20世纪80年代后。现有锁具产品的生产企业近400家，产品也有当初的弹子铁挂锁，发展到现在的门锁、车锁、电子锁。目前温州锁具产品的产量、经济规模、产业配套、营销网络、出口创汇等方面都名列国内前茅，是我国最大的锁具生产基地。

近年来，国内锁具行业得到了很快的发展，品种不断增加，质量不断提高，初步适应消费者的消费需求。但和国外同行相比，国内绝大多数企业的技术水平、制锁设备、人员素质、锁具的产品质量都有很大的差距。

目前，锁具生产仍属于劳动密集型、低附加值产业。国内的锁具产品，除少量高附加值的高档产品，绝大多数属中低档产品。随着科学技术的迅速发展和人们生活水平的不断提高，对锁具提出更高的要求，不仅提高安全性能还要提高装饰性。因此，二者结合是发展的方向，促使低、中档锁具向中、高档锁具发展。在巩固低、中档产品的基础上，提高锁具产品档次，提高产品的附加值，向中、高档产品发展，由锁具的制造大国向锁具的制造强国迈进。

三、标准解读及关键指标分析

1. 标准总体情况

目前，我国已发布实施涉及民用锁具的标准主要有11项：其中国家标准1项（安全标准）；行业标准10项，包括产品标准8项、测试方法标准1项、名词术语标准1项。这些标准的制定和实施对提高锁具产品质量、促进行业发展起到了重要的作用。以下简单地介绍一些标准：

（1）GB 21556—2008《锁具安全通用技术条件》

该标准是国家强制性标准，规定了锁具的术语和定义、要求，试验方法。检验规则。有关技术条款采用了DIN 68852—2004《家具锁要求、试验》、JIS D9456—1994《自行车锁》、ANSI/BHMA A156.2—2003《球形门锁、预装门锁及其锁舌》、JISA 1510—1：2001《建筑门用金属配件的试验方法第1部分：锁》的内容。其一致性程度为非等效。该标准是目前我国对锁具产品质量安全进行监督管理的主要依据。

（2）QB 1001—2006《自行车锁》

该标准是强制性国家轻工业标准，规定了自行车锁的术语和定义、分类、要求、试验方法、检验规则、标志和标签、包装、运输和贮存。其中5.1，5.2，5.3，5.4为强制性的，其余为推荐的。标准采用了JIS D9456—1994

《自行车锁》标准的有关技术内容，其一致性程度为非等效。该标准是目前我国对自行车锁产品质量安全进行监督管理的依据之一。

（3）QB/T 2473—2000《外装门锁》、QB/T 2474—2000《弹子插芯门锁》、QB/T 2476—2000《球形门锁》

标准分别规定了外装门锁、弹子插芯门锁、球形门锁的分类与命名、要求、试验方法、检验规则和标志、包装、运输、贮存。标准分别采用了BS 5872—1980《建筑门锁和碰锁规范》、JISA 1510—1995《锁的试验方法》、ANSI/BHMAA 156.2—1996《球形门锁、预装门锁及其锁舌》的有关技术内容，其一致性程度为非等效。这3个门锁标准均是推荐性国家轻工行业标准。

（4）QB/T 1918—2011《挂锁》

该标准是推荐性国家轻工行业标准。规定了挂锁的术语和定义、产品分类、要求、试验方法、检验规则及标志、包装、运输、贮存、运输和贮存。标准中部分安全性能项目试验方法采用了NE 12320：2001《建筑五金 挂锁和挂锁配件要求和试验方法》、ASTM　F 833—2009《挂锁性能规范》的有关技术内容，其一致性程度为非等效。

2. 关键指标分析

（1）性能指标

锁具产品的性能指标涉及使用效果。主要的性能指标有锁具的灵活度，耐用度等。

1）灵活度

指锁具使用时的灵敏程度。检验的项目有：斜舌轴向静载荷、钥匙拔出静拉力、斜舌闭合力、钥匙开启灵活、执手转动灵活等。锁具的灵活度会影响到钥匙的插拔效果，会影响到钥匙、执手开启锁具的效果；会影响到锁具关闭的质量。

2）耐用度

是考核锁具使用寿命的一个指标，现行的国家标准要求弹子插芯门锁方舌，钩舌使用寿命不少于5万次，斜舌使用寿命不少于10万次。要求普通球形门锁的使用寿命不少于10万次。耐用度的质量会影响锁具的使用周期，有问题的锁具会造成频繁修、换锁。损害到消费者的利益。

（2）安全指标

锁具产品的安全指标涉及使用安全。锁具标准中主要安全指标有保密度，牢固度。

1）保密度

保密度是锁具具有保密性能的可靠程度。检验的项目有：钥匙不同牙花数、互开率、防拨安全装置、锁舌伸出长度。钥匙不同牙花数、互开率有问题的锁具可能出现二把锁的钥匙均能开启对方锁具或一把锁的钥匙能开启多把锁具。防拨安全装置有问题的锁具容易被异物开启（短时间内被技术性开启）。锁舌伸出长度过短的锁具，有可能在锁舌锁闭状态下被撬开启。综上所述，保密度差的锁具有可能轻易被非本身钥匙或异物通过锁头开启锁具或在锁具未破坏的情况下失效，从而有可能造成被非法开门入室，造成财产失窃等情况。

2）牢固度

锁具具有抗外力破坏能力的程度，检验项目有：方舌轴向静载荷、方舌侧向静载荷、斜舌侧向静载荷、手执扭矩、执手径向静载荷、执手轴向静拉力。前三项考核锁舌及连接部分的强度，后三项是考核执手及连接部分的强度。有问题的锁具存在被破坏性开启的隐患。

四、常见的主要问题

国家对锁具产品的质量安全是非常重视的，从2003年至2011年国家质检总局连续9年组织开展了锁具产品国家监督抽查工作。抽查涉及产品有：弹子插芯门锁、球形门锁、机械防盗锁、自行车锁等。抽查中发现锁具产品主要存在以下问题：

1. 互开率

锁具产品的互开率是锁具保密度的主要指标，它关系到锁具保密性能的可靠程度。互开率不合格的锁具使用中遇到非法入侵时，可能被轻易打开。从而造成消费者的财产丢失，严重的造成人身伤害。

其原因分析如下：一是在各道工序加工过程中加工精度低，误差累计过大；二是有效牙花数不足，三是钥匙牙花编排不合理。

为了保护消费者利益，建议消费者在购买锁具时，选择有质量保证的制造商生产的名牌锁具。

2. 锁舌伸出长度

锁舌伸出长度是锁具保密度的另一指标。它直接影响到锁具的有效锁闭效果。锁舌伸出长度不合格的锁具相对而言容易被非正常开启造成入侵。不合格的问题主要出现在插芯门锁的单舌上（见图1）、双舍中的斜舌（见图2）上和球形门锁的锁舌（见图3）上。

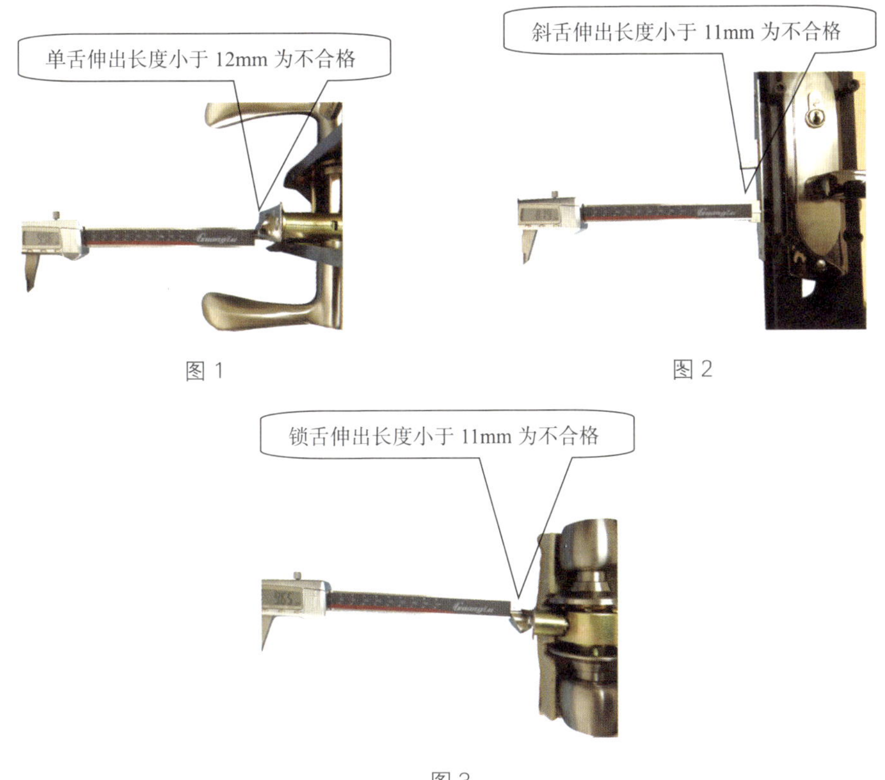

图 1

图 2

图 3

3. 保险锁舌保险功能

保险锁舌保险功能是球形门锁保密度的一个重要指标。当保险柱下压至锁舌面板 5.6mm 时，锁舌止动失灵或锁舌伸出长度小于 6.4mm。保险锁舌保险功能不合格（见图 4、图 5）。极易造成非法入侵。从而造成家庭财产损失和人身伤害。

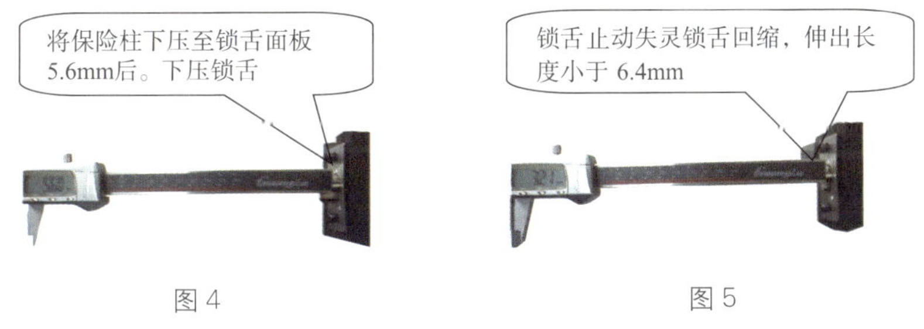

图 4

图 5

4. 执手轴向静拉力

执手轴向静拉力是球形门锁牢固度的一个指标。执手受到 1000N 的静拉力，锁具被破坏。不能正常使用（见图 6、图 7）。执手轴向静拉力不合格，大大降低了锁具抗外力破坏的能力。

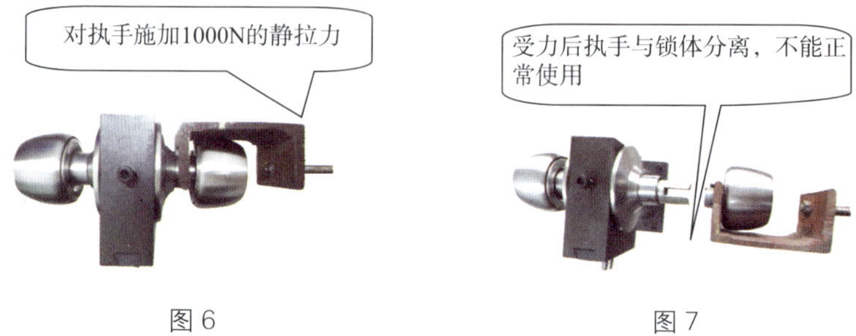

图 6　　图 7

5. 方舌轴向静载荷

插芯门锁方舌轴向静载荷是牢固的一个重要指标。方舌端面受到 1000N 静载荷，锁被破坏不能正常使用（见图 8、见图 9），它的不合格，大大降低了插芯门锁抵抗破坏性开启的能力。极易被破门而入，从而造成财产损失。

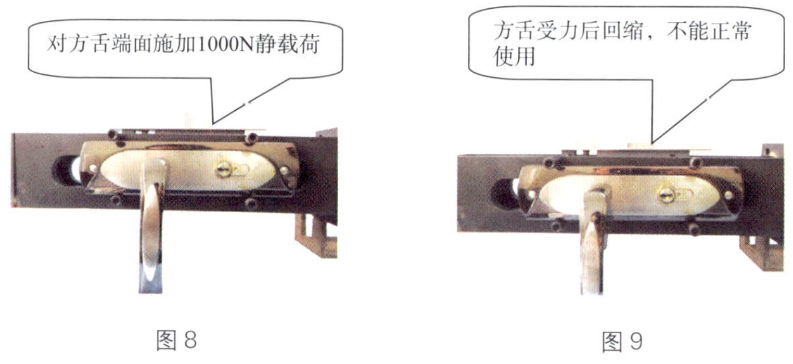

图 8　　图 9

上述不合格原因：

（1）企业的质量意识差、缺乏严格管理、为了降低成本，选用低成本的材料。降低了锁具强度。造成锁具产品不合格。

（2）企业的工艺水平和员工的整体素质偏低影响到锁具产品的最终质量。

五、选购和使用提示

锁具质量的好坏，直接关系到消费者的财产及人身安全。在选购锁具前消费者可初步的了解有关锁具的一些知识。要根据用途、使用场所、消费水平等选择档次不同的锁具。初定所选购的锁具后可到信誉好的商场、超市去购买，重点可关注以下方面：

1. 锁具保密度

选购时挑选钥匙牙花相对多的锁具；挑选时可将锁具保险，看其保险功能是否有效；挑选时注意锁舌伸出的长度不能过短。

2. 锁具牢固度

挑选用材相对厚一些，重一些的锁具。

3. 锁具灵活度

挑选时可将钥匙插入锁芯孔开启锁具，看其是否顺畅、灵活。可试转执手、旋钮看其开启是否灵活。

4. 锁具表面质量

要查看锁具表面是否光洁，有无毛刺和影响美观的缺陷。查看钥匙是否平整、光洁。

此外，选购时还应注意避免混淆锁具的等级，外装门锁和球形门锁的国家轻工行业标准中，按其用途将锁分为：A 级（安全型）和 B 级（普通型）两种，A 级在锁具保密度、牢固度的指标要高于 B 级。而在国家公共安全行业标准《机械防盗锁》中将锁具按其防盗能力分为：普通防护级别（A 级）和高防护级别（B 级）。消费者在选购锁具时，要特别注意锁具执行的标准，执行标准可在锁具的包装盒或说明书上查到。

使用锁具时应注意：①用钥匙开启、关闭锁具后拔出钥匙。②外出关闭锁具时，将呆舌锁闭保险。③当呆舌伸出时，不要关门，以免损坏零件。④当钥匙插拔不顺畅时，不要往锁芯孔内注油，不妨注些铅笔芯屑。⑤当锁舌等零件润滑不够，可拆开锁体往零件配合处加些机油或黄甘油。

（由国家日用金属制品质量监督检验中心（沈阳）宋钦海撰稿）

弹簧软床垫

良好的睡眠是人们身体健康的重要保证。据统计，人的一生有超过三分之一的时间是在睡眠中度过的，而人们睡眠主要是在床上，床具的好坏和舒适度直接影响着睡眠的质量，从而影响健康。

弹簧软床垫是床具的一种，民间将其俗称为“席梦思”。弹簧软床垫诞生于 19 世纪末，发明者为美国人扎尔蒙·席梦思。当时，已经是美国大企业家的席梦思先生听到顾客抱怨床板太硬，睡在上面不舒服。席梦思先生买来一批粗细适中的铁丝，用铁丝缠绕、编织成床绷子，外面用结实的布口袋包起来，这就有了弹簧软床垫的雏形。经过不断改进，在 1876 年，席梦思先生终于利用 14 个弹簧创造出世界第一张弹簧软床垫，从此改写床垫的历史与人类睡眠的习惯。

一、产品简介

弹簧软床垫是一种以弹簧及软质衬垫物为内芯材料，表面罩有织物面料或软席等材料制成的卧具，通常与床配套使用。弹簧软床垫的弹簧芯有中凹型、独立包布弹簧型、连锁弹簧型等几种，采用的面料有全棉、化纤、混纺等材料。

二、行业状况

家具行业是一个关系到千家万户的民生行业。改革开放几十年来，随着我国人民生活水平的日益提高和居住条件的不断改善，家具作为人们日常生活中必不可少的耐用消费品，它的需求量也越来越大。同时，随着人民群众的生活观念对物质的要求从温饱型到小康及舒适健康型的转变，消费者的质量意识，环保意识和健康意识不断提高，对家具产品的要求也越来越高，除了需要能满足使用功能的家具产品外，更需要外观美观、使用舒适和健康环保的家具产品。

弹簧软床垫作为家具产品的一种，在我国，其形成规模生产的历史不长，20 世纪 80 年代以前，弹簧软床垫的生产以手工制作为主，工艺落后，使用的材料也比较单一，衬垫物以棉絮、棕丝为主，产品的数量、质量、档次处于较低水平的状态。20 世纪 80 年代以后，国内生产企业开始从瑞士等国引进了从制簧、串簧到绗缝、缝边的自动化流水生产线，弹簧软床垫开始步入机械化生产的轨道，衬垫材料也由棉絮、棕丝变为泡沫塑料、棉毡、毛毡、化纤毡、棕丝垫、塑料网格垫、记忆海绵、乳胶等，面料也呈多样化，有化纤、棉布、提花布等，产品的总体质量有了很大的提高。

2012 年，国内弹簧软床垫企业约有 4000 家左右，生产总值近百亿元，产量约数千万床。按地区分布形成了以下五大产区：以沈阳、大连为中心的东北家具工业区；以北京、天津、河北为中心的华北家具工业区；以上海、江苏、浙江为中心的华东家具工业区；以四川、重庆为中心的西南家具工业区；以广州及周边的顺德、中山、深圳及东莞为中心的华南家具工业区。弹簧软床垫行业以中小企业为主，其中大型企业约占 1%，中型企业约占 10%，小型企业约占 89%。其中大型企业的产量约占 30%，中型企业的产量约占 30%，小型企业的产量约占 40%。床垫生产企业所有制性质基本上是以私营、有限责任公司和合资公司为主。

三、标准解读及关键指标分析

1. 标准总体情况

目前，我国已经发布了与弹簧软床垫相关的各类标准，有产品性能标准、测试方法标准、安全性能标准等。这些标准是国家监管，行业自律和消费者维权的主要依据。

QB/T 1952.2—2011《软体家具　弹簧软床垫》主要规定了弹簧软床垫的尺寸偏差、面料外观、缝面缝边质量、面料和铺垫料物理性能、卫生安全指标、抑螨性能、弹簧质量以及机械物理性能等。

GB 18401—2010《国家纺织产品基本安全技术规范》是国家强制性标准，规定了纺织品（如弹簧软床垫的面料）的色牢度、异味、甲醛、pH 值和可分解芳香胺染料等几项理化安全性指标，主要是防止因接触人体而导致的不适、过敏或潜在致癌因素。

GB 18587—2001《室内装饰装修材料　地毯、地毯衬垫及地毯胶黏剂有害物质释放限量》是国家强制性标准，主要规定了弹簧软床垫甲醛的测试方法及检验规则。

GB 5296.6—2004《消费品使用说明　第 6 部分：家具》是国家强制性标准，主要是对产品的标志、使用说明应包含的内容及其内容编写规范所做的要求，例如，内容必须包括产品名称、执行标准、原辅材料说明、有毒有害物质限量指标、厂家名称、地址等信息。

2. 关键指标分析

（1）工艺质量

弹簧床垫的工艺质量主要涉及产品的尺寸偏差、铺面与缝边的质量等。

1）尺寸偏差

尺寸偏差主要考察弹簧软床垫的长、宽、高以及对角线的尺寸偏离标称数值的情况，是保证弹簧软床垫与配套产品（如床）保持适用性的重要指标。

2）铺面与缝边的质量

这里包括外观和缝制质量，弹簧软床垫的外观至少应做到“面料无破损”。面料破损的弹簧软床垫在使用中既不美观又影响产品的强度和使用寿命。缝制质量主要考察缝制过程中是否出现断线以及跳针的严重程度，弹簧软床垫在使用过程中其铺面、缝边处会受到一定的外力作用，假如缝线处出现浮线、断线或跳针严重的情况，缝纫处会出现强度不足，导致开裂，从而影响弹簧软床垫产品的美观和正常使用。

（2）面料物理性能

面料物理性能（面料耐干摩擦牢度≥3 级）是弹簧软床垫产品中的一个重要质量指标。

弹簧软床垫在使用中会与其他床上用品如床单发生摩擦，面料耐干摩擦色牢度不达标，可能造成褪色而污染其他床上用品。

（3）铺垫料物理性能

弹簧软床垫的铺垫料主要包括毡垫（如棕纤维垫、椰丝垫和化纤毡）强度、软质聚氨酯泡沫塑料的回弹与拉伸性能。弹簧软床垫在使用中床垫面将受到一定的碾压，软质聚氨酯泡沫塑料回弹性性能好坏关系到垫面受压后得到恢复的能力，回弹性不达标，将造成床垫表面出现凹坑和影响产品使用的舒适度。弹簧软床垫在使用中床垫面将受到一定的碾压，软质聚氨酯泡沫塑料拉伸强度不达标，使用时导致泡沫塑料断裂，引起垫面高低不平。

（4）卫生、安全要求

卫生、安全要求主要包括铺垫料卫生、床垫阻燃性、甲醛释放量。

1）铺垫料卫生是弹簧软床垫产品中的一个重要质量指标。弹簧软床垫标准规定：床垫的铺垫料应无异味；不应有霉变或虫蛀，肉眼观察不应检出蚤、蜱、臭虫等节肢动物和蟑螂卵夹；不应使用医用废弃物、废旧服装及其他类似废旧纤维制品；纤维性工业下角料或用其加工的再生纤维状物质应经高温成型（热熔）、消毒等工艺处理；不应夹杂塑料编织材料、植物秸秆或叶、壳、竹丝、刨花、泥砂、石粉、金属丝等杂物；所有絮用纤维不应漂白。弹簧软床垫使用铺垫料的质量关系到人身的安全健康和使用舒适度，尤其是铺垫料的卫生情况直接影响到身体健康，床垫铺垫料不能使用可能带有致病菌和类似废旧纤维制品。

2）阻燃性能是弹簧软床垫产品中的另一个重要质量指标。弹簧软床垫使用的原材料一般都是较易燃烧的布料、海绵、棉毡垫，因此，床垫需要具有一定的抗引燃能力，如果床垫不能通过抗引燃试验，将对人身安全存在较大的安全隐患。

3）甲醛是一种毒性较大的有害物质，长期使用甲醛释放量超标的床垫将对人体造成较大程度的伤害。作为人们长期睡眠的卧具，床垫的甲醛释放量的控制尤显重要。弹簧软床垫甲醛主要来源于所使用的纺织面料、棕垫等。

（5）抑螨性能

尘螨是属于节肢动物门蛛形纲的一类微生物。尘螨分布广泛，在床垫、地毯、枕头、被褥、沙发、软垫、服装、凉席等家居用品中均有孳生。尘螨对人类的危害很大，主要引起各种变态反应性疾病，俗称，过敏性疾病。

QB/T 1952.2—2011《软体家具　弹簧软床垫》首次在弹簧软床垫标准中加入了抑螨性能检测，这样市场上琳琅满目的防螨产品将有据可依。

（6）弹簧质量

弹簧软床垫标准中要求所用弹簧需做到无锈迹、无锈蚀和无弹簧摩擦声。

弹簧软床垫产品中的弹簧起着对人体的支撑作用，弹簧的弹性和耐久性是产品质量好坏的重要指标，锈蚀的弹簧在使用过程中较易产生断裂，影响床垫的回弹性能，进而影响使用寿命。

（7）物理机械性能

弹簧软床垫是常见的耐用品之一，尤其在中国，很多人会使用一张弹簧软床垫长达10多年之久，这就要求我们的弹簧软床垫具有很好的耐久性性能。弹簧软床垫标准规定：床垫睡眠区域中心应通过30000次滚动耐久性试验，面料无破损，无断簧，缝边无脱线，铺垫料无破损或移位，试验结束后，垫面高度应不小于初始垫面高度的90%。床垫边部应通过5000次加载耐久性试验，面料无破损，无断簧，缝边无脱线，铺垫料无破损或移位，试验结束后，围边高度应不小于初始围边高度的90%。

耐久性是考核床垫能够使用多少时间的一项重要指标。是考核床垫面料、铺垫料、弹簧等部件强度的一项质量要求。耐久性测试后，床垫出现损坏，垫面高度值或周边高度值不达标，将影响产品的使用舒适度和使用寿命。

四、常见的主要问题

1. 卫生、安全要求

卫生、安全要求不合格主要体现在甲醛释放量超标和铺垫料卫生要求不达标。

造成床垫甲醛释放量超标的主要原因是：一、床垫纺织面料中含有甲醛，面料在生产过程中要使用染料、防皱剂、防腐剂等助剂进行整理，如果这些助剂含有甲醛，很有可能造成甲醛超标；二、床垫所用的化纤毡、椰棕或山棕等材料含有甲醛，这些材料为了增加强度和硬度，在生产过程中大量使用了胶黏剂，而一般胶黏剂中都含有一定的甲醛，虽然现在有不含甲醛的胶黏剂，但是价格普遍偏高，多数原材料生产厂家不会使用。床垫使用了这些材料，在使用过程中甲醛从胶黏剂中不断地释放，从而造成甲醛释放量超标。

造成铺垫料卫生要求不达标主要是在铺垫料中夹杂塑料编织材料、植物秸秆或叶、壳、竹丝、刨花，有些则使用了废旧纤维制品，这些制品在长期使用中极其容易孳生对人体有害的病菌和有害物质，将严重影响人体的身体健康。

2. 耐久性

耐久性项目是考核弹簧软床垫产品能够使用多少时间的一项重要指标。是考核弹簧软床垫产品中面料、铺垫料、弹簧等部件强度的一项质量要求。面料强度不达标，将影响产品的使用舒适度和使用寿命。

历年的监督抽查结果发现，耐久性不合格主要体现在：面料破损、泡沫塑料断裂以及弹簧断裂等现象。不合格原因：企业采购的原材料不达标。

3. 复合面料

复合面料不符合要求主要体现在色牢度不合格，在长期使用中，弹簧软床垫面料上的染料易脱落，会污染床上的其他用品。

五、选购和使用提示

为了购买到健康、安全、舒适的产品，建议消费者从以下几个方面来选购：

1. 标识和使用说明

标识和使用说明是消费者保护自身利益的一个重要部分。其内容需符合《中华人民共和国产品质量法》以及GB 5296.6—2004《消费品使用说明　第6部分：家具》的要求。

产品标识信息需至少包括：

（1）产品名称、规格型号；

（2）产品主要尺寸、使用场所；

（3）执行标准编号；

（4）检验合格证明、生产日期；

（5）中文生产者名称和地址。

使用说明应至少包括以下信息：

（1）产品名称、型号规格、执行标准编号；弹簧结构特征；

（2）产品主要尺寸、使用场所；

（3）产品主要原、辅材料名称；

（4）有害物质限量指标；

（5）产品使用方法、注意事项；

（6）产品保养方法。

2. 产品外观

（1）弹簧软床垫面料有无明显瑕疵，可以感觉面料有无沾污、有无破损、松紧程度是否一致，观察铺面和缝边的浮线及跳针情况，例如：若铺面出现单处浮线长度大于 15mm 或浮线累计长度大于 50mm，则该产品的工艺质量是不符合要求的；若铺面出现跳 3 针、5 处跳双针或 10 处跳单针的情况，则该床垫的工艺质量水平是值得怀疑的。

（2）用白色的布条摩擦铺面，若出现布条染上铺面面料颜色，则可以怀疑面料的染色牢度是不够的。

3. 卫生、安全方面

（1）徒手重压床垫，内部弹簧不应有摩擦声，弹簧钢丝更不得刺出垫面。对于一些可检视内部结构的弹簧软床垫，应观察弹簧软床垫的内部，弹簧不允许有锈蚀，锈蚀的弹簧会严重影响床垫的使用寿命，不允许使用废旧棉麻制品、不允许出现塑料编织材料、植物秸秆或叶、壳、竹丝等杂物。

（2）可以感觉下弹簧软床垫散发出的气味，若出现刺激性或是自己不能习惯的气味，建议消费者切勿购买。

4. 购买凭证

购货凭证是商品交易中的必要证件，它能证实买卖双方购销物品的时间、品种、价格、金额以及一些额外事宜，是消费者进行维权时的重要依据。消费者常因为手中没有购货凭证致使很多维权行为很难展开，所以大家在购买时留下有效的凭证以备不时之需。

（由国家家具产品质量监督检验中心（广东）海凌超撰稿）

木（质）家具

一、产品简介

1. 木（质）家具

主要部件中装饰件、配件除外，其余采用木材、人造板等木质材料制成的家具。家具种类分为桌类、木沙发、椅凳类和床类。桌类家具主要部件包括台面板、抽屉、门板、旁板、脚架等；柜类家具主要部件包括面板、顶板、门板、旁板、隔板、底板、脚架等；木沙发、椅凳类家具主要部件包括座面、扶手、靠背、脚等；床类家具主要部件包括床屏（高屏、低屏）、床铺板、床挺等。

2. 产品分类

（1）根据使用材料的种类，可以将木（质）家具分成实木类家具、人造板类家具和综合类木家具。

实木类家具是以实木锯材或实木板材为基材制作的、表面经涂饰处理的家具；或在此类基材上采用实木单板或薄木（木皮）贴面后，再进行涂饰处理的家具。实木板材是指指接材、集成材等木材通过二次加工形成的实木类材料。根据实木用材比例及工艺，实木类家具可分为三类：

1）全实木家具：所有木质零部件（镜子托板、压条除外）均采用实木锯材或实木板材制作的家具。

2）实木家具：基材采用实木锯材或实木板材制作，表面没有覆面处理的家具。所谓基材是用于制作家具主要部件的材料，也称主要用材。

3）实木贴面家具：基材采用实木锯材或实木板材制作、并在表面覆贴实木单板或薄木（木皮）的家具。

根据实木属性实木家具可分为两类：

1）实木锯材类家具：也称天然实木家具，指采用实木锯材为基材制作的家具。

2）实木板材类家具：采用实木板材为基材制作的家具。

人造板类家具是以纤维板、刨花板、胶合板、细木工板、层积材等人造板为基材制作的家具。根据基材采用的人造板类别可分为：

1）纤维板家具：基材采用纤维板制作的家具。

2）刨花板家具：基材采用刨花板制作的家具。

3）细木工板家具：基材采用细木工板制作的家具。

4）多层胶合板家具：基材采用多层胶合板制作的家具。

综合类木家具是基材采用实木、人造板等多种材料混合制作的家具。

（2）按产品表面的饰面分类，可以将木（质）家具分成涂饰家具、覆面家具。

1）涂饰家具：家具主要部件表面采用油漆涂饰形成漆膜的家具。

2）覆面家具：主要部件采用浸渍胶膜纸、高压装饰层积板等软、硬质材料覆面的家具。

（3）按产品的使用场合分类，可以将木（质）家具分成以下类别：

1）木制办公家具：供办公场所使用的木家具。

2）木制酒店家具：供宾馆、旅馆、饭店等场合客房内使用的家具。

3）木制民用家具：供家庭卧房、餐厅、客厅等地点使用的木家具（根据使用地点一般又可分为木制卧房家具、餐厅家具、客厅家具、厨房家具、卫浴家具）。

4）木制校用家具：供课堂使用的木制课桌、椅凳；学生公寓使用的家具。

5）木制实验室家具：供实验室试验操作使用的木家具。

6）木制户外家具：供户外休闲、娱乐等使用的木家具。

二、行业概况

1. 生产企业数和分布

目前国内家具制造企业数达6万多家，从业人员达500多万人，家具生产企业主要分布在以广东为主的华南地区，以浙江、上海、江苏为主的华东地区，以北京、河北为主的华北地区，以四川、重庆为主的西南地区和以辽宁、黑龙江为主的东北地区。企业性质基本上是以私营、有限责任公司和合资公司为主。据中国家具协会的不完全统计，2011年中国家具行业的产值超过5195亿人民币，同比增长了15.8%，而木（制）家具制造业累计完成工业总产值3144.32亿元，占家具行业累计工业总产值的60.52%。

2. 主产区相关情况

我国是家具产品的最大生产和出口国，中国家具行业按地区分布形成了以下五大产区：以沈阳、大连为中心的东北家具工业区；以北京、天津、唐山为中心的华北家具工业区；以上海、江苏、浙江为中心的华东家具工业区；以四川、重庆为中心的西南家具工业区；以广州及周边的顺德、中山、深圳及东莞为中心的华南家具工业区。其中东北产区以实木家具为主，华北产区以现代板式家具为主，西南产区以现代板式家具为主，华南产区板式家具、软体家具比较集中。

（1）以沈阳、大连为中心的东北家具工业区：东北产区以实木家具为主，主要家具企业分布在沈阳、长春、哈尔滨、大连、鞍山、辽阳、朝阳、葫芦岛、通化、伊春、齐齐哈尔等地区，该地区依托东北工业基地的实力以及自产木材、俄罗斯进口的木材资源基础得以发展。实木家具是该区域主要的种类，该地区实木家具生产企业的规模和实力在全国处领先地位。但是这一地区家具市场发育程度不如南方，产业链不够完整。近年来形成了对东南亚家具出口的主要通道。

（2）以北京、天津、唐山为中心的华北家具工业区：该地区以北京为中心辐射天津、河北、山东等地，依托环渤海经济圈的发展而发展。这个地区拥有巨大的家具消费群体，有庞大的家具专业销售市场和销售企业，且家具制造历史久远，文化积淀深厚，积聚了大量的能工巧匠，有丰富的人力资源、土地资源和自然资源。在山东的宁津、荷泽及河北的胜芳、正定有相当规模的家具产业集群。由于有丰富的资源和优越的地理位置，其产业链日趋完善，投资环境日趋看好，发展潜力和后劲也日益凸显。

（3）以上海、江苏、浙江为中心的华东家具工业区：这块地区是近年来中国家具增速最快的地区，该地区制造产业基础比较好，人才集中，交通便利，信息业发达，不仅文化积淀深厚，传统产业自古就很发达，现代工业起步也很早。现在家具工业发展态势良好，家具市场不仅容量大，档次高，营销模式也更为灵活、丰富和成熟，营销企业精英荟萃。特别是近年浙江的家具产业异军突起，其中杭州、绍兴、温州、玉环、海宁、嘉兴等八大区域家具企业成长的速度、强度和档次都令世人瞩目。

浙江省杭州地区聚集了一些规模较大的办公家具生产企业；温州玉环地区聚集了一些民用家具的生产和出口企业；绍兴、宁波地区聚集了一些规模较大的软体家具生产企业。上海市和江苏省的家具生产企业的规模相对较小，以生产民用家具为主，但两地具有较大的家具流通市场，上海市的家具销售面积达到几百万平方米，而江苏蠡口的家具市场在全国具有较高的知名度。

（4）以四川、重庆为中心的西南家具工业区：由于西部开放不久，家具市场容量很大，企业发展的空间也很大。其中以成都为代表的现代家具，凭借得天独厚的地域优势，借助劳动力的优势和资源优势，迅速发展，无论是家具制造，还是家具销售渠道建设，零售业都取得了很多引人注目的成绩。但发展中也出现了一些问题，遭遇了一些发展的瓶颈。成都家具在品牌文化和自主研发设计与沿海家具企业相比显得特别薄弱，虽然涌现出全友、明珠、双虎等有实力的家具企业，但行业整体发展仍显弱势，行业中小企业居多，实力分散，抵御市场风险能力弱。

成都家具产业近十年来均保持着年平均增长20%的速度发展。成都现有家具材料、家具生产制造、家具卖场企业3000家左右，从业人员达60余万人，2011年家具工业总产值达300多亿元。成都家具产业集群，主要集中在新都区新繁家具产业园、崇州市工业开发区、彭州市致和工业开发区、邛崃市羊安镇工业开发区、大邑县沙渠镇工业集中发展点等区域。重庆市家具生产企业大约500家，年产值1000万以上的企业3家，产值在500万至1000万的大约为5家，其余的为小型和作坊式家具企业，主要分布在渝北区、江北区、九龙坡区、璧山区、万册区、合川区及涪陵区。

云南省昆明市有一些小型木制家具生产企业，由于企业所在地为城市规划区，故当地管理部门对其不予办理营业执照和年审。贵州省家具生产企业约有300家左右，产值500万以上的只有一家，其余的大都是小型作坊式的。陕西省的家具企业大约为100多家，由于城市规划，家具生产企业均搬迁至远郊，离城区较近的只有和平工业区，工业区内有家具企业12家，均为办公家具，其产品主要为定制产品。

（5）以广州及周边的顺德、中山、深圳及东莞为中心的华南家具工业区：这是国内家具行业最早形成也是目前最大的家具产业区，经过20多年的发展已经奠定了在国内和世界具有影响力的产业基础。这个地区既有完整生产体系，又有发达的销售市场，还有健全的配套产业，包括木工机械、五金配件、油漆涂料、木材、皮革、布艺等原辅材料，成为一个完整的产业链。家具品种涵盖面广，品质较优。在广州、深圳、东莞、佛山、中山等地的民营、台资、港资家具制造企业是珠三角家具产业区域经济的主体，同时也成为中国最具活力的家具区域经济之一。

3. 行业特点和发展水平

我国的家具制造业是在手工业小作坊的基础上发展起来的，经过30多年的改革开放，通过引进国外的先进生产技术和生产设备，通过消化吸收和提高，我国的家具制造业有了质的飞跃。

目前，我国木家具的总体质量处于中等偏上的水平，但由于我国幅员辽阔，地区间的经济发展也不平衡，家具企业既有年产值上亿的大型企业，也有家庭作坊式的小企业，存在着产品质量良莠不齐的现象，中小企业的产品质量存在较大的起伏，不够稳定。因此，如何进一步稳定和提高小微企业家具产品的质量是我们工作的重点。另外，我们从消费者对家具产品的质量投诉一直居高不下的情况可以看出，家具质量还存在一定的问题，尤其是消费者对家具中有害物质超标的投诉较为突出，因此我们认为，目前提高家具产品环保指标的质量水平是稳定和进一步提高家具质量的当务之急。

4. 国内外发展趋势比较

我国家具产品已经远销欧美、澳大利亚、日本、中东、非洲等地区，行业的发展保持了较高的增长速度，我国已经成为世界上的家具制造大国。目前，我国大型家具生产企业的加工工艺、技术水平同国外先进国家的差距不大，但在制造家具所需的原辅材料、五金配件的质量上与国外先进国家相比还存在一定的差距。家具产品的整体水平体现在两个方面，即设计和制造。同国外先进国家相比，我国家具企业的产品设计能力还相差较远，基本上是跟着国外的设计潮流走，创新能力有待进一步提高，设计能力方面的落后，制约着我国家具行业的进一步发展。

因此，要使我国成为家具产品真正意义上的世界强国，必须要重视和加强家具产品的设计创新能力，进一步提高家具的质量，通过加强标准化的工作，在技术要求上向国外先进国家靠齐，建立起一支具有创新能力的技术人员的队伍，为我国家具行业的持续发展提供高素质的人才，为我国的家具行业的长远发展打下坚实的基础。

三、标准解读及关键指标分析

1. 标准总体情况

我国木制家具标准情况：针对国家强制性标准 GB 18584—2001《室内装饰装修材料　木家具中有害物质限量》，国家推荐性标准 GB/T 3324—2008《木家具通用技术条件》的相关指标作如下分析。

2. 关键指标分析

木家具标准对下列指标进行了规定：

（1）主要尺寸及其偏差。（2）形状和位置公差。（3）材料要求。（4）外观要求。（5）表面理化性能要求。（6）金属拉手耐腐蚀性要求。（7）力学性能要求：家具的力学性能试验是模拟家具在正常使用和习惯性误用时，各部位受到一次性或重复性载荷条件下所具有的强度或承受能力的试验。根据产品在预定使用条件下的正常使用频数，可能出现的误用程度，按加载大小与加载次数多少把强度和耐久性分为五级试验水平。（8）有害物质限量。（9）阻燃性。

家具力学性能主要包括以下四个方面：

（1）静载荷：用于检验产品在可能遇到的重载荷条件下所具有的强度。

（2）冲击：用于检验产品在偶然遇到的冲击载荷条件下所具有的强度。

（3）耐久性：用于检验产品在重复使用、重复加载条件下所具有的强度。

安全性能：

（1）有害物质限量：家具中有害物质限量应符合 GB 18584 的规定，如表 1所示。

表 1　GB 18584 家具中有害物限量

检验项目		限量值
甲醛释放量/（mg/L）		≤1.5
重金属含量（限色漆）mg/kg	可溶性铅	≤90
	可溶性镉	≤75
	可溶性铬	≤60
	可溶性汞	≤60

（2）阻燃性：公共场所木家具阻燃性至少应达到 GB 20286　2006《公共场所阻燃制品及组件燃烧性能要求和标识》中规定的阻燃 2 级水平，其他场所木家具阻燃性可由供需双方约定、木家具阻燃性为合同要求，应在合同中注明。

（3）稳定性：是模拟家具在日常使用时承受载荷的条件下，所具有的抗倾翻力的能力。

四、常见的主要问题

1. 木（质）家具的主要不合格指标如下：

（1）木工工艺规范不符合标准要求，比如，人造板非交接面没有按标准要求进行封边或涂饰处理。

（2）油漆质量或施工要求没有达到合格要求，比如，漆膜抗冲击、附着力、耐磨性和漆膜耐香烟灼烧不达标，可能是油漆质量不合格，也可能是油漆施工工序设置不合理，或油漆涂饰的次数、厚度没有达到要求，造成漆膜质量不好。

（3）选购的五金配件质量不合格或安装质量不达标，比如，推拉构件强度不达标，其原因是导轨质量差，受力后发生变形或脱落。

（4）产品的结构设计不合理，造成柜类产品的重心靠前，在活动部件打开的情况下，受到外力的作用，容易引起倾翻。

（5）生产企业采购的原材料质量低劣，材料本身甲醛含量超标或者采购劣质的人造板材，以及家具黏接过程中使用劣质的胶黏剂，使用的饰面材料不具有密封性或密封性差，或采用单饰面工艺，均容易造成家具甲醛释放量不达标。

2. 问题危害

（1）木家具中所使用的人造板部件的非交接面没有进行封边或涂饰处理。标准规定，家具中的人造板部件的非交接面要进行封边或涂饰处理。因为一般人造板的端面组织较为疏松，空隙较大，不经封边处理的人造板暴露在空气中，易受潮湿空气的侵蚀，时间久了易产生膨胀，降低人造板的强度，影响人造板的物理性能，影响家具的使用寿命。

（2）木家具表面油漆涂层理化性能不达标。不合格的具体项目为漆膜耐香烟灼烧、耐磨性、漆膜抗冲击和漆膜附着力。其中漆膜耐香烟灼烧项目不合格批次数最多，反映出的缺陷是检验后漆膜容易起泡或出现脱落状的黑斑。木家具表面涂层起着保护家具免受外界侵蚀的作用，理化性能项目不达标的产品，会容易引起表面漆膜涂层变色、鼓泡、开裂、脱落，严重影响家具的美观和使用寿命。

（3）木家具柜类活动部件垂直加载稳定性未达标。不合格项目为木家具柜类稳定性中的活动部件垂直加载稳定性。该项目是考核柜类产品在门或抽屉等活动部件打开的情况下，受到一定外力的作用而不发生倾翻的能力。该项目不合格的产品在使用中有可能发生倾翻，容易造成人身伤害，特别是未成年的儿童。因此稳定性不合格的产品存在一定的安全隐患。

（4）木家具柜类推拉构件强度未达标。具体不合格项目为木家具柜类产品中抽屉导轨的强度不合格。该项目是考核柜类产品在抽屉等活动部件打开的情况下，受到一定外力的作用而不发生损坏的能力。该项目不合格的产品在使用中有可能发生抽屉脱落，从而造成人身伤害，特别是未成年的儿童。因此推拉构件强度不合格的产品存在一定的安全隐患和影响产品的使用寿命。

（5）甲醛释放量超标。甲醛释放量超标的主要原因：部分厂商受利益驱动，一味地降低成本，采购的基材和胶合剂质量低劣，从而造成成品家具的甲醛释放量超标。众所周知，甲醛对人的神经系统、免疫系统、肝脏等都有毒害，并可能有致畸、致癌作用，而且甲醛的释放可以延续 10 年以上，可见甲醛超标的家具对消费者的影响是长期而严重的，各级监管部门务必继续加强对此项目的监督和管理。

3. 问题产生的原因

（1）木工要求：“木工要求（人造板部件的非交接面应进行封边或涂饰处

理)”是木（质）家具产品中的一个重要检验项目，是根据产品中使用人造板的情况而设定的一个质量要求。

该项目不达标的主要原因是企业对标准不理解和工艺规范设置不合理。

（2）表面理化性能：家具表面理化性能是木家具的一类重要质量指标，是根据木家具产品的特点和使用要求而设定的质量要求。

该类项目不达标的主要原因是企业采用的表面涂饰材料不合格或工艺配方和条件设置不合理。

（3）力学性能：家具力学性能是反映家具的结构强度和安全性的一类重要质量指标，是根据家具产品的特点和使用要求而设定的质量要求。

该类项目不达标的主要原因是产品结构设计不合理和采用的五金配件质量不合格或安装不牢固。

（4）甲醛释放量：甲醛释放量是关系到人身安全的极重要质量要求。甲醛释放量不合格的主要原因：部分厂商受利益驱动，一味地降低成本，采购的基材和胶合剂质量低劣，从而造成成品家具的甲醛释放量超标。

五、选购和使用提示

木家具是日常耐用消费品，消费者在选购时应特别注意以下几点：

（1）到有一定规模家具商场购买品牌产品，要开具发票，并且索要产品使用说明书和质保卡，以便发生质量问题时可以进行交涉，合法权益可以得到有效保障。

（2）应高度重视木家具有害物质是否超标的问题，特别是甲醛释放量是否超标，应要求供应商提供产品检验合格的证明。

（3）向销售方了解木家具各部件的材料构成，使用部位。了解实木家具特别是名贵木材的树种名称，并且在购货合同上标明。

（4）家具搬运时应轻抬轻放。家具放置要平稳，防止暴晒，避免潮湿。漆面应避免与酸碱及高温物质相接触。

（5）家具的日常保养要使用干净的软布擦净家具表面的灰尘；用家具专用的上光蜡均匀涂擦家具表面，然后用软布擦亮；五金配件可用少量机油抹擦，以防生锈和氧化。

（由国家家具产品质量监督检验中心（上海）余争荣撰稿）

红木制品

一、产品简介

红木是指紫檀属、黄檀属、崖豆属、柿属、铁刀木属树种的心材，其密度、结构和材色（以在大气中变深的材色）符合规定的必备条件的木材。此外，未列入上述5属中的其他树种的心材，其密度、结构和材色符合标准规定的也可称为红木。红木制品是指由列入国家标准GB/T 18107—2000《红木》规定的5属8大类树种的心材制作的家具和工艺制品，主要包含红木家具和红木工艺制品。

1. 红木家具

红木家具是各类木家具产品中使用耐久性最长、最具代表性的中国传统家具，它综合了历史上自明清至今硬木家具的榫卯结合工艺、木雕工艺、线脚工艺、镶嵌工艺、攒边（嵌板）工艺、髹漆工艺、烫蜡工艺、藤编工艺、涂饰工艺、金属件装饰工艺等，集中展现了我国优秀的传统技艺和装饰艺术的精华，是当今世界家具产品中具有鲜明中国民族特色的传统工艺家具中的一类产品。

目前，国内红木家具市场上的红木家具多为仿制的“明式”或“清式”家具。明清时期的家具，是我国古典家具中的精华，由于清承明制，一般都以“明清”概称。但就明清两代家具来讲，还是两种艺术风格不同的家具。

明代家具是在宋元家具的基础上发展起来的，并达到前所未有的黄金时代，主要产地在苏南地区，究其原因，除历史的传承和积淀外，明代家具的形成，离不开当时的社会条件：一是明代社会经济的稳定繁荣；二是海外贸易得到空前的恢复与发展；三是建筑与园林兴起的需要。

清代家具继承了明代家具采用优质硬木的传统，同时它又受到了外来文化的影响，形成了绚丽、豪华与繁缛的富贵气，取代了明式家具的简明、清雅、古朴的书卷气，显得“俗气”，使得它的艺术价值不如明代家具。

红木家具的种类主要有：

（1）椅凳类：包括杌凳、坐墩、交杌、长凳、椅、宝座等各种坐具。图 1 为香枝木皇宫椅三件套。

图 1　香枝木皇宫椅三件套

（2）桌案类：包括各种桌子和几案。主要有香几、茶几、方桌、条桌、条案、画桌、画案、书桌、书案、半圆桌、扇面桌、棋桌、琴桌、抽屉桌、供桌、供案等。图 2 为红酸枝琴类。

（3）床榻类：包括榻、罗汉床和架子床三种。

（4）柜架类：这类家具主要用于陈设器物和储藏物品，大致分为架格、亮格柜、圆角柜、方角柜四种。图 3 为红酸技鞋柜。

（5）其他类：凡不宜归入以上四类的家具，均属其他类。此类家具的种类繁多，如屏风、箱、提盒、都承盘、镜台、衣架、面盆架、甘蔗床及一些微型家具等。

图 2　红酸枝琴桌

图 3　红酸枝鞋柜

2. 红木工艺品

用红木制作的一组有一定艺术价值和经济价值的木雕工艺品称作红木工艺品。

（1）红木工艺品的种类

市场上红木工艺品的种类大致分为：人物类、动物类和用器类三大类。

人物类主要有：观音、菩萨、关公、仙翁、伟人像等，见图 4 和图 5。

图4　香枝木财神爷　　图5　香枝木观音

动物类主要有：貔貅、十二生肖、大象、豹、鹰、鸟等，见图6。

图6　香枝木貔貅

用器类主要有：笔筒、茶叶盒、餐巾盒、果盘、提篮、茶台、坐垫等。

（2）红木工艺品用材

红木工艺品用材主要有：香枝木、紫檀木、乌木、条纹乌木、鸡翅木、花梨木、红酸枝木、黑酸枝木等八大类红木。高档工艺品多为香枝木、紫檀木，低档工艺品多为鸡翅木、花梨木。

冒充红木工艺品的木材主要有：风车木冒充乌木、毛榄仁冒充鸡翅木、铁木豆冒充红酸枝木、杂色豆和胶漆树冒充檀香紫檀。

二、行业概况

我国红木制品生产企业地域分布较广，主要集中在广西凭祥和东兴、福建仙游、广东深圳和大涌、浙江东阳和义乌、山东淄博、江苏苏州和南京、河北廊坊、北京等地。据统计，到 2011 年年底，全国红木行业生产经营企业超过 1 万家，总产值超过 450 亿元，从业人员约 80 万人。

广东已成为我国家具产业最发达的地区，也是亚太地区最大的出口基地，而珠三角是广东红木家具的主要集散地。形成了佛山、中山大涌镇、江门新会市、台山市大江镇和深圳观澜等颇具规模的产业集群带。大涌镇是全国最大的专业生产红木家具的镇，目前该镇有红木生产和加工企业 1000 余家，红木产业年销售额超过 80 亿元。

在浙江，隶属金华市的东阳市红木产业一枝独秀，是我国中高档红木家具采购批发中心。2011 年红木相关企业就多达 1400 余家，其中产值 500 万以上的规模企业达 80 家，东阳地区红木相关企业已经拥有了 15 个自主名牌，行业从业人数达 10 万人，年产值超过 50 亿元。

而自成一派的福建仙游县红木家具在全国红木家具市场上占有重要地位，成为中国最大木雕生产基地、三大红木古典家具主产地之一和名贵木材的最主要集散地。据调查，仙游全县拥有各类工艺企业 2600 多家，从业人员 10 万多人，2011 年产值已经达到 160 亿元。目前，仙游县古典家具商拥有超过全国 80%的红木库存量，占全国各大城市市场份额的 60%以上，产量、产值、销售额均居全国首位，同时产品还畅销欧美、东南亚等地。

目前，除津京、长三角、珠三角 3 个发达地区外，以凭祥市和东兴市为龙头的广西红木制品产业异军突起，成为“桂作”红木的两大集散地，南宁、柳州、北海等新兴红木制品产业也迅猛发展。广西的红木制品，包括红木锯材、红木家具半成品、成品、工艺品等。据统计数据显示，截至 2011 年年底，广西拥有红木制品加工及经营企业3000多家，其中规模以上企业只有60家左右，年产值超过100亿元。其中凭祥、东兴市2000多家，南宁、柳州、北海、玉林等地1000多家。

三、标准解读及关键指标分析

1. 标准总体情况

目前，我国已经发布实施各类红木制品相关标准共计3项，其中国家标准2项，行业标准1项。这些标准的制定与完善对提高红木制品产品质量、促进行业发展起到了重要的作用。

——GB/T 18107—2000《红木》

——GB 28010—2011《红木家具通用技术条件》

——QB/T 2385—2008《深色名贵硬木家具》

2. 关键指标分析

（1）用材材质

GB/T 18107—2000《红木》标准中规定红木为紫檀属、黄檀属、柿属、崖豆属及铁刀木属树种的心材，此外，未列入上述5属中的其它树种的心材，其密度、结构和材色符合标准规定的也可称为红木。GB 28010—2011《红木家具通用技术条件》要求产品用材应与产品质量明示卡中明示的树种或木材名称及其使用部位相一致。

（2）产品标识

GB 28010—2011《红木家具通用技术条件》规定红木家具产品销售合同中应提及产品保证文件（产品使用说明书、红木家具产品质量明示卡、产品合格证）。产品质量明示卡应包含产品执行标准、产品分类、产品名称、产品型号、规格、生产日期、产品适用范围、产品主要用材、产品涂饰工艺、安全提示、产品保修和产品交付方信息等详细内容。

（3）木材含水率

GB 28010—2011《红木家具通用技术条件》规定产品用木材应经人工干燥处理，木材含水率应为8%～16%。若木材含水率偏高，家具在使用过程中容易出现榫卯松动、家具散架等现象。

（4）榫卯结合严密、牢固性

QB/T 2385—2008《深色名贵硬木家具》的木工要求中规定榫卯结合应严密、牢固，最大缝隙≤0.2mm，不应有松动、断榫、裂缝。

四、常见的主要问题

近年广西等地方质监部门根据《中华人民共和国产品质量法》和《产品质量监督抽查管理办法》等有关规定，对红木制品开展产品质量监督抽查活动，抽查中发现的问题主要有以下几个方面：

（1）红木制品用材

一是使用非红木材料冒用红木。如标称为“鸡翅木”的沙发其实际用材为毛榄仁，而毛榄仁为东南亚产的一种硬木，并不属于红木，现在市场上多用来冒充鸡翅木和黑酸枝。二是使用了非红木木材作为辅料但标称用料单一。如花梨木书柜用蚬木做内部方条，床、餐桌横杠使用其他硬杂木等。三是超范围使用边材。国家标准规定红木为紫檀属、黄檀属、柿属、崖豆属及铁刀木属树种的心材，边材不能作为红木，但在抽查中发现，红木制品当中超范围掺入边材的现象随处可见，尤其是在工艺粗糙的家具底部或内部隐蔽处暗藏边材且被商家经过染色处理进行掩盖，不仔细观察不易发觉。

（2）红木制品用材名称

红木制品用材名称不规范主要表现在两个方面，一方面是存在非红木树种“傍红木”的现象，很多材质纹理与红木相似的树种往往被商家取上一个高贵且与红木名称极为接近的名字，较为常见的是在名称上加入“檀”、“梨”等字眼，如红铁木豆被标榜为“红檀”，这些华丽的称号让非红木制品价值攀升的同时也极易误导缺乏木材方面专业知识的消费者把傍红木制品当成红木家具购买。另一方面是真正的红木不按国标规定的名称标称，如花梨木被称为“草花梨”，这令很多外行人在选购红木家具的时候难以与实际的红木树种相对应，影响消费者做出正确的判断。

（3）红木制品产品标识

从抽查情况看，多数生产企业对标准中的标识规定没有足够的重视，很大一部分红木家具均未按标准要求给出相应的产品标志、使用说明以及产品质量明示卡，部分家具产品有标识但只标出家具产品名称、用材的市场俗称、产地等一些简单的信息。这是由于 2012 年 8 月 1 日之前，关于红木家具的国家强制性标准还未正式实施，只有国家及行业推荐性标准和一些各地方制定的标准，很多企业对这些标准认知度不够，也不遵照执行，对产品标识并不重视。2012 年 8 月 1 日强制性国家标准 GB 28010—2011《红木家具通用技术条件》正式实施，该标准要求每套红木家具必须配有“红木家具产品质量明示卡”，详细注明家具的产品执行标准、工艺分类、质量等级、适用范围、主要用材、涂饰与装饰工艺等信息，这将更好地保障消费者的合法权益，为消费者营造安全放心的消费环境。

五、选购和使用提示

1. 选购提示

（1）应选择产品质量有保证以及售后服务信誉好的品牌红木产品。鉴别红木要从颜色、纹理、密度、气味等方面进行挑选。选购红木产品时，还应提防家具底部或内部隐蔽处掺杂其他硬杂木或暗藏染色边材等现象出现。

（2）尽量选择具有艺术价值和收藏价植的产品，着重注意红木家具及工艺品整体的艺术造型、木工工艺、雕琢工艺、油漆工艺等几个方面。

（3）应寻问清楚红木家具及工艺品的材质，查看商家提供的质检单位出据的红木材质鉴定报告。在签订红木家具及工艺品购买合同时，应要求商家在合同上标明是“全红木家具”还是“主要部件红木家具”，并在购置合同或发票上注明木材的学名而不是市场俗称，以保证其具有法律效力。

（4）应注意家具及工艺品购买合同、产品保修卡是否盖有市场售后服务章，以保障作为消费者的合法利益不受到侵害。

2. 使用提示

（1）红木家具宜阴湿，忌干燥，故应避免长期曝晒于阳光下，切忌空调对着家具吹，摆放应远离门口、窗口等空气流动较强处或暖气、壁炉等高温处。

（2）保持家具干净整洁，日常清洁可用干净的干纱布或棉布顺木纹来回轻擦。禁用硬干布或湿抹布擦拭，以免影响红木家具表面光泽。不宜用化学光亮剂，以免漆膜发黏受损。

（3）宜每隔半年或一年在家具上打蜡一次，对家具有一定的保护帮助。

（4）台类红木家具的面板，为保护漆膜不被划伤，且显示木材纹理，应在台面上放置厚玻璃板，且在玻璃板与木质台面之间用小吸盘垫隔开。不建议用透明聚乙烯水晶板。

（5）如需移动家具，应将家具提起，不要拖行，以免造成家具整体结构松动。

（由广西壮族自治区产品质量监督检验研究院李桂兰、王健撰稿）

软体沙发

“沙发”是从国外流传到我国的一种家具。“沙发”是英语 Sofa 的译音。国外人们所称的“沙发”一般是指三人座椅，单人座椅则称之为“扶手椅”。我国已经习惯地将“沙发”引申为所有的软体座椅。

“沙发”起源于十七世纪中叶，在法国和英国问世较早。“沙发”是由椅子演变过来的。起初只是在座面或靠背上垫上一些软体材料，蒙上面料，被称之为反藤面椅，后来逐渐发展成目前的全包沙发。

沙发在家庭中有重要地位，特别在客厅中往往能觉得是客厅的主调。一款漂亮的沙发不仅体现设计者的独具匠心，还能为空间的塑造提供丰富的表现手段，起到画龙点睛的作用。因此选购一款好的沙发也成为生活当中必修的一门功课。

一、产品简介

软体沙发是指适用于会客、休息等室内用途的沙发，不适用于木制的沙发包覆椅。软体沙发（以下简称沙发）是指以木质金属或其他刚性材料为主体框架，表面覆以弹性材料或其他软质材料构成的坐具。沙发产品主要按座面弹性材料、包覆面料和使用功能进行分类。按照座面弹性材料可分为：中凹型弹簧和包布弹簧沙发、蛇簧沙发、弹性绷带沙发、海绵沙发、棕纤维沙发、混合型弹簧沙发；按照包覆面料可分为：皮革沙发、再生革沙发、人造革沙发、布艺沙发、布革沙发；按照使用功能可分为：单人沙发、双人沙发、三人沙发、组合沙发、多用沙发等。各种座面弹性材料和包覆材料详见表 1。

表 1　座面弹性材料和包覆材料

序　号	名　称	实物照片	用途和特点
1	中凹形弹簧		具有载荷大和缓冲性能好的优点，多用作压缩弹簧
2	包布弹簧		又称袋装式独立弹簧，每袋弹簧独立运作，互不干扰，降低了更换成本
3	蛇簧	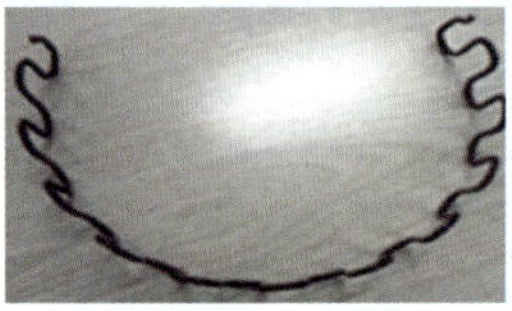	在沙发底座上使用，主要起到支撑座面和避震、缓冲的作用
4	泡沫塑料		俗称海绵，家具中一般使用聚氨酯泡沫塑料，具有质轻、高弹、高隔热等优点
5	棕纤维		弹性介于硬板和弹簧等弹性体之间，具有良好的透气性和抗菌性
6	天然动物皮革		动物生皮鞣质而成，具有卫生性好、透气性强、强度高、手感好、耐弯曲折皱等特点

表 1（续）

序　号	名　称	实物照片	用途和特点
7	再生革		再生革是将天然动物皮革的边角废料磨成纤维，再用天然胶乳或其他黏合剂黏合压制成的片状材料。强度、吸水性、透气性较天然皮革差
8	人造革		一般由树脂、化纤和布衬组成，透气、透水和耐老化性较差，但抗水和耐酸碱性较强
9	布艺		有天然纤维和化学纤维，沙发布艺以化学纤维为主，具有柔软、美观、防污、抗静电等特点

二、行业状况

中国是家具的生产和出口大国。我国家具主要有五大产区：分别是以广东、福建为中心的华南家具产业区；以浙江、江苏、上海为中心的华东家具产业区；以北京、天津、河北和山东为中心的华北家具产业区；以沈阳、大连为中心的东北家具产业区以及以成都、重庆、西安为中心的西部家具产业区。这五大产区约占全国家具产量的九成。

就当一品种的沙发而言，按照省市来看，广东和浙江的产量占全国沙发产量的一半左右，其次是福建、山东两省。广东省以广州、深圳、东莞、顺德、佛山等地区为中心，是国内最大的家具产业区，同时也是最大的沙发产业区。这一地区毗邻港澳，家具业制造起步较早，产业集群多，产业供应链完整，销售市场发达。华东产区中以江苏、浙江、上海一带为中心，是家具跟沙发增速最快的地区。该地区信息发达，交通便利，地区文化积淀深厚，制造产业基础较好，人才相对集中．家具市场容量较大，企业经营管理良好。我国的沙发行业主要以中小企业为主，其中中小企业数量约占我国沙发企业数量的95%以上。沙发生产企业所有制性质基本上是以私营、有限责任公司和合资公司为主。由于入行的门槛较低，行业中存在着大量家庭作坊式的小微企业，三五个人或一家子人凭借几台缝纫机、气钉枪就开起了创业之门，故市场上产品质量也是良莠不齐。

家具行业已经成为国民经济发展中一个非常重要的分支，尽管我们是家具制造的大国，但我们还不是家具制造的强国。我们家具行业的设计、创新和自动化的程度与欧美发达国家相比，还有较大差距。

三、标准解读及关键指标分析

1. 标准总体情况

目前，我国已经发布了与沙发相关的各类标准，有产品性能标准、测试方法标准、安全性能标准等。这些标准是国家监管、行业自律和消费者维权的主要依据。其中较为典型的标准有以下：

QB/T 1952.1—2012《软体家具　沙发》规定了沙发的尺寸、用料要求、铺垫料卫生、工艺要求、安全要求和力学要求。

GB 18401—2010　《国家纺织产品基本安全技术规范》是国家强制性标准，规定了纺织品（如沙发面料）的色牢度、异味、甲醛、pH值和可分解芳香胺染料等理化安全性指标，主要是防止因接触人体而导致的不适、过敏或潜在致癌因素。

GB 20400—2006　《皮革和毛皮 有害物质限量》是国家强制性标准，规定了皮革和毛皮中的甲醛和可分解芳香胺染料两项化学安全指标，也是为了防止因人体接触导致的潜在危险。

GB 5296.6—2004　《消费品使用说明　第6部分：家具》是国家强制性标准，主要是对产品的标志、使用说明应包含的内容及其内容编写规范所做的要求。例如，内容必须包括产品名称、执行标准、原辅材料说明、有毒有害物质限量指标、厂家名称、地址等信息。

2. 关键指标分析

（1）用料要求

1）木制件

外表不应使用贯通裂缝材、腐朽材、昆虫尚在侵蚀的木材、脱胶的人造板材、死节材、节子宽度超过材宽 1/3 的木材，节子直径超过 12mm 的木材，等等；内部木制件则不应使用昆虫尚在侵蚀的木材，轻微腐朽材面积超过零部件面积的 15%的木材、带有树皮的木材，等等。木制件的要求主要是为了保证沙发的整体外观、整架强度及安全性。

2）金属件

金属件涉及各种管材和异型管材，主要要求其受力部件的管壁厚度应不小于 1.2mm，以希望能保证受力部位的整体强度，保证使用者的安全和延长沙发的使用寿命。

另外对金属件的加工工艺也提出要求，如弯管的圆度、顺滑度；铆接件不应有明显锤印、脱铆、漏铆；焊接不出现夹渣、焊瘤、焊穿等。这些细节的处理能影响沙发接合处的强度，同时也影响沙发的整体美观性。

3）面料

沙发的面料主要包括革制品和纺织纤维制品。为保证面料不至于沾污其他产品，要求各种面料颜色摩擦色牢度不低于 4 级；同时，为防止皮革制品因表面涂层牢度不够而出现掉皮现象，保证大宗消费品的耐用性，规定了皮革涂层的黏着牢度要求。面料不符合要求会在使用时污染使用者的衣物，劣质的面料染料甚至存在对人体健康不利的隐患。

（2）铺垫料卫生

铺垫料卫生指标是沙发产品中一个非常重要的指标，其直接影响消费者身体健康。标准规定，麻毡（布）、棕毡、棉毡、棉（或化学）絮用纤维等铺垫材料应：1）干燥；2）无霉烂变质及刺鼻异常气味；3）无夹含泥砂及金属物等杂质；4）目视无检出危害健康的节足动物或蟑螂卵夹等。

（3）工艺要求

工艺要求包括了产品外形对称度、面料缝制与包覆质量、木工要求等。

外形对称度主要考察沙发座面、背面、对称扶手以及围边的对称情况，主要考察沙发制作工艺。

面料缝制与包覆质量既影响产品的美观，又影响产品的正常使用寿命。标准规定：面料的缝线不应出现跳针、断线、脱线、明显浮线等；面料的包覆则需平服饱满无明显皱折，松紧均匀无明显松弛，对称工艺性皱折线条应对称均匀。

木工要求的对象主要是人造板和实木木制件。人造板制成的零部件外露边需封边处理。这主要为防止人造板件的甲醛释放对人体造成危害。外部木制件则要求在加工后表面应平整精光，倒棱均匀，顺直光滑，无明显刀痕、砂痕；内部木制件则需刨削处理。

（4）安全要求

安全要求是沙发重要指标。标准规定：外露金属件应无刃口或毛刺；沙发在正常使用中应无尖锐金属穿出座面或背面；徒手伸入座面与扶手或靠背之间的缝隙内应无刃口、毛刺等。沙发在制作过程中使用了较多金属（配）件，这些金属（配）件本身的安全性和安装的安全性成为了影响沙发安全的重要因素。

（5）力学要求

沙发产品是传统的耐用消费品之一，力学性能尤为重要。标准规定：沙发在完成座背耐久性测试后，座背的面料应完好无损，面料缝纫处无脱线或开裂，垫料无移位或破损，弹簧无倾斜，无松动或断簧，绷带无断裂损坏或松动，骨架无永久性松动或断裂。沙发力学性能差，则会出现测试结束后，座面下陷、框架松动、甚至座面塌陷等现象。

四、常见的主要问题

1. 内部木制件用料

QB/T 1952.1—2012 规定："内部用料不应使用：昆虫尚在侵蚀的木材；带有树皮的木材。"几次监督抽查中均发现部分产品的内部木制件用料要求不合格，使用了未经刨削带有树皮的木材。木材带树皮会影响美观、强度降低、吸水性强，甚至会夹带虫卵导致木材生虫、腐蚀等。造成不合格原因主要是厂商对原材料把关不严，受利益驱动，使用了带有树皮的劣质木材。

2. 泡沫塑料要求/座面密度

QB/T 1952.1—2012 规定："泡沫塑料要求/座面密度≥25kg/m^3。"泡沫

塑料密度高低与其回弹性、舒适性有较大关系，密度过低的泡沫塑料回弹性差，缓冲性能不好，舒适性不强，同时还容易塌陷变形影响美观。泡沫塑料要求/座面密度不合格的主要原因是低密度（高发泡）的泡沫塑料价格相对较低，受利益驱使，生产企业没有把好进货关，使用了类似的泡沫塑料。

3. 面料用料要求/面料颜色摩擦牢度

QB/T 1952.1—2012 规定：“各种面料颜色摩擦牢度≥4 级。”面料用料要求/面料颜色摩擦牢度不合格的主要原因是使用的染料着色能力不强，或者是工艺处理不当致使染料未能很好固着于纤维上。色牢度不合格的沙发，在使用时会污染使用者的衣物，劣质的面料染料甚至存在对人体健康不利的隐患。

4. 力学性能要求/沙发座背耐久性

QB/T 1952.1—2012 规定：“通过 20000 次沙发座背耐久性试验时，座、背的面料应完好无损，面料缝纫处无脱线或开裂，垫料无移位或破损，弹簧无倾斜，无松动或断簧，绷带无断裂损坏或松动；骨架无永久性松动或断裂。”作为大宗耐用消费品的沙发，其耐久性性能是一项极其重要的指标，其合格与否直接关系到沙发的使用寿命。沙发座背耐久性不合格的主要原因是：1）沙发原辅材料质量不过关，如使用了劣质面料、弹簧、绷带等。2）产品结构不合理，内部使用问题材料、结构强度不足等。这类沙发的使用寿命短，甚至能对使用者造成严重伤害。

5. 金属件用料要求

QB/T 1952.1—2012 规定：“各种管材或异型管材，其受力部件的管壁厚度应不小于 1.2mm。”抽查中发现，部分小企业使用的受力部位金属管材的厚度未能达到要求。金属管材在沙发中基本充当结构用材的角色，其本身的强度决定了沙发整架的强度，管壁厚度过小，影响管材的强度和使用寿命。

五、选购和使用提示

1. 产品标识和使用说明

（1）产品上有无生产者中文名称、生产地址、通信信息；

（2）出厂检验合格证明；

（3）产品名称、规格型号、执行标准、使用场所、原辅材料信息及有害物质情况；

(4) 产品使用方法和注意事项等。

2. 产品外观鉴别

(1) 观察沙发的外型，看看尺寸是否合适，对称部位是否对称，对称部位是否存在明显厚度差，枕包的位置是否合适。

(2) 查看沙发面料是否光亮如新，色泽是否一致，有无划边或破损现象，面料的包覆是否松紧均与、平服饱满。

(3) 缝线有无出现断线或脱线，尤其在面料接合处需查看缝线情况，这是影响沙发强度的非常重要的因素。

(4) 对于沙发中外露的木制件、金属件等，需查看有无刃口、毛刺或锐角，人造板件有无封边处理等。

3. 卫生、安全初判断

(1) 可以先用手左右推移沙发几次，看看沙发的整体架构是否牢度，如手感有晃动或有内部框架的异常响声，则很可能沙发的结构不牢固或内部件之间未接合好，这样的沙发在安全性和耐用性上都存在隐患。

(2) 徒手重压座面和背面，若能感觉到有异常金属件摩擦或撞击的声响，则警惕此类沙发可能内部金属件已经出现移位，影响消费者安全。

(3) 要注意闻下沙发的气味，有些沙发因为使用了较为劣质的面料或铺垫料而导致散发出强烈刺激的气味，消费者在购买时要提防刺激气味对人健康造成的危害。

4. 舒适性

沙发产品舒适与否没有明显的标准，主要是以消费者的自我感觉为主，有人喜欢硬座面，有人喜欢软座面，有人喜欢高脚沙发，有人喜欢拉近与地板的距离，所以购买的时候还是自己事先试坐一下最好。

5. 真皮初判断

真皮的鉴别方法有很多，如感官识别法、化学分析法、红外仪器分析法等，其中化学分析法是目前最为准确有效的方法，但由于普通消费者不能完全掌握这些方法，且不能破坏沙发皮面取样分析，故感官识别法成为了最实用的初判手段。现简单介绍几个感官识别法的具体操作方式：

（1）看产品是否拥有国家工商行政管理局注册的真皮标志；

（2）眼观，观察真皮革面是否有较为清晰的均匀的毛孔；

（3）触摸，一般皮革均均匀、细腻且手感弹性较好；

（4）嗅味，凡是真皮都有皮革的气味，而人造革都具有刺激性较强的塑料气味；

（5）穿刺，用一个竹牙签去刺革面，若能刺穿则为人造革，若不能刺穿则为皮革或再生革（此点供参考）。

6. 购买凭证

购货凭证是商品交易中的必要证件，它能证实买卖双方购销物品的时间、品种、价格、金额以及一些额外事宜，是消费者进行维权时的重要证件。没有购货凭证或者遗失，都会导致维权行为很难展开，所以大家在购买时应向商家索要有效凭证，以备不时之需。

（由国家家具产品质量监督检验中心（广东）杨建华撰稿）

学生书包

一、产品简介

学生书包是指适用于以放置教学课本、教辅材料及学生用品为主的单、双肩背袋和手提书袋。学生书包按结构形式可分为：背带类、提把类、旅行式拉杆类（见表1）：

表1 学生书包类型

分 类	示 例
背带类书袋	 
提把类书袋	 

表 1（续）

分 类	示 例
旅行式拉杆类书袋	

二、行业概况

书包过去一直归类在专用箱包领域，由箱包生产企业生产，我国是全球最大的箱包生产国和出口国，至今已占了全球 70%以上的份额。“十一五”期间，我国箱包行业呈现出以区域经济为格局的产业集群，这些产业集群已形成了从原料、加工，到销售、服务一条龙的生产体系。目前，全国初步形成了广州花都区狮岭镇、河北白沟、浙江平湖、浙江瑞安、浙江东阳、福建泉州等箱包特色经济区域。而在学生书包生产领域主要有两种生产模式：一种是自己组织生产，另一种以文具企业设计委托箱包企业生产。目前主要为委托生产模式为主，主要产地在广东、浙江、福建、上海等省市。随着人们生活和消费水平的不断提高，保护儿童的意识不断增强，加之学生书包的消费人群的特殊性，人们对书包产品的安全性、实用性和装饰性的要求不断提高，近些年国内外书包产品在外观设计、结构设计、材料、制造工艺等方面都得到了快速发展，科技含量不断提高，结构设计日趋科学合理，更符合人体工程学要求，更加侧重书包的安全功能和背负系统设计；外观设计更趋个性化；材料使用更加多样化，新材料不仅防水、防蛀、防霉，具有良好的透气性、除菌性和耐磨性，而且还具有轻柔的质地，好看实用；制造工艺不断改进。国家教育政策的落实、和谐社会的构建、人民消费水平的提高、促进国内消费措施的不断深入以及城市化的快速推进，为国内学生书包市场提供了广阔的发展空间，未来十年仍是书包行业发展的大好时机。

三、标准解读及关键指标分析

1. 标准总体情况

目前，我国与学生书包有关的标准有两个，一个是强制性国家标准

GB 21027—2007《学生用品的安全通用要求》，该标准主要规定了学生书包的可迁移化学元素、面料和辅料中甲醛含量、边缘、尖端、标识和使用说明等质量安全指标，另一个是参考德国 DIN58124—2000《书包 要求和试验》标准制定的推荐性行业标准 QB/T 2858—2007《学生书袋》。该标准主要规定了学生书包的外观、负重、缝合强度、摩擦色牢度、背带舒适度等质量性能指标和可迁移元素、甲醛等质量安全指标。这些标准的制定与完善对提高书包产品质量、促进行业发展起到了重要的作用。

2. 关键指标分析

(1) 安全指标

学生书包产品安全方面涉及物理机械安全、化学安全等方面，书包标准中主要安全指标如下：

1）可迁移元素限量

可迁移元素是指学生文具中可触及部分经人体接触后可被人体吸收的金属元素。学生书包中可迁移元素主要是 8 项重金属元素，即锑、砷、钡、镉、铬、铅、汞、硒，这些元素可迁移量应低于或等于表 2 中相应元素的最大限量要求。

表 2 学生书包中可迁移元素的最大限量 单位为毫克每千克

学生书包	元素							
	锑（Sb）	砷（As）	钡（Ba）	镉（Cd）	铬（Cr）	铅（Pb）	汞（Hg）	硒（Se）
学生书包的印刷部分	60	25	1000	75	60	90	60	500

可迁移元素含量超标会给学生带来的危害：学生书包的印刷部分在使用过程中会与儿童身体尤其是手部皮肤发生直接接触而被吸收，这些金属元素在人体内能和蛋白质及酶等发生强烈的相互作用，使它们失去活性，也可能在人体的某些器官中累积，造成慢性中毒。

2）甲醛

甲醛是全世界公认的一类致癌物质，学生书包的面料及辅料中由于使用一些纺织助剂可能含有甲醛，因此标准规定书包所使用的原料和辅料中甲醛含量不得超过 300mg/kg。如发现甲醛超标，可以通过长时间的浸泡、清洗，通风晾晒来消除。

3）边缘、尖端

学生书包上的金属配件如有锐利边缘和尖端，可能会造成对中小学生刺伤、割伤等伤害，因此标准规定学生用品可触及金属边缘，包括孔和槽，不应含有危险的毛刺或斜薄边，或将其作为折边、卷边或形成曲边，或用永久保护件或涂层予以保护；外露螺栓或螺纹杆可触及的末端不应有外露的锐利边缘或毛刺，或其端部应有光滑的螺帽覆盖，使锐利的边缘和毛刺不可触及。

4）标示和使用说明

“标示和使用说明”是针对学生书包产品和包装的标签进行的要求，主要依据 GB 5296.5—2006《消费品使用说明　第 5 部分：玩具》，规定了产品使用说明的基本原则、标注内容、形式、安放位置及字体、字号的要求等，以保障消费者的知情权，协助消费者正确使用产品，避免质量事故的发生。

（2）性能指标

学生书包的产品性能指标涉及外观、使用可靠性、配件要求、舒适度等方面，主要的性能指标有负重、缝合强度，拉链耐用度、摩擦色牢度、背带舒适度等。

1）负重

指学生书包在规定负重情况下，应能承受模拟实际使用中的摆动静止、跌落等情况，是决定书包使用性能的重要指标之一。

2）缝合强度

指学生书包面料之间的缝合应牢固可靠，要求面料之间的缝合强度在 60mm×60mm 有效面积上不低于 200N，是保障学生书包能可靠使用的一项重要指标。

3）拉链耐用度

指学生书包使用的主要配件拉链应经久耐用，要求拉链使用 500 次后，无掉牙，无错牙，无损坏，也是决定书包使用性能的重要指标之一。

4）摩擦色牢度

学生书包和学生衣物、皮肤直接接触并有汗水浸润，所以要求使用的面料、辅料和印花材料应不掉色、不褪色，防止书包污染衣物和皮肤。

5）背带舒适度

指书包背带设计应符合使用者身体的人体工程学要求，青少年正处于成长期，脊柱尚未发育完全，如果书包的背负系统不合理，将对孩子的脊柱发育造成严重的影响，很有可能会引发相应的脊柱畸形，从而影响孩子的身高发育。

四、常见的主要问题

近年来，学生书包逐渐从箱包行业中分离出来，形成一个专门的分类，它的质量安全也引起了质检部门的重视。2012 年国家质检总局在学生用品专项监督抽查中加入了书包产品的监督抽查，由于本次抽检对象是主要的文具生产企业，而目前文具企业生产书包产品多是按订单委托加工方式生产，所以抽检完成率较低，总体抽检结果较好，合格率 100%。但地市抽查也发现一些问题，如：2012 年第 3 季度成都市工商局对学生书包进行了质量监测，结果有 5 批次学生书包不合格，不合格项目主要有缝合强度、五金配件耐腐蚀性、标识等项目。

五、选购和使用提示

学生书包不仅仅影响到学生的坐、立、行、走时的姿态，而且会影响到学生的生长发育，家长应考虑以下因素：

1. 根据孩子的身高和体重来确定书包的大小，考虑小书包。选择能够装下孩子书本和文具的最小的书包。一般来说，书包不应比孩子的身体还宽；背在身上，书包底部不要低于孩子腰部 10cm 家长们可以参考图 1 进行选择。

图 1　为宝宝选择适合的书包

2. 小学生应尽量使用双肩背书包或拉杆书包，从而减少体形遭扭曲的可能性；合理放置书包内物品，最重物品应放在贴近背部的位置。

3. 要选择宽带、有垫肩的。如果书包上还有一个托重腰带，那就更好了，可均匀地分散压力，不会给背部和肩部造成过大的伤害。

4. 书包上的网眼不要太多，否则容易被尖锐物钩住，造成危险。

5. 要避免书包有太多金属扣或金属拉链，过多金属配件除了会增加书包的重量外，还有可能对腰背造成伤害。

6. 背囊的背部最好有透气垫，透气垫有坑纹帮助散热，可使孩子在背着时不会“汗流浃背”。

7. 尽量让孩子使用双肩背的书包。双肩背方式能分散背包重量，从而减少体形遭扭曲的可能性；另外拉杆书包对年纪稍小的学生也是个不错的选择。

8. 可以选比较多分格的款式，因为这样能让孩子形成良好的行为习惯。自己的文具、课本、玩具他们可以分开放，让他们养成自己收拾好物品的习惯。另外，合理放置书包内物品也很重要，最重物品放在贴近背部的位置。

9. 应考虑书包材质，选择用轻质尼龙或帆布制成的书包，而不用皮革或其他厚重材质制作的。

基于以上考虑，可从以下方面来选购学生书包：

1. 看外观：看整体外观，应造型饱满，线条清晰，粘贴平服，端正，整洁干净；看料子的厚实程度，看拉链，应边距一致，缝合平直，无错牙、掉牙，拉合滑顺；看面料，应无断经、断纬，而且无污点、瑕疵；看印刷质量，应印刷图案清晰、色泽明亮、套印正确，无流墨、露墨，不掉色；看缝合线，应上下线吻合，线迹平直，针距一致，无跳针漏针；看金属配件：应光泽明亮，无锈迹。

2. 闻气味：当书包有强烈刺激性气味的气体散发时，应注意甲醛可能超标。

3. 肩带的厚度及针码的密度：有的肩带顶部与提手相连处会多跑好几道针线，此处属于易开线部分，多跑几道线就是为了结实耐用，肩带一般需要宽度大于5cm。

4. 看拉链布兜设计是否合理：有的书包拉链很多，兜更多，其实不一定是件好事，因为拉链越多合理性就要越花心思。

5. 要检查书包里面的各个部分：以分区较多的为好。这既可起到分门别类装课本和各种文具的作用，还可使书包重量均匀。

6. 注意适用范围：大家可以根据孩子的年级、年龄和身高选择。

（由国家文教产品质量监督检验中心高骏撰稿）

学生文具

据教育部统计我国有近 2 亿在校学生，学生文具是每个学生必须使用的日常消费品，与学生朝夕相伴。但由于学生对周围事物以及产品安全的认知度有限，且自我保护意识不强，质量不好、不安全的学生文具隐藏危害，会对学生造成伤害。

一、产品简介

按照 HJ 572—2010《环境标志产品技术要求 文具》标准定义，文具是以办公、学习等为使用目的的各种用品。本文中的学生用品指学生文具（见图 1），学生文具是文具用品一个最重要的分支，主要使用群体是学生。学生文具按功能分包括：收纳类（笔袋、笔盒、书包）、书写类（铅笔、自动铅笔、水彩笔、白板笔、圆珠笔、中性笔、油画棒、蜡笔）、擦消类（橡皮擦、修正带、修正液）、卷削类（削笔机、卷笔刀、美工刀、剪刀）、黏合类（液体胶、固体胶）、纸品类文具（本册）、尺类（三角板、直尺、量角器、圆规）等。

二、行业状况

从学生用品产业发展、消费水平来看，目前中国已成为世界学生用品业生产和出口大国，很多产品的产量已达到世界前列。学生用品产量占世界总产量接近60%，并将在不久的将来成为仅次于美国的世界第二大消费国。同时，也形成了浙江宁波、宁海、温州、义乌，广东深圳、潮阳、东莞，福建福州、泉州、晋江等学生用品产业特色区域，引导着中国学生用品行业的主流。然而长期以来，中国学生用品企业总是以OEM方式开拓国际市场，赚取一些微薄的劳务费。因此目前我国学生用品市场，70%以上的竞争主要集中在普通学生用品产品上，低端产品的产能过剩，资源浪费严重，缺少优质品，缺少设计讲究、创意独特的产品。从学生用品产业的发展进程来看，目前中国学生用品行业已进入了后竞争阶段，也就是逐步步入品牌化时代，学生用品行业的竞争方式由单一的价格竞争转向服务、管理、购物环境等多方位的品牌化竞争。面对品种繁多的学生用品，消费者可选择的余地也越来越多，国外竞争对手的涌入，将使得整个市场的竞争压力不断加强，未来的竞争也将更加残酷，以品牌为主的产品将成为行业发展的主流。由于生产区域大都在沿海，与玩具生产区域相邻，为了提高学生青睐，目前诸多生产企业把玩具与文具有机地结合，使文具玩具化。

三、标准解读及关键指标分析

1. 标准总体情况

目前我国已发布各类文具产品标准共计80项，其中强制性国家标准1项，推荐性国家标准7项均为性能标准；行业标准72项为性能和术语标准。这些标准的制定与完善对提高学生文具的产品质量、促进行业发展起到了重要的作用。其中比较重要的标准有：GB 21027—2007《学生用品的安全通用要求》。该标准是文具行业唯一国家强制性标准，其规定了学生用品的可迁移元素的最大限量、涂改制品中有机溶剂苯、胶黏剂有害物质（游离甲醛、苯、甲苯+二甲苯、总挥发性有机物）限量、书包笔袋中甲醛、学生用品染料、本册亮度（白度）、笔的上帽安全、边缘尖端等化学物理安全要求。已于2008年4月1日正式实施，现已经在国内广泛应用，是目前政府监管学生用品的主要依据之一。

2. 关键指标分析

（1）化学安全性能

1）可迁移元素的限量

可迁移元素是指学生文具中可触及部分经人体接触后可被人体吸收的金属元素。学生文具中可迁移元素主要是8个重金属元素，即锑、砷、钡、镉、铬、铅、汞、硒，这些元素含量应低于或等于表1中相应元素的最大限量要求，涉及的产品见图1。

表1 学生文具中可迁移元素的最大限量 单位为毫克每千克

学生用品	元素							
	锑（Sb）	砷（As）	钡（Ba）	镉（Cd）	铬（Cr）	铅（Pb）	汞（Hg）	硒（Se）
油画棒、蜡笔、水彩画颜料、水彩笔、橡皮擦、涂改制品（修正液、修正带、修正笔）、学生用品的印刷部分、书写笔、记号笔	60	25	1000	75	60	90	60	500
指画颜料、橡皮泥	60	25	250	50	25	90	25	500

可迁移元素含量超标会给学生带来的危害：部分学生用品在使用过程中会与儿童身体尤其是手部皮肤发生直接接触，而且儿童常常有含咬、吮吸笔杆或手指的习惯，因此有害物质很容易被孩子们误食到体内，这些金属元素在人体内能和蛋白质及酶等发生强烈的相互作用，使它们失去活性，也可能在人体的某些器官中累积，造成慢性中毒。

图1 学生文具产品

图 1　学生文具产品（续）

2）涂改制品的苯、氯代烃限量

主要对涂改制品（如图 2）包括修正液、修正笔、修正带中的苯和氯代烃分别作出了不超过 10mg/kg 和不应含有的限量要求。苯和氯代烃是易挥发的有机溶剂，长期低浓度接触可发生慢性中毒，会导致血白细胞、血小板和红细胞减少，严重的会导致白血病及死亡。

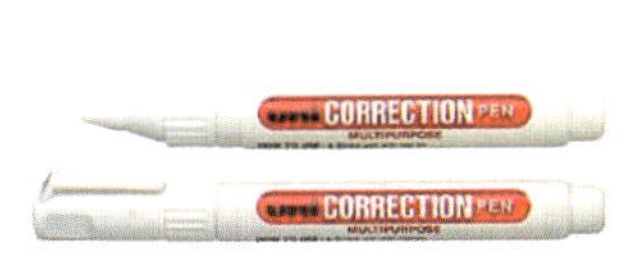

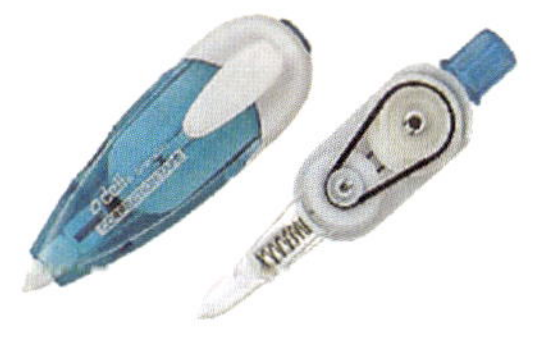

图 2　涂改制品

3）胶黏剂中有害物质的限量

学生用品中涉及胶黏剂的产品（如图 3）主要有液体胶和固体胶。胶黏剂产品限制的有害物质为游离甲醛、苯、甲苯＋二甲苯、总挥发性有机物 4 项，这些物质含量应符合表 2 中的规定。主要是控制有机溶剂对学生身体产生危害。

图 3 胶黏剂产品

表 2 胶黏剂中有害物质的限量

指 标	游离甲醛 g/kg	苯 g/kg	甲苯+二甲苯 g/kg	总挥发性有机物 g/L
限量值	≤1	≤0.2	≤10	≤50

（2）物理机械性能

1）本册亮度（白度）要求

本册的白度不应大于 85%。本册纸张亮度（白度）越高，在日光灯下反射的光越强，对人的视力健康越有害，纸越白越容易引发正处于成长发育的学生视力蜕化。

2）笔的上帽安全

标准对笔帽的尺寸做了限定，还要求保证笔帽通气面积和空气流通。由于未成年学生年龄偏小，在使用笔等文具时缺乏自我保护意识，容易吞食笔帽造成窒息，一旦出现吞食意外，一定的笔帽通气面积可以保证孩子一定的呼吸，以延长抢救时间。

3）边缘、尖端

手工剪刀，刀片顶端应为圆弧顶端，不应为锐利尖端，具体见图 4，如因功能性必不可少而存在功能性锐利边缘和锐利尖端时，则应设警示说明，且不应存在其他非功能性锐利边缘和锐利尖端。绘图用尺，文具盒等的可触及边缘、边角、分模线，不应有锐利毛边、尖端或溢边，或加以保护使之不可触及。学生用品可触及金属边缘不应有危险毛刺或斜薄边，外露螺栓或螺纹杆可触及末端不应有外露的锐利边缘或毛刺。锐利边缘、尖端项目是容易出现质量事故的项目之一，也是国际上关注度较高的项目，欧盟的 EN 71-1，美国的 ASTM F963 都对此项目进行了详细的规定。

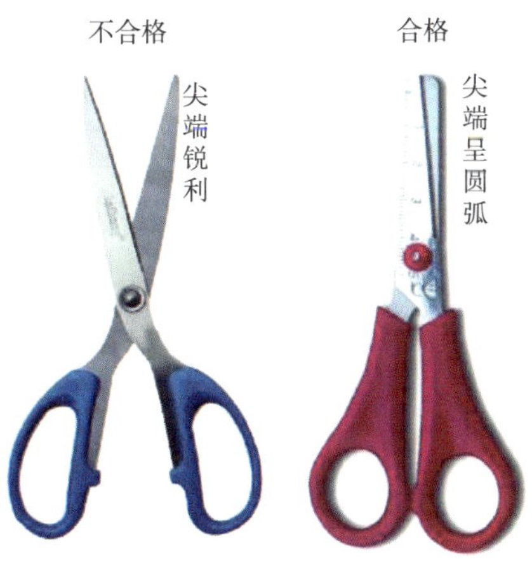

图 4　不合格与合格剪刀示例

4）标示和使用说明

“标示和使用说明”是针对学生文具产品和包装的标签进行的要求，主要依据 GB 5296.5—2006《消费品使用说明　第 5 部分：玩具》，规定了产品使用说明的基本原则、标注内容、形式、安放位置及字体、字号的要求等，以保障消费者的知情权，协助消费者正确使用产品，避免质量事故的发生。

图 5　文具标识示例

四、常见的主要问题

自2008年至2012年，国家质检总局连续5年均组织开展了学生文具产品国家监督专项抽查工作，累计共抽查8次。抽查中发现的问题如下：

1. 部分笔的上帽（笔帽）

笔的上帽主要是指笔帽的尺寸、笔帽通气面积、笔帽空气流通3项指标，标准要求应至少符合其中之一。笔的上帽安全是学生用品的安全性能指标。图6为不合格的笔帽，外形为伪奶瓶形状，直径尺寸小于16mm，且没有通气孔。造成笔的上帽安全不合格的原因主要为：(1) 注塑工艺控制不严造成设计的通气孔被封堵；(2) 生产企业目前还不具备检测笔帽安全的手段和条件，导致实际生产中监控力度不够；(3) 为降低成本使用老化损坏的模具，导致设计的通气孔不通，达不到标准中对笔帽通气的要求；(4) 一些小企业不了解标准要求，在产品设计时只关注外形新颖而没有考虑笔的上帽安全。

图6　不合格笔帽示例（无通气孔）

为了保护学生的人身安全，建议消费者在购买带笔帽的书写笔时，对笔帽进行仔细挑选，选择尺寸大或者用口吹有较大通气量的笔帽，并对孩子进行安全教育，这样会从根本上消除笔帽误食卡入食管事故的发生。

2. 部分胶黏剂中游离甲醛含量

胶类产品的生产过程中，甲醛作为生产工艺过程中的添加剂，通过交联作用进一步改善胶黏剂的性能，但在生产过程中无法做到添加的甲醛正好全部消耗而残留少量甲醛。消除残余甲醛需较大的成本，在生产工艺过程中控制不好将易于造成游离甲醛超标。

固体胶或者液体胶中含有的游离甲醛对人体皮肤和黏膜有强烈的刺激作用，具有强烈的致癌和促癌作用，长期接触低剂量甲醛可引起慢性呼吸道疾病，引起鼻咽癌、结肠癌、脑瘤。在所有接触者中，未成年人对甲醛尤为敏感，危害也就更大。

3. 部分胶黏剂中不挥发物含量

不挥发物含量是指当胶类中的水分等易挥发物质完全挥发后的剩余物质的量，占总质量的百分比。胶类的不挥发物含量是反映胶黏度的参数，不挥发物含量不达标，则说明胶的黏度不够，影响产品的正常使用。

不挥发物含量不合格的原因在于原料配方中不挥发物质添加过少，水的比例较高，导致进行试验后，剩余不挥发物含量达不到标准要求。

4. 部分胶黏剂黏度

胶的黏度不够，将影响产品的正常使用。黏度不合格的原因有：(1) 未能有效控制原料与水的比例，导致水的比例偏高，过分稀释了原料，导致黏度降低；(2) 生产工艺控制不到位，使得硅酸钠、硅酸钾钠（俗称水玻璃）反应不充分，无法达到预定的黏度要求。

5. 部分本册产品白度

纸张越白越好是消费误区。若纸张原料是纯木浆，白度在 90%左右，如果超过了 90%的白度，纸张在加工过程中可能添加了荧光增白剂等化学试剂等。GB 21027—2007《学生用品的安全通用要求》要求学生用的课本、簿册的亮度（白度）应不大于 85%，纸张颜色太白会刺激、损伤学生的眼睛，长久会影响学生的视力。图 7 为本册白度合格与不合格纸张对比。

图 7　本册白度合格（右）与不合格（左）产品对比

6. 部分产品标示和使用说明

由于此项目并未出现在 GB 21027—2007 第 3 章“要求”内，而是作为单独条款放在标准正文的最后，所以很多企业都没注意到此条款的存在。实际生产中，很多企业都忽视了标准对产品及包装标志标识的规定，标识不规范或不完整的情况非常普遍。从历次抽查的情况来看，此项目的合格率非常低，也是每次抽查必会出现质量问题的项目。企业将更多的注意力放在产品的性能方面却忽视了产品的标签规范。标识标签对于消费者的使用具有重要的指导意义。

五、选购和使用提示

建议消费者在选购学生文具用品时首先要在正规商场、超市购买，其次要选择规模较大、知名度较高的，有质量保证体系认证的名牌产品，在这介绍一些选购和使用中的注意事项：

1. 选购时应注意查看产品的外观质量，如背提包是否存在缝合线迹和负重要求的问题，主要表现在线迹不平直、空针、漏针和背带连接不牢固、包体开裂；有些造型独特的文具盒内有带有锋利边缘的镜子、长满“锯齿”的直尺，都可能影响使用者的安全，尽可能不购买此类文具用品。

2. 带香味的橡皮、圆珠笔等文具内一般添加了人造香料，其中含有甲醛、苯酚等有害物质，久闻不利于身体健康，尽量选购无味环保的文具产品。

3. 尽量不用或少用涂改液。使用时，不要将呼吸器官接近有毒气体，有吸吮手指习惯的小同学不要接触或使用涂改液。

4. 笔记本纸张异常洁白可能是在生产过程中添加了大量荧光增白剂，白度过高易造成视觉疲劳，长期接触，视力将受到严重不良影响。

5. 油画棒、蜡笔、水彩笔中可能含有重金属元素，使用后应及时将手洗干净，以免在吃东西时将重金属摄入体内，危害健康。

6. 产品标识是否注明产品名称、产品型号、产品标准编号、生产者、地址等内容，对于三无产品或没有中文标识的产品不予购买。购买和使用中尤其要注意带有“危险”“警告”“注意”等安全警示字样的内容。

（由国家文教产品质量监督检验中心马萍撰稿）

烟花爆竹

一、产品简介

烟花爆竹是中华民族传统文化中一块赏心悦目的瑰宝，至今已有1400多年的历史，是全世界各种大型活动和节庆婚丧事不可缺少的重要元素，随着社会经济的发展，老百姓生活水平的提高，烟花爆竹越来越受老百姓喜爱，消费需求量每年以20%的速度递升。烟花爆竹是一种特殊消费品，是以烟火药为主要原料制成，引燃后发生燃烧或爆炸，产生光、声、色、型、烟雾等效果，用于观赏的易燃易爆危险品。其特性为：遇热危险性、机械作用危险性、静电火花危险、毒害性。在制造、储存、运输、销售、使用及废弃物的处理过程中，均存在危险性。主要表现为爆炸、燃烧、抛射、噪声、残渣、烟雾等对人或物及环境等带来的消极影响。烟花爆竹以火药为主要组成部分，通过燃烧或爆炸后产生较大的热量和冲击力，其燃放时产生的固体状抛射物以及炙热物体在一定范围内可能对人和环境带来危害。目前烟花爆竹按照产品的结构与组成、燃放运动轨迹及燃放效果分为9大类、19小类（各类产品及照片分别见表1、表2）。

表 1　烟花爆竹产品分类

序　号	产品大类	产品大类定义	产品小类	产品小类定义
1	爆竹类	燃放时主体爆炸（主体筒体破碎或者爆裂）但不升空，产生爆炸声音、闪光等效果，以听觉效果为主的产品	黑药炮	以黑火药为爆响药的爆竹
			白药炮	以高氯酸盐或其他氧化剂并含有金属粉成分为爆响药的爆竹
2	喷花类	燃放时以直向喷射火苗、火花、响声（响珠）为主的产品	地面（水上）喷花	固定放置在地面（或者水面）上燃放的喷花类产品
			手持（插入）喷花	手持或插入某种装置上燃放的喷花类产品
3	旋转类	燃放时主体自身旋转但不升空的产品	有固定轴旋转烟花	产品设置有固定旋转轴的部件，燃放时以此部件为中心旋转，产生旋转效果的旋转类产品
			无固定轴旋转烟花	产品无固定轴，燃放时无固定轴而旋转的旋转类产品
4	升空类	燃放时主体定向或旋转升空的产品	火箭	产品安装有定向装置，起到稳定方向作用的升空类产品
			双响	圆柱型筒体内分别装填发射药和爆响药，点燃发射竖直升空（产生第一爆响），在空中产生第二声爆响（可伴有其他效果）的升空类产品
			旋转升空烟花	燃放时自身旋转升空的产品
5	吐珠类	燃放时从同一筒体内有规律地发射出（药粒或药柱）彩珠、彩花、声响等效果的产品		

表 1（续）

序　号	产品大类	产品大类定义	产品小类	产品小类定义
6	玩具类	形式多样、运动范围相对较小的低空产品，燃放时产生火花、烟雾、爆响等效果，有玩具造型、线香、摩擦、烟雾产品等	玩具造型	产品外壳制成各种形状，燃放时或燃放后能模仿所造形象或动作；或产品外表无造型，但燃放时或燃放后能产生某种形象的产品
			线香	将烟火药涂敷在金属丝、木杆、竹竿、纸条片上，或将烟火药包裹在能形成线状可燃的载体内，燃烧时产生声、光、色、形效果的产品
			烟雾	燃放时以产生烟雾效果为主的产品
			摩擦	用撞击、摩擦等方式直接引燃引爆主体的产品
7	礼花类	燃放时弹体、效果件从发射筒（单筒，含专用发射筒）发射到高空或水域后能爆发出各种光色、花型图案或其他效果的产品	小礼花	发射筒内径＜76mm，筒体内发射出单个或多个效果部件，在空中或水域产生各种花型、图案等效果。可分为裸药型、非裸药型；可发射单发、多发
			礼花弹	弹体或效果件从专用发射筒（发射筒内径≥76mm）发射到空中或水域产生各种花型图案等效果。可分为药粒型（花束）、圆柱型、球型
8	架子烟花类	以悬挂形式固定在架子装置上燃放产品，燃放时，以喷射火苗、火花，形成字幕、图案、瀑布、人物、山水等画面。分为瀑布、字幕、图案等		

表 1（续）

序　号	产品大类	产品大类定义	产品小类	产品小类定义
9	组合烟花类	由两个或两个以上小礼花、喷花、吐珠同类或不同类烟花组合而成的产品	同类组合烟花	限由小礼花、喷花、吐珠同类组合，小礼花组合包括药类（花束）型、药柱型、圆柱型、球型以及助推组合型
			不同类组合烟花	仅限由喷花、吐珠、小礼花中两种组合
注：烟雾、摩擦类仅限出口				

表 2　各类产品照片

序　号	产品大类	照　片
1	爆竹类	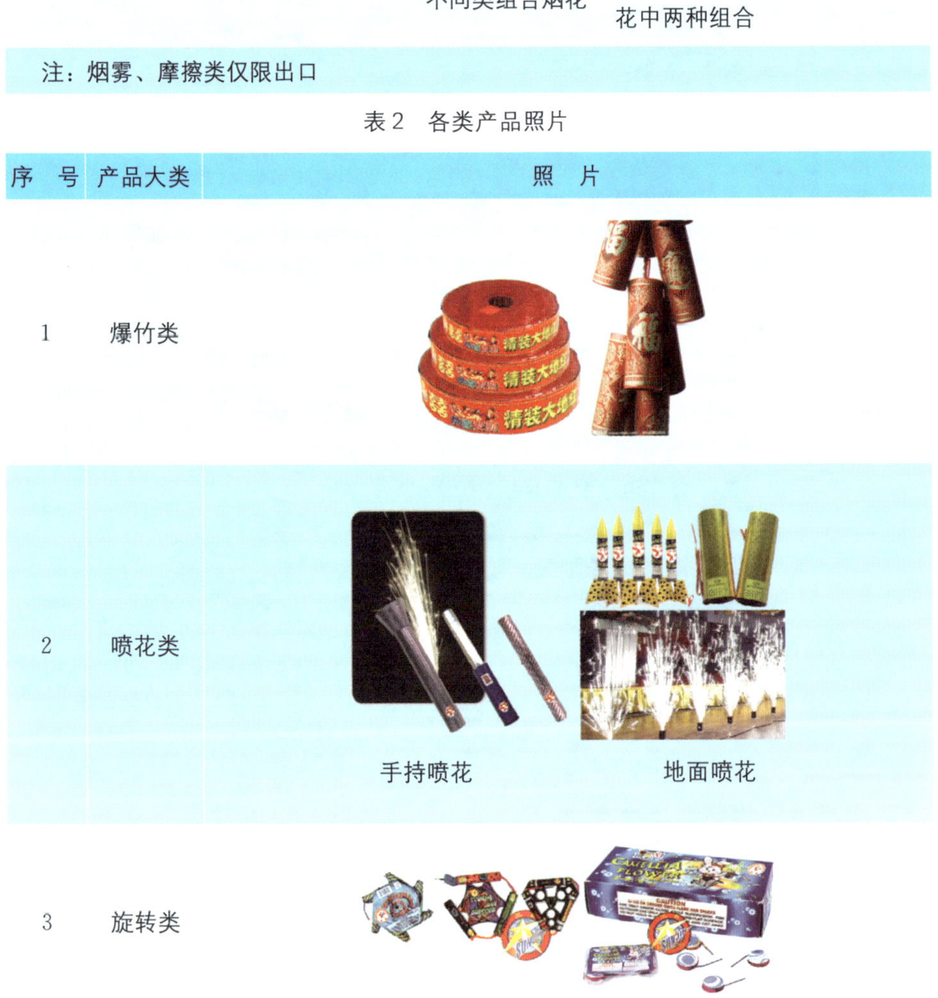
2	喷花类	手持喷花　地面喷花
3	旋转类	

表 2（续）

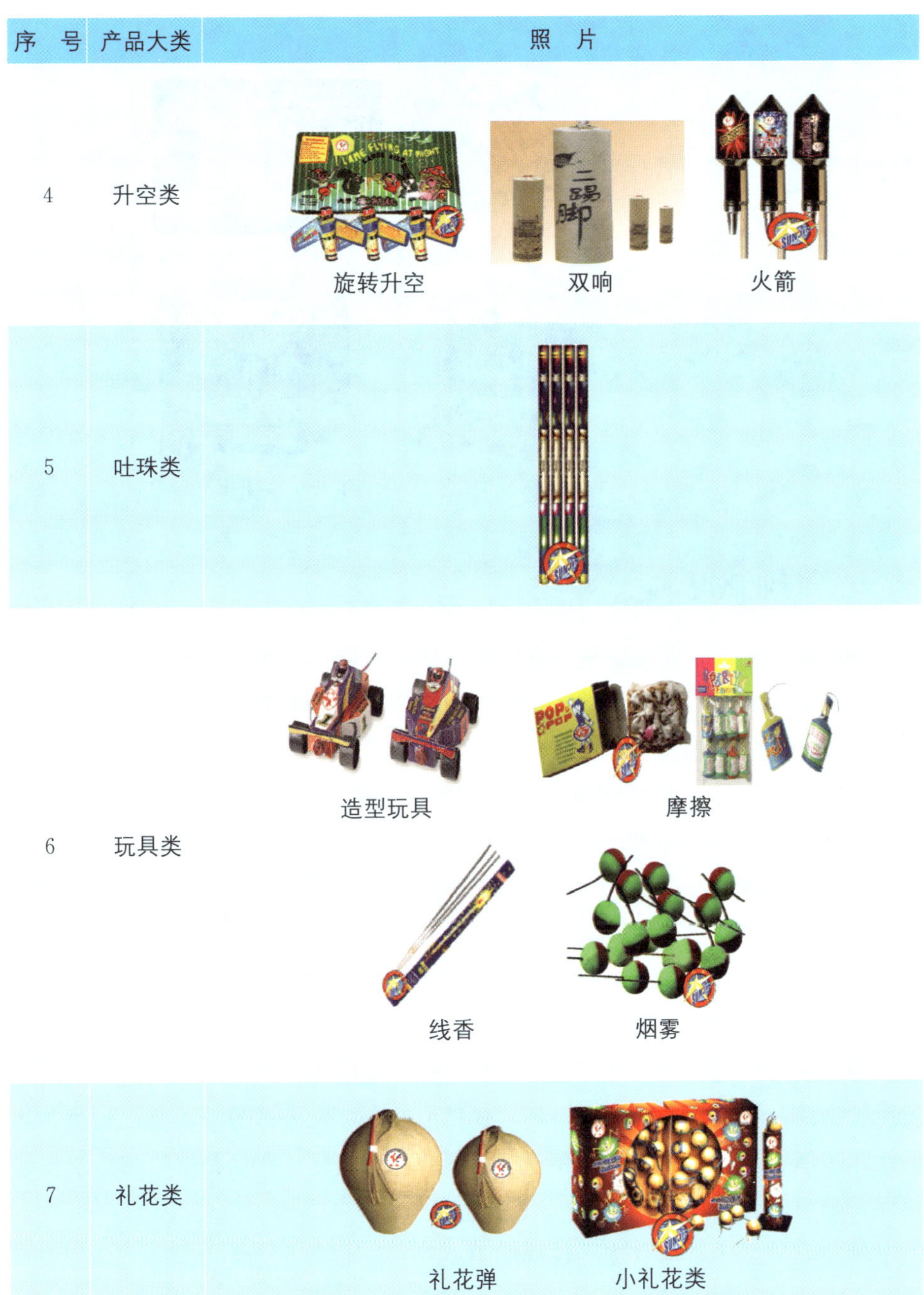

序　号	产品大类	照　片
4	升空类	旋转升空　双响　火箭
5	吐珠类	
6	玩具类	造型玩具　摩擦　线香　烟雾
7	礼花类	礼花弹　小礼花类

表 2（续）

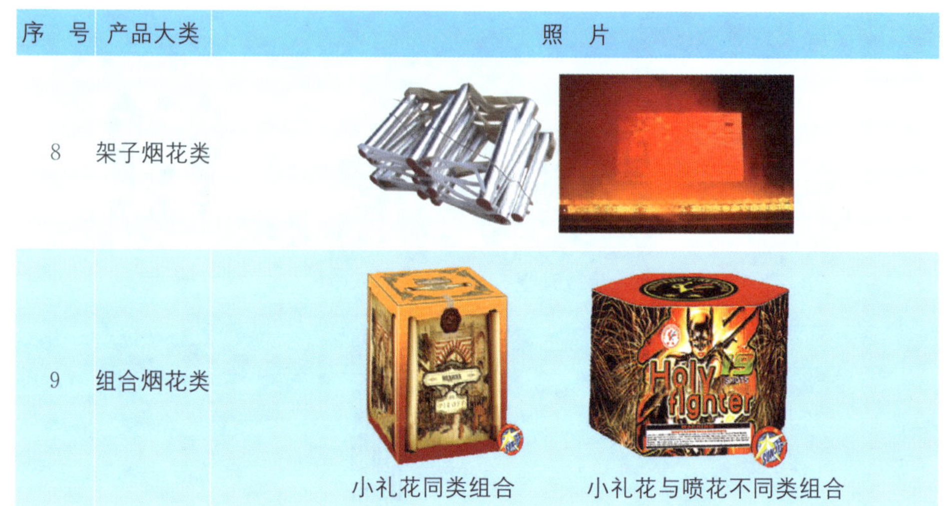

序 号	产品大类	照 片
8	架子烟花类	
9	组合烟花类	小礼花同类组合　小礼花与喷花不同类组合

二、行业概况

烟花爆竹生产企业主要集中在湖南、江西、四川、重庆、安徽、陕西、广西、内蒙古、河南、河北等省区，以湖南浏阳、江西上栗、江西万载、广西合浦等地最为集中，占整个行业的 90%以上。以手工生产为主，进入门槛低，产业不易于集中，企业规模构成上仍以中小型企业居多，根据安监部门 2011 年 5 月发布的信息，国内已公布换发安全生产许可证的生产企业达 3900 多家，销售点 15000 多个，产值 500 亿元人民币，从业人员近 100 万人，中国是全球烟花爆竹最大的生产国和出口国，700 多年前中国的烟花爆竹传入欧洲，100 多年前中国烟花成为了美国烟花的主要进口来源，烟花爆竹的生产量占世界总量的 80%以上，市场覆盖全球 140 多个国家和地区，占据世界烟花爆竹贸易总额 90%左右，年创汇 4 亿美元。近年来，烟花爆竹产业的整体质量水平、安全生产控制能力有了很大的提高，在目前的全球经济形势下，通过我产业界的技术革新、新产品不断涌现和营销手段的创新变化，我烟花爆竹的外销将继续保持稳定增长态势。

烟花爆竹虽然是季节性比较强的消费产品，但其消费群体涉及千家万户，全国有 80%以上的老百姓通过各种形式消费过烟花爆竹，其消费具有广泛性、集中性、技术性、观赏性等特征，是老百姓日渐喜好的一种精神娱乐产品。

三、标准解读和关键指标分析

1. 标准总体情况

（1）我国标准现状：我国烟花爆竹标准化体系建设提出时间较晚，整个标准体系还不够健全，《烟花爆竹　安全与质量》重要基础标准 1989 年第一次颁布实施，2004 年以后才相继出台部分产品标准、检测标准、原材料标准、劳动安全技术规程、燃放标准等。按照整体标准体系结构要求，产品标准、工程标准、生产标准和燃放标准仍处于中期发展阶段，需要进一步完善。现有的烟花爆竹产品标准见表 3。

表 3

序　号	标 准 号	标准名称
1	GB 10631—2013	烟花爆竹 安全与质量
2	GB 10632—2004	烟花爆竹　抽样检查规则
3	GB 19593—2004	烟花爆竹　组合烟花
4	GB 19594—2004	烟花爆竹　礼花弹
5	GB 21552—2008	烟花爆竹　黑火药爆竹（爆竹类产品）
6	GB 21553—2008	烟花爆竹　火箭（升空类产品）
7	GB 21555—2008	烟花爆竹　双响（升空类产品）

其中 GB 10631—2013《烟花爆竹 安全与质量》是烟花爆竹行业的母标准，该标准适用于烟花爆竹产品的制造、销售、验收、贮运和燃放。该标准 2013 年的修改主要体现在：完善了术语与定义，调整了分类与分级，将烟花爆竹产品分为个人燃放类和专业燃放类两大类，分别对药种、药量、规格、结构、材质、燃放轨迹、燃放效果等技术要求做了具体的规定；在个人燃放类中取消了小礼花类和内筒型组合烟花中危险性较大的品种，在严格限定单筒内径、单筒药量、总药量、开包药量等安全技术指标的前提下，保留了小部分内筒型组合烟花；完善了包装要求、检验方法。此次修订后烟花爆竹产品的分类分级更加完善且更加贴近于出口产品的分类。

（2）与国外标准的差异

国外的标准主要有美标所的烟花爆竹标准条例、欧盟烟花爆竹标准（EN15947：2010）及日本、英国、新西兰、荷兰、德国、比利时、挪威、瑞典、加拿大等一些进口标准或要求，这些标准主要是本国进口烟花爆竹产品包装、质量、安全性能的一些要求。表 4 中是美标与国标一些具体性能参数的对比，表 5 中列出了各国烟花爆竹产品（以火箭产品为例）对药量的规定对比。

表 4　美标与国标的比对

项　目	美　标	国　标
对底座的要求	底部直径不可小于高度的 1/3 斜板试验：地礼 18°，内径大于 38mm；地礼 60°，礼花弹 22°，其他 12°	a. 底部外径或边长应大于主体高度（含安装底座后增加的高度）的 1/3。 b. 通过 30°斜板试验
吐珠类的底部空腔	至少 10.2mm	10cm 内不得装药或涂敷药物
手持类的手柄长度	产品不大于 25cm 的，≥7.5cm；产品不大于 50cm 的，≥10cm；产品大于 50m 的，≥15cm	手持部位不应装药或涂敷药物，手持部位长度：C 级≥100mm，D 级≥80mm。A、B 级产品不应手持燃放。
火箭类产品的规格	火箭发射筒外径应大于 12.7mm，全长大于 76.2mm；火箭全长≥381mm；火箭杆的最小横切面应大于 ϕ3mm，应直且有一定的硬度以保证飞行方向	未作具体规定
空中效果高度	地礼类 5m 以上 火箭类 15m 以上	喷花类：B 级≤15m、C 级≤8m、D 级≤1m；组合烟花：A 级≥45m（3 号）/60m（4 号）、B 级≥35m、C 级≥15m；小礼花类：B 级≥35m；火箭：A 级≥50m、B 级≥30m、C 级≥10m；升空类：旋转升空≥3m，其他≥5m；礼花弹类：3 号≥50m、4 号≥60m、5 号≥80m、6 号≥100m、7 号≥110m、8 号≥130m、10 号≥140m、12 号≥160m

表 4（续）

项　目	美　标	国　标
烧成率	未作规定	计数类产品烧成率＞90%，其他未作规定
地面旋转的旋转范围	高度小于 1m，地老鼠 0.5m，水平不超过 10m 直径	高度 0.5m，旋转直径范围应≤2m

表 5　各国烟花爆竹产品（以火箭产品为例）对药量的规定

各国标准或条例	药量要求
国标	爆竹类：黑药炮≤1g/个、白药炮≤0.2g/个； 喷花类：地面（水上）喷花：A 级≤1000g、B 级≤500g、C 级≤200g、D 级≤10g，手持（插入）喷花：C 级≤75g、D 级≤10g；旋转类：有固定轴旋转烟花：A 级≤150g/发、B 级≤60g/发、C 级≤30g/发，无固定轴旋转烟花：B 级≤30g、C 级≤15g、D 级≤1g； 升空类：火箭：A 级≤180g、B 级≤30g、C 级≤10g，双响：B 级≤14g、C 级≤9g，旋转升空烟花：A 级≤30g/发、B 级≤20g/发、D 级≤5g/发； 吐珠类：A 级≤400g（20g/珠）、B 级≤80g（4g/珠）、C 级（药粒型吐珠）≤20g（2g/珠）； 玩具类：玩具造型：C 级≤15g、D 级≤3g，线香型：C 级≤25g、D 级≤5g； 礼花类：小礼花：B 级≤70g/发，礼花弹：药粒型（花束）（外径≤125mm）A 级≤250g，圆柱型和球型（外径≤305mm 其中雷弹外径≤76mm）A 级爆炸药≤50g 总药量≤8000g； 架子烟花：B 级瀑布≤100g/发　字幕和图案≤30g/发、C 级瀑布≤50g/发　字幕和图案≤20g/发； 组合烟花： A 级总药量≤8000g　药柱型、圆柱型内径≤76mm，≤100g/筒球型内径≤102mm，≤320g/筒 B 级内径≤51mm，单发药量≤50g/筒，总药量≤3000g C 级同类组合和不同类组合，其中：小礼花单筒内径≤30mm，≤25g/筒；圆柱型喷花内径≤52mm；圆锥型喷花内径≤86mm，≤200g/筒；吐珠单筒内径≤20mm，≤20g/筒；总药量≤1200g。（开包药：黑火药≤10g，硝酸盐加金属粉≤4g，高氯酸盐加金属粉≤2g） D 级≤50g（仅限喷花组合）
德国	效果药及发射药的药量各 10g
荷兰	响声效果部分药量≤5g，整个含药量＜25g（含发射筒药量）

表5（续）

各国标准或条例	药量要求
美国	炸子药量≤130mg，全部药量≤20g
日本	带笛音的，火药量<0.5g，笛音药<2g
	火药量<2g，发出炸音的，火药量<1.9g，炸药量<0.1g
挪威	在Ⅰ类烟花中药量≤25g/个，总重量≤50g/个 在Ⅱ类、Ⅳ类烟花中药量无限制

2. 关键指标分析

（1）标志

烟花爆竹产品标志是消费者认识所购买的烟花爆竹产品最直接的资料，产品销售包装标志上的燃放说明和警示语能指导消费者安全使用烟花爆竹产品。国标规定：产品标志分为运输包装标志和销售包装标志。标志应附在运输包装和销售包装上不脱落。运输包装标志的基本信息应包含：产品名称、消费类别、产品级别、产品类别、制造商名称及地址、安全生产许可证号、箱含量、箱含药量、毛重、体积、生产日期、保质期、执行标准代号以及“烟花爆竹”、“防火防潮”、“轻拿轻放”等安全用语或图案，安全图案应符合GB 190《危险货物包装标志》要求。运输包装上的字体高度消费类别≥28mm，其他≥6mm。销售包装标志的基本信息应包含：产品名称、消费类别、产品级别、产品类别、制造商名称及地址、含药量（总药量和单发药量）、警示语、燃放说明、生产日期、保质期、计数类产品应标明数量。销售包装字体高度警示语及内容≥4mm，其他≥2.2mm，燃放说明和警示语的内容应符合GB 24426《烟花爆竹　标志》。产品标志涉及招纸和包装箱的印刷，生产企业尤其应注意这方面的问题，按照标准规定的要求执行有利于保护厂家的利益。

（2）包装与外观

包装和外观包装能保证产品的安全，消费者也能从包装上查看是普通消费类还是专业燃放类产品，国标规定：产品应有销售包装（含内包装）和运输包装。销售包装（含内包装）材料应采用防潮性好的塑料、纸张等，封闭包装，产品排列整齐、不松动。内包装材质不应与烟火药起化学反应。专业燃放类产品包装（包括运输包装和销售包装）应使用单一色彩（瓦楞纸原色，灰色、草黄等）的包装，不应使用其他彩色包装；个人燃放类产品包装可使用对比度鲜明的彩色包装。

外观是指产品外在的形象，标准规定：产品应保证完整、清洁，文字图案清晰。产品表面无浮药、无霉变、无污染，外型无明显变形、无损坏、无漏药。如发现有以上现象，消费者请不要燃放，及时与销售商联系退货或换货，以保证自己的安全。

（3）引燃装置

引燃装置是指用于点火、传火、控制引燃时间以及保护引火线的装置，含引火线、点火头、擦火头、护引套、引线接驳器等。引燃时间应保证燃放人员安全离开，且在规定时间内引燃主体。标准规定：D 级：2～5s；C 级：3～8s；A、B 级：6～12s。C、D 级产品设计无引燃时间的产品可不计引燃时间，专业燃放类产品采用电点火引燃的不规定引燃时间。

（4）药种、药量和安全性能

“药种”国家标准中规定：（1）产品不应使用氯酸盐（烟雾类、摩擦类、擦炮中的过火药、结鞭爆竹中纸引和擦火药头除外，所用氯酸盐仅限氯酸钾，结鞭爆竹中纸引仅限氯酸钾和炭粉配方），微量杂质检出限量为 0.1%。（2）产品不应使用双（多）基火药；不应直接使用退役单基火药，使用退役单基火药时，应含稳定剂（二苯胺含量≥1.2%）。（3）产品不应使用砷化合物、汞化合物、没食子酸、苦味酸、六氯代苯、镁粉、锆粉、磷（摩擦类除外）等，爆竹类、喷花类、旋转类、吐珠类、玩具类产品及个人燃放类组合烟花不应使用铅化合物，检出限量为 0.1%。（4）喷花类、旋转类、玩具类产品除可含每单个药量＜0.13g 的响珠和炸子外，不应使用爆炸药和带炸效果件。（5）架子烟花产品仅限喷花药，不应使用爆炸药和带炸效果件。

“药量”国家标准规定：单个产品不应超过最大装药量（不包括引火线和填充物）。实际药量与标称药量的允许误差：药量≤1g，误差±20%；药量 1～25g，误差±10%；药量＞25g，误差±5%。

烟花爆竹产品的安全性能是指产品在燃放过程中发生不可避免的缺陷时能将人或物的损失控制在可接受的水平状态。标准规定：产品安全性能检测包括跌落试验、热安定性、低温试验及烟火药安全性能检测。烟火药安全性能检测包括摩擦感度、撞击感度、火焰感度、静电感度等。这些检测一般都需要在专业的检测机构进行。

跌落试验是将成箱的烟花爆竹产品从 12m 自由落在撞击面上，看产品是否燃烧、爆炸或漏药。热安定性试验是将产品或产品药物放于在 75℃±2℃的烘箱中 48h 无燃烧、爆炸现象，取出放置 24h 后燃放，观察是否保持原设计效果。低温试验将产品或产品药物放于在－60℃的低温冰箱中 48h 中不发生燃烧、爆炸、分解或变形、散落等现象。这些试验都是模拟烟花爆竹产品运输过程中可能出现的危险情况而设定的，是保证在运输中出现的特殊情况产品不出现燃烧爆炸等现象。

烟火药受外界机械撞击作用而发火，发火的难易程度称为撞击感度。烟火药受机械摩擦作用而发火，发火的难易程度称为摩擦感度。烟火药的摩擦、撞击感羌是研制、生产、使用和储运各种烟花爆竹产品首先必须鉴定的重要安全性能指标。随着烟花爆竹产业的发展，烟花爆竹生产企业和相关管理部门对烟花爆竹安全性能检测越来越重视，并提出更高、更严格的要求。烟火药剂的摩擦、撞击感度的测定，将促进行业规范管理，提高产品安全与质量，减少事故的发生，保障安全生产和安全使用起到积极的作用。

四、常见的主要问题

通过各种形式对烟花爆竹产品的监督抽查反馈，烟花爆竹在不断发展的形势下，产品质量不断提升，其安全可靠性也不断增强，消费者的安全燃放意识和知识不断提升，但烟花爆竹产品质量依然存在一些不合格的现象。自 1999 年至 2012 年，国家质检总局连续 14 年组织开展了烟花爆竹产品监督抽查工作，累计抽查 14 次，抽查中发现的主要问题是：

1. 产品标志

标志是指烟花爆竹产品外包装（含内包装）上的文字、图案等。GB 24426—2009于 2010 年 7 月 1 日实施，该标准对产品标志的内容和相关要求进行了详尽的规定。烟花爆竹为特殊产品，涉及安全，要求标注的内容更加突出和到位，同时要确保维护消费者知情权、指导消费者正确燃放，达到安全消费的要求。出现的问题主要是：缺少生产日期，燃放说明，产品级别等，最为严重的是出现极少数的无标识、伪造和假冒他人厂名厂址。

产品标志不符合标准规定的要求主要原因是：生产企业不重视，不严格执行标准中产品标志的有关规定或是干脆委托印刷厂进行设计印刷，出现问题把关不严；有些生产企业意识淡薄，利益至上，有意使用标识不全如无生产日期的包装纸，可减少产品超期的损失。

2. 引燃时间

GB 10631—2013 标准规定：D 级：2～5s；C 级：3～8s；A、B 级：6～12s。C、D 级产品设计无引燃时间的产品可不计引燃时间，专业燃放类产品采用电点火引燃的不规定引燃时间。

引燃时间不符合标准要求最常见的是组合烟花类和爆竹类产品。引火时间过短的问题在爆竹类产品中最为突出，并具有一定共性。组合烟花类不安装备用引的现象较多，导致在出现断火情况下无最佳补救措施。引燃时间过短，容易导致点火者未离开而被炸伤，而引燃时间超长，容易误导消费者走近察看而被伤害。引燃时间过短过长，都对燃放者安全构成一定伤害风险，且反映了企业质量控制水平不高。

引燃时间不合格的主要原因是：企业偷工减料，希望减少成本；质量控制不严格，引线长短不一；企业管理水平较差，技术力量薄弱，不能完全控制引线时间。

3. 燃放过程中出现火险、低炸、炸筒等致命缺陷

国家标准规定：产品燃放不应出现倒筒、烧筒、散筒、低炸现象，且燃放后筒体不应继续燃烧超过 30s；其他缺陷应符合 GB/T 10632 的要求。低炸是指在规定高度以下开包（炸）的现象；炸筒是指在燃放时产生不应有的筒体炸裂的现象；倒筒是指燃放时产生不应有的倾倒的现象；散筒是指燃放时产生不应有的筒体开裂、穿孔或筒体间分离的现象；烧筒是指燃放时产生不应有的筒体燃烧的现象。这几种燃放性能缺陷都直接构成对烟花燃放人员、观众和燃放产品周边的财物安全的潜在威胁。国家标准规定不允许烟花爆竹产品存在上述不安全隐患（致命缺陷）。以上致命缺陷主要集中发生在组合烟花类产品。

燃放过程中出现以上致命缺陷的主要原因是：企业管理水平较差，技术力量薄弱，不能很好地控制药量、产品的结构、筒体质量等，更有市场的恶性竞争导致企业片面追求经济效益而忽视产品质量的控制。

五、选购和燃放知识

1. 选购知识

（1）选择供应商：建议消费者到有销售许可证的专营公司或专营店去购买。因为我国对烟花爆竹产品的销售有严格管理，正规渠道的产品品质更可靠，质量安全也更有保障。

（2）选择产品级别：烟花爆竹产品有许多品种，消费者应根据燃放者的年龄，消费的场地具体指出消费的产品类别，合理选购烟花爆竹产品。消费者一般选购药量相对较少的 C、D 级产品，A、B 级产品国家标准规定只能由专业人员燃放，无专业人员燃放时请勿购买消费。

（3）选购产品外观：应整洁、无霉变、完整未变型，无漏药、浮药。

（4）选购产品标志：应完整、清晰，即有正规的厂名、厂址，有警示语，中文燃放说明清楚，如是否有警示语、燃放方法（如何选择地点、时间、操作方法等）、燃放过程中注意事项等。

（5）选购的烟花爆竹产品引火线（除摩擦类和部分线香类外）应为无霉变、无损坏、无藕节的安全引线（结鞭爆竹产品为纸引，但要注意有一定的带引，以防伤及手和眼睛等），安全引线是一种能控制燃烧速度（燃烧速度稍慢）的，外部裹有一层防水清漆的，颜色一般为绿色的引火线。

（6）选购产品的类别：烟花产品以其结构和运动形式，又分为爆竹类、喷花类、旋转类、升空类、吐珠类、玩具类、礼花类、架子烟花类、组合烟花类等9大类，消费者应根据自身的燃放场地和欣赏目的来选购烟花产品。近年来，吐珠类、喷花类、升空类、玩具类、组合烟花类产品深受广大消费者喜爱，尤其是组合烟花类产品（俗称盆花），这几类产品都对燃放场地有要求，要求较空旷的地方，附近无电线及易燃物等。选购吐珠类产品应选购筒体较粗、硬，引火线较好的产品。选购升空类产品应选购安装牢固，导向杆完整，粗细均匀，平直的产品。选购小礼花类产品，组合烟花类产品因其效果变化多，更具有欣赏性和刺激性，深受消费者喜爱。

2. 燃放知识

（1）燃放前准备工作：在燃放前，一定要花几分钟时间认真阅读产品燃放说明，对燃放说明和警示用语中明确提出的禁止条款，切不可轻越雷池。严格按照燃放说明正确操作是防止意外的有效保障。

（2）燃放场地的选择：在燃放场地选择上，要选择空旷、平坦、无障碍的地点，特别要注意远离易引起火灾的山林、油站、电网等危险源。在城市和道路附近燃放，特别注意遵守相关管理规定；利用道路燃放，一定要设置警戒，防止变化中的人流、车流靠近危险源。具体见图1。

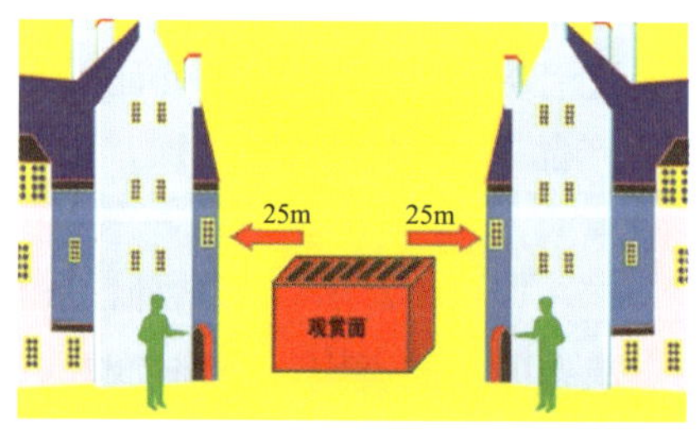

图1 燃放离建筑物安全距离示意图

（3）燃放小技巧：

1）点燃组合烟花、喷花类等产品时，头部一定要偏离发射筒口，点燃后，要迅速离开到安全距离之外，观赏示例时见图2；点燃爆竹类、玩具类、升空类、旋转类等产品时则应在点燃后迅速离开；点燃吐珠类产品则应迅速使其对着空旷的地方。如产品在燃放过程中出现瞎火，一定不能立即上前，一般应在15min后处置，处置时特别注意不能将头部置于发射口上方，此外燃放中还要注意防止行人和观众向正在燃放的产品靠近。

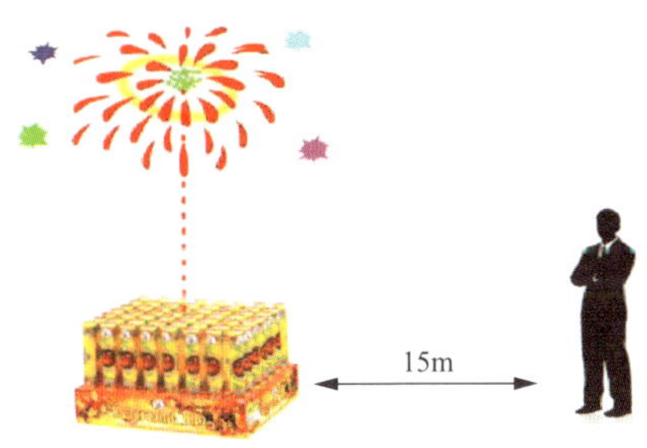

图2　观赏燃放安全距离示意图

2）点燃产品尽量采用香或香烟点火，不宜用打火机等明火直接点火，以免烧伤手指。侧身点燃后（严禁身体任何部位正对产品的燃放轨迹方向），人即离开到安全位置，具体见图3。

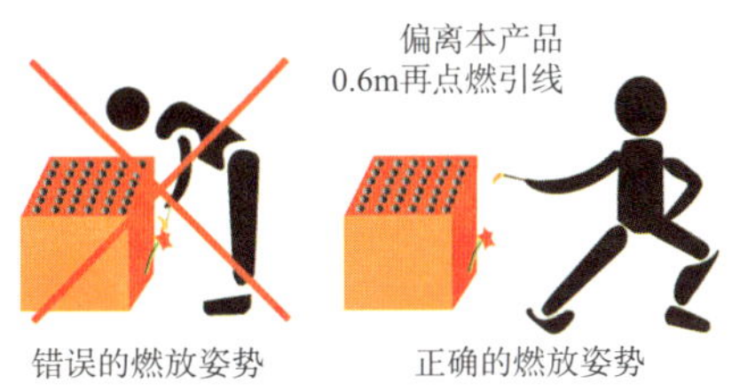

图3　安全点燃方法示意图

3）烟花的燃放不可倒置。吐珠类烟花的燃放最好能用物体或器械固定在地面上进行，若燃放说明明确有禁止手持时，绝不允许手持。允许手持的，只能用手指掐住筒体无药部位，底部不要朝掌心，点火后，将手臂伸直，烟花火口朝上，尾部朝地，对空发射。禁止在楼群和阳台上燃放。

（4）消费者还应注意：

燃放烟花爆竹产品要保持警觉、清醒的头脑，严禁酒后燃放烟花爆竹。未成年的小孩燃放烟花爆竹产品，必须由成人监护进行，选择适合其观看和燃放的喷花类、旋转类、玩具类等药量较小且相对安全的产品。

（由国家轻工业烟花爆竹安全质量监督检验中心黄茶香撰稿）

电动跑步机

一、产品简介

1. 产品定义

电动跑步机是通过电机驱动跑带，使人以不同的速度或坡度在跑带上被动地进行漫步或跑步，脚可以自由地离开运动表面、用电能驱动的健身器材，见图 1。

电动跑步机包括电气部分、速度部分、升降部分、心率部分和机械部分，主要由电机、升降电机、电子表、控制器、跑步带、跑步板、前后轴管、传送皮带、低架、立架、边条、马达盖、防尘板等组成。

电气部分：电动跑步机通电以后，由电子表发出电子信号或指令再通过电子表线传送到控制器上，最后由控制器来控制电机的转速，从而达到电跑自由运行的目的。

速度部分：电动跑步机的速度感应器检测到电机转速，通过速度感应线传给控制器，再由控制器反馈到电子表芯片上，经过芯片处理以后，提供给电子表，由电子表显示窗口显示速度及电了表上其他显示参数。

升降部分：电动跑步机的升降电机是用来调整电跑的升降角度的，升降电机的控制也是由电子表控制，电子表发出指令，经电子表线、升降板来控制升降电机的转动，达到要升降的角度。

图 1　电动跑步机

心率部分：电动跑步机的心跳显示，是经电子表把手上的两片金属片，通过手握感性到人体上的心率信号，由心跳线传到心跳板上，经信号放大处理由电子显示心跳的频率。

机械部分：电动跑步机主要通过电机皮带带动前后轴管、跑步带转动。

2. 产品用途

电动跑步机是通过电机带动跑带，使人以不同的速度和坡度，被动地漫步或跑步，体验不同的跑步环境，是一项全身性的运动方式。

电动跑步机健身的突出特点是不受环境限制，简单易用，男女老少皆宜，对人体肌肉、骨骼以及改善人的心脏血管机能等都有良好的效果。因其运动方式几乎没有蹬伸动作，这样与陆地上相比，可以减小运动强度，提高运动量，比陆地多跑 1/3 的路程，这对于提高使用者的心肺功能、肌耐力以及减肥，都具有非常好的效果。因此，跑步机深受广大健身爱好者的欢迎，是最好的有氧运动方式之一。

3. 产品分类

按照用途可分为家用电动跑步机和商用电动跑步机。

家用电动跑步机主要是家庭使用，马达电机一般为直流电机，跑带宽度为37～45cm。见图2。

商用电动跑步机主要用于健身房、体育馆等一些公共场合使用，跑带一般都在45～65cm之间，见图3。由于使用的环境不同，商用电动跑步机在承载力和耐久性等方面要求更高。

按照电机类型可分为直流电机驱动电动跑步机和交流电机驱动电动跑步机。

直流电机驱动电动跑步机：成本低，控制技术成熟、稳定，但维护量大，故障点多，噪声大。普遍用于家用场合。

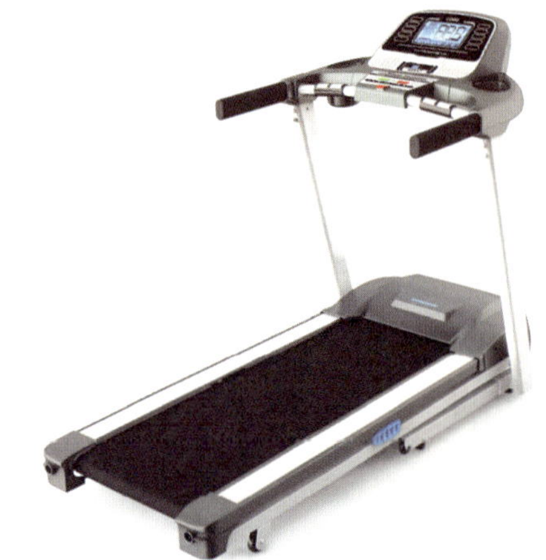

图2　家用跑步机

图3　商用跑步机

交流电机驱动电动跑步机：成本高，采用最新的交-直-交逆变、PWM脉冲宽度调制等控制技术，故障点少，维护量小，噪声小。普遍用于商用场合。

按照功能可分为单功能电动跑步机和多功能电动跑步机。

单功能电动跑步机：只有跑步的功能。目前在国内是多功能器材受消费者欢迎。见图 4。

图 4　单功能跑步机

多功能电动跑步机：除跑步的功能外，还附带按摩机、扭腰、仰卧起坐、俯卧撑等多个功能，见图 5。

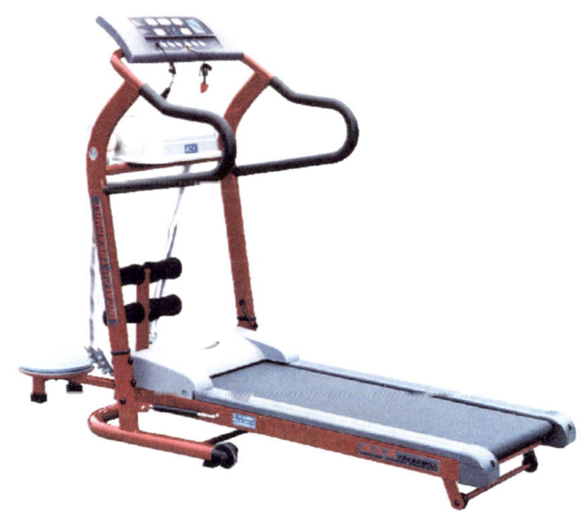

图 5　多功能跑步机

4. 产品特点

电动跑步机上都有五窗式电子表，将运动者的跑步速度、时间、里程、消耗的卡路里数、心率都显示出来。这样，运动者在健身时，能够对自己的身体状况了如指掌，由于传动滚带是橡胶的，所以对腿脚关节的冲击力比跑马路要减少很多，不易引起伤病，从而保证运动的科学和安全。

二、行业概况

自 20 世纪 90 年代末我国开展全民健身活动以来，健身器材产业在这一理念的推动下得到了迅猛发展；健身器材的功能也逐步完善；我国已经成为世界健身器材生产大国。目前国内有 100 余家电动跑步机生产企业，主要分布在广东、福建、浙江、江苏、上海、山东等地。大型企业数量约为 40 家，产量约占整个行业的 70%，中型企业数量约为 30 家，产量约占整个行业的 20%，小型企业数量约为 30 家，产量约占整个行业的 10%。

近年来，随着全球产业的规模化、本地化，越来越多的国际大公司已经把全球的生产线架到中国，如美国乔山、美国爱康等品牌，在国内建立了自己的生产基地，有自己的研发队伍，设计能力突出，能够根据市场需要设计不同功能的产品，引领着电动跑步机的发展方向。进口的电动跑步机价格比国产的同类型产品平均要高出 30%～60%，其产品结构的优势主要体现在产品的面板显示功能更强大，具有轻松液压折叠功能，采用的都是弹性跑板，减少跑步过程中踝关节膝关节落地时的震动所带来的运动伤害，从而最大限度地保护了使用者，采用了原装进口马达，能够保证电动跑步机运转稳定可靠，不会出现速度骤急骤缓，保证了使用时的主动安全性。

国内的大型企业引进了国外先进技术，建立了自己的研发队伍，设计能力加强，在电机运转，噪声处理等小细节的处理上做得较好，产品质量达到了国际标准的要求，其产品也销往欧美国家。

而国内的一些中小型企业，则没有自己的研发队伍，设计能力不强，还处于模仿生产阶段，生产出的电动跑步机产品虽然具有了基本的使用功能，但在一些细节上处理不好，导致使用时的操作性、舒适性不高。

三、标准解读及关键指标分析

1. 标准总体情况

电动跑步机主要涉及 3 个强制性国家标准，分别是：

——GB 17498.1—2008《固定式健身器材 第 1 部分：通用安全要求和试

验方法》

——GB 17498.6—2008《固定式健身器材 第6部分：跑步机 附加的特殊安全要求和试验方法》

——GB 4706.1—2005《家用和类似用途电器的安全 第1部分：通用要求》

这3个强制性国家标准分别等同采用国际先进的ISO 20957－1：2005、ISO 20957－6：2005、IEC 60335－1：2004标准。

2. 关键指标分析

电动跑步机在使用过程中，主要涉及电气安全和机械安全，下面详细分析。

（1）电气安全

电动跑步机在使用过程中极易触及金属部件，属于Ⅰ类器具，主要电气安全性能指标为：

1）电气强度：国家标准规定，电动跑步机应经受1min频率为50Hz基本正弦波的电压为1250V（冷态）的电气强度试验，试验后应无闪络击穿现象。

2）泄漏电流：是指在没有故障的情况下，流入大地或电路中外部导电部分的电流。人们在使用电动跑步机的过程中会产生泄漏电流。国家标准规定，电动跑步机的泄漏电流应不大于3.5mA。

3）接地措施：接地电阻就是电流由接地装置流入大地再经大地流向另一接地体或向远处扩散所遇到的电阻，它包括接地线和接地体本身的电阻、接地体与大地的电阻之间的接触电阻以及两接地体之间大地的电阻或接地体到无限远处的大地电阻。国家标准规定接地电阻不应大于0.1Ω。

以上任何一项不符合标准规定时，都会对人体产生电气伤害。

（2）机械安全

1）紧急停止开关

为避免在正常使用过程中由于失速等原因造成伤害，电动跑步机应设置紧急停止开关，保证在出现意外情况时电动跑步机能随时停下来。操作开关应是红色，操作开关背景应是黄色，让使用者能轻易地操作。如果没有设置紧急停止开关或开关失效，出现意外情况时电动跑步机不能马上停止，而造成使用者跌倒后身体部分被运转的跑步带擦伤。紧急停止开关见图6。

2）稳定性

标准要求电动跑步机在跑步方向＋10°和－10°以及其他所有方向5°进行跑

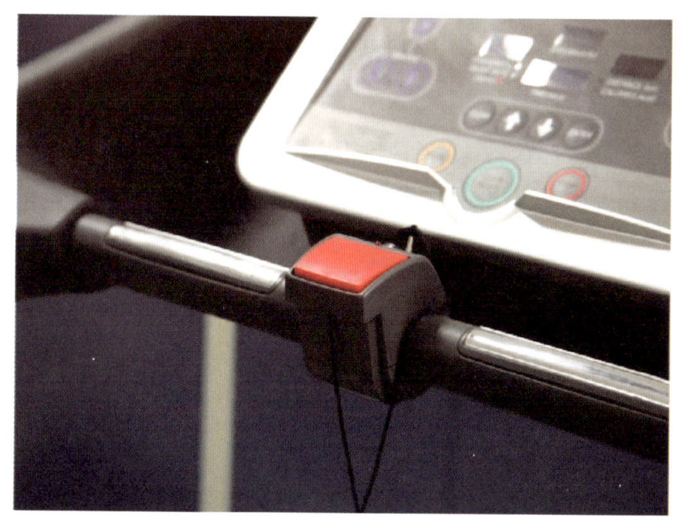

图6　紧急制动器操作开关

步试验时，不应出现倾翻。如果不符合标准要求，使用者在电动跑步机上正常跑步时有可能因电动跑步机发生倾翻现象，从而造成人身伤害事故。

3）挤压和剪切点、引入点

标准要求电动跑步机不应出现挤压和剪切点。脚踏平台与跑步带之间的间隙应大于25mm或小于9.5mm。如果不符合标准要求，就会对手指产生挤夹从而造成伤害发生。

标准要求电动跑步机不应出现引入点。在跑步表面、后滚筒和框架之间，后滚筒/跑步带和地面之间应避免出现引入点。如果不符合标准要求，跑步过程中就会因头发或衣服卷入受到人身伤害。

4）静态载荷

标准要求家用跑步机应能承受400kg静态载荷，商用跑步机应能承受600kg静态载荷，试验后跑步机应能正常使用。如果不符合标准要求，使用者在跑步过程中就会因跑步板突然断裂受到伤害。

5）侧扶手/前把手

标准要求为了使用者的扶持和紧急跳离，跑步机应配备侧扶手或前把手，当采用侧扶手时，每个侧扶手的长度应不小于跑步表面长度“l”的30%。如果侧扶手的长度达不到标准要求，使用者在电动跑步机上快速跑动时，一旦发生意外，就会出现因抓不到侧扶手跳离不开跑步带发生摔倒的现象，从而造成伤害。

6）脚踏平台

标准要求电动跑步机应配有脚踏平台，除去后滚筒护罩后，脚踏平台应与跑步表面的长度相同；脚踏平台应具有至少 400mm×70mm 的防滑表面；防滑面摩擦系数要求应≥0.5。如果脚踏平台的摩擦系数达不到 0.5，使用者在电动跑步机上快速跑动时，一旦发生意外，进行紧急跳离时，由于脚踏平台过于光滑，造成摔倒现象发生。

四、常见的主要问题

1. 防滑表面

在抽查的电动跑步机产品中，有 1/3 的产品脚踏平台没有加贴防滑表面。我们对摩擦系数测量后发现，加贴防滑表面的脚踏平台，其摩擦系数能达到 0.7。见图 7；没有加贴防滑表面的脚踏平台，其摩擦系数刚刚够 0.5（这种情况下整个脚踏平台作为防滑表面）。见图 8。但是经过一段时间的使用后，脚踏平台表面会发生磨损，摩擦系数会降到 0.5 以下，容易因滑倒造成伤害事故。根据这种情况，我们建议标准中应明确电动跑步机的脚踏平台必须加贴防滑表面。

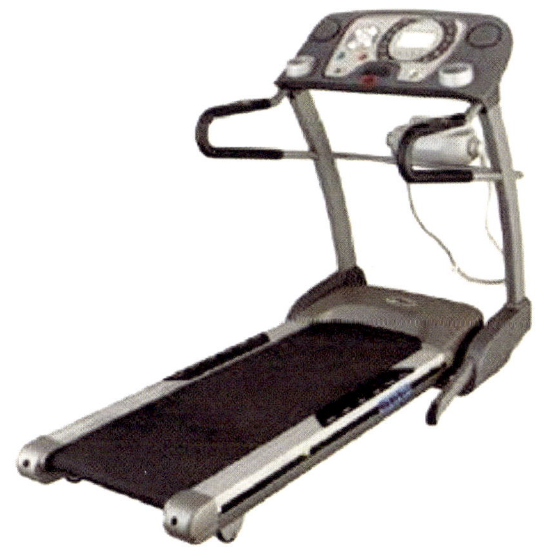

图 7　加贴防滑表面的脚踏平台

图8　没有加贴防滑表面的脚踏平台

2. 侧扶手长度

在本次抽查中，还发现某些项目虽然检验合格，但是数据处于合格与不合格的边缘。如：侧扶手长度，标准要求每个侧扶手的长度应不小于跑步表面长度“l”的30％，实际检验时，基本上比值都在30％。不合格产品见图9。企业这样做可能是为了节省材料，但是消费者在电动跑步机上快速跑动时，一旦发生意外，就会因为侧扶手短抓不到扶手而发生摔倒的现象，造成人身伤害。侧扶手的长度也不应过长，如果侧扶手太长，消费者上下电动跑步机会不方便，而且出现意外时不能够轻易地进行紧急跳离动作来避免危险的发生。生产厂家在进行产品设计时，应选取40％～50％的侧扶手长度，使其既能起到防护作用，又不妨碍正常使用，见图10。

图9　侧扶手长度较短的电动跑步机

图 10　侧扶手长度合适的电动跑步机

3. 产品的标识及使用说明

产品的标识及使用说明是为了提醒使用者在使用过程中能够合理地使用产品，避免产生人体伤害。在检验过程中，我们发现个别小的企业在使用说明书中没有注明使用者的最大人体重量，没有注明电动跑步机在使用过程中应在后方有一块 2000mm×1000mm 的安全区域。这块区域的要求看似与产品质量无关，但是能够让使用者在发生意外时脱离电动跑步机，进而避免危险发生。这表明企业对标准的理解还不够。

五、选购和使用提示

1. 选购

在选购电动跑步机时应从器材使用的安全性、功能性方面来考虑。

（1）安全性

紧急制动器操作开关是否容易看见及触碰。当运动者在跑步机上运动突然感到身体不适而无法跟上跑步机的运转速度时，能够拉脱开关以停止机器运转。

扶手的位置是否舒适。在电动跑步机上快速跑动时，一旦发生意外，会轻易抓到侧扶手避免发生摔倒的现象。

跑步板是否具有缓降系统。考量使用者及周边人员（尤其以孩童、宠物等）安全性，电动跑步机在跑步板放下时，需以缓慢速度下降方可以防止压伤，也让女性使用者可轻松收纳电动跑步机。

对于具有升降功能的电动跑步机，可以将跑步板的坡度降到最低，然后将脚伸到跑步板下面，如果脚能够顺畅地伸进去，说明电动跑步机跑步板与地面的距离是安全的，不会在升降过程中压到脚。

（2）功能性

1）根据功率选择

当在跑步机上跑步或走路时，跑步机所承载的重量是人体体重的0.8～2.5倍，在这样的承载重量下，还能满足并维持消费者选择的速度。一般建议，家用跑步机的持续功率应该至少在1500W以上，如果消费者的体重超过80kg，则建议选购功率在1800W以上的跑步机。

2）根据跑带面积选择

购买跑步机的一个重要指标是跑步机的跑步带面积，跑步带面积的大小，左右宽度及前后长度都要适合消费者。

2. 使用

（1）使用跑步机时，要穿戴运动装和运动鞋进行练习，不要光脚练习。

（2）在练习的过程中，最好每15min补充适量的水分。

（3）不要在跑步机上进行倒走练习。

（4）训练次数每周不要超过4次，在饭后1h后运动更为适宜。

（5）训练强度不宜过大，患有心脏疾病或高血压的消费者更不宜大运动量使用跑步机。训练时室内空气要保持畅通，空调不宜开得过高。

（6）如果是为了减脂而练习跑步机，可在练习期间配合腹部力量训练，如仰卧起坐等。

（由国家体育用品质量监督检验中心王苏、温天钧撰稿）

电动自行车

随着人们环保意识的加强及社会科技的进步，电动自行车产品以其节能、经济、便捷等特点，广受消费者青睐。经过10多年的发展，电动自行车的安全性、实用性、可靠性日臻完善，电动自行车已成为适合国情的个人短途交通工具、工薪族的主要代步工具。

一、产品简介

根据国家标准GB 17761—1999《电动自行车通用技术条件》的定义，电动自行车是指以蓄电池作为辅助能源，具有两个车轮，能实现人力骑行、电动或电助动功能的特种自行车。标准对电动自行车分类规定：按传动方式分，可分为轴传动、链传动、皮带传动、摩擦传动和其他传动，目前常见的传动方式为轴传动；按车轮直径分，可分为405mm、455mm、510mm、560mm等七种系列；按车架型式分，可分为男式电动自行车和女式电动自行车。此外，还可按动力源分为铅酸蓄电池电动自行车和锂离子蓄电池电动自行车；按结构形式分为简易款、豪华款（见图1）。

简易款　　　　　　　　豪华款

图 1　电动自行车

2011 年 5 月 1 日经修订颁布实施的《中华人民共和国道路交通安全法》第 119 条规定：非机动车包括虽有动力装置驱动但设计最高时速、空车质量、外形尺寸符合有关国家标准的电动自行车为非机动车。

二、行业概况

自 2002 年起，国家对电动自行车产品实施生产许可证管理。据统计，全国已取得生产许可证的电动自行车生产企业约有 2000 家，主要聚集在江苏、天津、浙江、广东等省市，其中江苏省占比 29%、浙江省占比 19%、天津市占比 16%、广东省占比 9%，其他获证企业分布在山东、上海、四川、安徽、福建、河北等省市。

据中国自行车协会统计，2012 年全国电动自行车产量达到 3505 万辆，社会保有量约 1.5 亿辆。从车型品种上看，江苏、浙江地区以生产豪华款电动自行车为主，天津地区以生产普通简易款电动自行车为主。随着市场竞争的加剧，行业集中度不断提升，行业前五强企业的产量约占全国总产量的 1/4。

电动自行车产业是民生产业，其发展一直受到国家有关部门的关注和重视。同时，在市场的驱动下，电动自行车的技术水平也得到很大提升，主要表现在：(1) 安全性能逐年提升。机械安全方面，车架、前叉、车轮等部件强度得到提高；电器安全方面，布线结构、防雨水性能有了很大改善；制动性能方面，采用新型制动系统，制动效能提升明显。(2) 使用性能不断完善。开发了舒适型鞍座，采用液压减震系统，增强了产品的实用性和舒适性；续行里程从原先 25km 提高到 40km 以上，增强了产品的实用性和舒适性。(3) 新型技术得到应用。铝合金、镁合金等新材料逐渐在电动自行车车轮、闸把、曲柄上得到应用，锂离子动力电池、正弦波控制器等新技术产品不断涌现。另外，电机、控制器、电池以及充电器等关键部件的可靠性和性能指标取得了重大进步，一批核心技术已达到了世界领先水平。

三、标准解读及关键指标分析

1. 标准总体情况

目前，已颁布实施的电动自行车及其零部件国家标准有 18 项，行业标准有 40 项。这些标准的发布和实施对电动自行车行业的发展和电动自行车产品质量的提高起到了积极的促进作用。主要标准有：

（1）GB 17761—1999《电动自行车通用技术条件》

该标准规定了电动自行车的定义、产品分类以及制动性能、车架/前叉组合件强度、绝缘性能、欠压过流保护功能等安全技术指标和最高车速、续行里程、整车道路行驶要求等使用性能指标。

（2）GB 3565—2005《自行车安全要求》

该标准等同采用 ISO 4210：1996，主要规定了自行车及其零部件的设计和组装方面的安全与性能要求，包括车闸、车把、车架/前叉组合件、前叉等安全技术要求，并制定了相关使用和保养准则。

（3）QB/T 2947—2008《电动自行车用蓄电池及充电器》

该系列标准规定了电动自行车用密封铅酸蓄电池、金属氢化物镍蓄电池、锂离子蓄电池及其充电器的相关技术要求，主要包括 2h 率额定容量、低温放电容量、过放过充电性能、大电流放电性能、循环寿命及充电器等相关要求等安全指标。

（4）JB/T 10888—2008《电动自行车及类似用途用电动机　技术要求》

该标准规定了以电池为动力驱动或辅助驱动电动自行车及类似用途车辆用电动机及其控制器的技术要求。主要有绝缘电阻、耐电压、匝间绝缘、效率、低温性能、高温性能、湿热性能、防护等级等安全指标。

（5）QB 1880　2008《自行车　车架》

该标准规定了自行车（包含电动自行车）车架的振动强度、冲击强度、鞍管夹紧强度、车架脚蹬力疲劳强度等强度要求及相关要求等安全指标。

（6）QB 1881—2008《自行车　前叉》

该标准规定了自行车（包含电动自行车）前叉的吸收能量、疲劳强度、冲击强度、振动强度等强度要求。

值得指出的是，由于国情和发展水平不同，有别于我国短途交通工具的用途，欧美发达国家和地区的电动自行车以辅助助力为手段，主要实现休闲健身的使用功能。相应的国际标准有：欧洲 EN15194：2009＋A1：2011《自行车—电动助力自行车—EPAC 两轮自行车》，规定了最大连续额定输出功率、限速助力、电磁兼容等要求；日本 BA（JAPAN）2003《电动自行车安全基准》，规定了防水性能、耐振性能等要求。

2. 关键指标分析

（1）性能指标

1）最高车速

GB 17761—1999 规定，电动自行车在电动骑行时的最高车速应不大于 20km/h。

2）续行里程

电动自行车一次充电后的续行里程应不小于 25km。这是关系到电动自行车使用的主要指标，随着驱动控制系统效率的提高以及蓄电池技术水平的提升，电动自行车的续行里程已普遍达到 40km 以上，更好地满足了城市扩大后人们出行的需求。

（2）安全指标

1）制动性能

该项目要求电动自行车以最高车速电动骑行时（电助动的以 20km/h 时的车速），其干态制动距离应不大于 4m，湿态制动距离应不大于 15m。该项目是电动自行车行车安全的关键性项目，制动性能差则意味着骑行者在遇到突发情况或需要采取制动时不能达到预期的制动效果，可能导致意外。

2）车架/前叉组合件振动强度

该项目在专用振动试验机上进行，在车架/前叉组合件相关部位安装负荷后进行垂直振动试验，在规定的振动次数内，车架/前叉各部位不得有破损、明显变形或松动。主要考核车架/前叉组合件耐疲劳的强度。如果车架或前叉的强度达不到规定的要求，在实际骑行中可能因车架或前叉断裂引发伤害事故。

3）把立管静负荷

该项目要求用夹具将车把夹紧在最少插入深度处，对把横管施加一个与把立管轴线成 45°角的力，力值为 2000N，把立管不得变形或断裂。在实际骑行中，如骑行者在经过坑洼路面时，人的重心易向前倾斜，使车把的受力加大，如果这时车把的把立管强度不够而导致变形或断裂，将直接使车辆失控而给骑行者造成损伤。

4）脚蹬间隙

包含足趾间隙和地面距离两项要求。

足趾间隙：该项目规定脚蹬在水平位置时，脚蹬到前轮胎或前泥板之间的距离应大于 89mm。如果车架设计不合理或曲柄过长，骑行或转弯时脚趾容易触及前轮胎或前泥板，阻碍操控。

地面距离：该项目规定电动自行车向一侧倾斜 25°而脚蹬上的任何零部件不触及地面。曲柄过长或车架设计不合理，骑行者在转弯时足趾或脚蹬可能触及地面，导致车辆失控造成危险。

5）鞍座调节夹紧强度

该项目规定对鞍座垂直向下施加 668N 的力，移去这个力后再对鞍座水平施加 222N 的力，鞍座在水平和垂直方向上不得发生转动。如不合格，则骑行者可能因重心突然偏离而导致车辆失控。

6）绝缘性能

该项目要求电动自行车电器系统所有接线均不应裸露，电动自行车的车体和电器部件的外壳均不应带电且绝缘电阻值应不小于 2MΩ。从而保证电气系统能够可靠工作，避免电器部件之间漏电、短路隐患而造成的人身伤害。

7）制动断电装置

该项目要求电动自行车应装有制动断电装置，在制动时应能自动切断电源从而保证制动效果。

8）欠压、过流保护功能

该项目要求电动自行车的控制器具有欠压、过流保护功能和短路保险装置，在电动骑行时调速应稳定、可靠。欠压、过流保护功能能够有效地防止电池深放电及电器过载。

四、常见的主要问题

自 2002 年到 2012 年，国家质检总局组织开展了 9 次电动自行车产品国家监督抽查工作，累计抽查 865 批次产品。主要对最高车速、制动性能、车架/前叉组合件振动强度、整车质量（重量）、把立管静负荷、脚蹬间隙（地面距离、足趾间隙）、鞍座调节夹紧强度、绝缘性能、制动断电装置、欠压过流保护功能等指标进行检测。抽查发现的主要问题如下：

1. 车架/前叉组合件振动强度

主要问题是，在规定的试验条件下，车架下管弯曲部位、焊接处及前叉立管出现开裂或断裂。其主要原因是车架结构设计不合理、焊接存在缺陷以及管壁薄、材质差等。这是电动自行车的关键性安全指标，该项目不合格容易导致车毁人伤的恶性事故（见图 2）。

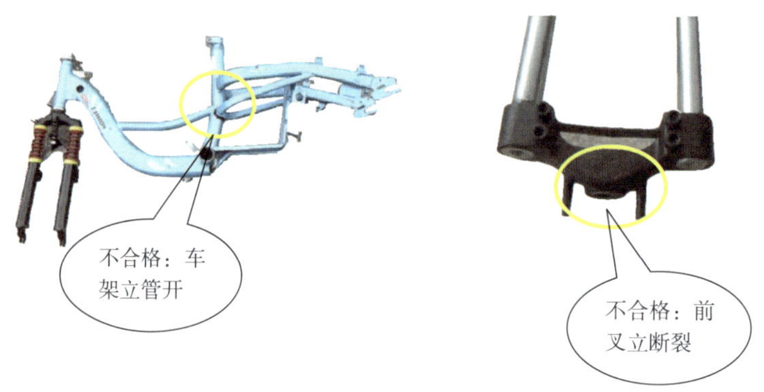

图 2　车架、前叉断裂样图

2. 整车质量（重量）

为满足市场需求，提升续行里程、动力性能和载重能力等使用性能，企业采用大容量电池、无刷电机、铝合金整体车轮等配置，增加了整车质量（重量）。

3. 把立管静负荷

主要原因是车把立管材质强度不够或立管壁厚太薄，另外部分车型的把立管较长，承受的弯矩增大，但未采取措施加固。（见图 3）。

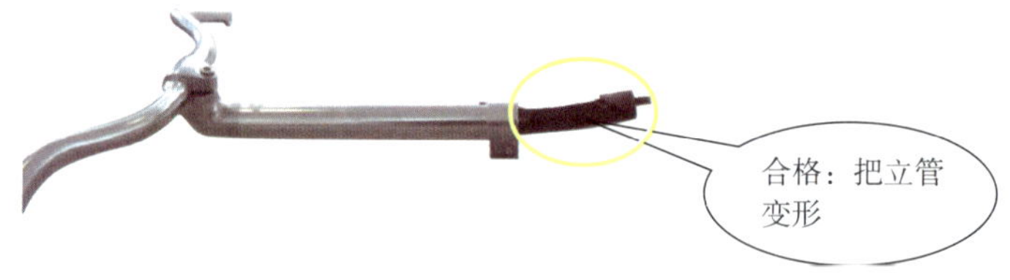

图 3　把立管变形样图

4. 绝缘性能

该项目是考核电气系统性能的重要指标。该项目不合格意味着该车电器部件之间存在漏电现象甚至短路隐患，轻者影响续行里程及电池寿命，重者将引发火灾，危及安全。

5. 欠压过流保护功能

主要原因是欠压、过流参数设置不合理，与电池、电机等关键部件的参数不匹配。欠压保护是为了防止蓄电池深放电，欠压值设置过低将导致电池深放电，严重影响电池的使用寿命；过流保护是为了防止大电流放电对电池、电机等的损害，延长其使用寿命；短路保险装置可以防止电动自行车在异常情况下（如线路短路）烧毁线路，避免引发火灾等重大伤害事故。

五、选购和使用提示

1. 选购

（1）选品牌。注意选择知名度较高的整车品牌，同时关注配置的关键零部件品牌，如电池、电机、充电器等，品牌产品的质量及售后服务均有保障。

（2）挑车型。根据使用要求，挑选合适的车型。如城市短途代步，建议选购简易、轻便型。

（3）查手续。查生产许可证、使用说明书、合格证是否有效、齐全，核对随车配附件是否齐全。特别注意是否为当地核准上牌的品牌和车型。

（4）试骑行。进行试骑行，感觉一下车辆的起动、加速、行驶、转弯是否平稳，操纵是否舒适，骑行是否轻便；检查刹车松紧度、车把灵活性、车轮活动性。

2. 使用

（1）谨慎驾驶，忌超速。《中华人民共和国道路交通安全法》规定电动自行车在非机动车道内行驶时速度不得超过 15km/h。电动自行车速度过快，会耗费更多的能量，从而缩短续行里程，同时安全性也会下降。

（2）安全驾驶，不超载。一般电动自行车的设计载荷为 75kg，即单人骑乘，超载将导致蓄电池长时间大电流放电，缩短电池使用寿命；同时超载可能损害电动自行车的车体结构安全。

（3）善于保养，勤充电。养成良好的使用习惯，按使用说明书要求进行定期保养，注意定期检查车体各部位螺钉的紧固情况、制动器性能、仪表情况、线路移位情况等，以保证正常使用和骑行安全。要注意电池的容量是随时间和环境而变化的，随着使用次数的增加，电池容量会逐渐下降。在气温较低的情况下，电池容量也会降低，待气温升高后即可恢复。要注意充电器的充电状态及充电时间，发现充电异常时，应通过售后服务及时处理，以免损害电池，避免因充电器故障而引发火灾等恶性事故。

（4）正确使用，多助力。电动自行车在启动、上坡及大风中逆风骑行时，应尽可能使用脚踏助力，以减轻电池负荷，延长其寿命；当电量不足时，应以较低的速度骑行；不管何时，均不应在电量不足时电动骑行。

（5）关心天气，宜防水。雨雪天骑行应注意安全，注意电机、控制器等部位要防水，尽量避免涉水行驶。

（6）专业维修，除隐患。日常使用涉及轮胎、车闸、保险丝等易损件的维修和更换时，要选择专业的维修机构和人员，以防止维修后车辆带病上路。

（由国家电动自行车产品质量监督检验中心黄晓东撰稿）

自行车

一、产品简介

自行车是指仅借骑行者的人力，主要以脚蹬驱动，至少有两个车轮的车辆。自行车具有节能、环保、低碳的特点，是我国城乡居民主要短途代步工具，一些高档自行车也逐步被人们接受，成为旅游、休闲、时尚、锻炼身体的首选。自行车以其低成本的交通方式、绿色健康的发展潮流得到消费者的青睐，有着巨大的市场发展空间。

自行车按用途分为“普通型”、“轻便型”、“载重型”、“运动型”、“竞赛性”、“特种型”6 种（见图 1）；按自行车型式分为“男式车”、“女式车”2 种（见图 2）；自行车按规格主要分为 14”、16”、18”、20”、22”、24”、26”、27”、28” 9 大系列产品。自行车构造分为基本部件和附属部件（见图 3）。基本部件：车架、前叉、车把、前后中轴、链条、飞轮、鞍座、车闸等 16 个部件组成。附属部件：链罩、衣架、支架、车铃、车锁等 9 个部件组成。

图 1　自行车按用途分类

图 2　自行车按型式分类

二、行业概况

1. 行业基本情况

目前我国已经成为自行车、电动自行车制造大国，自行车年总产量达到 8000 万辆，占世界自行车总产量的 70%；同时，我国也是自行车出口大国，年出口量 5000 万辆，占世界贸易量的 70%。全国自行车及其零部件生产企业约有 2000 个，企业主要集中在天津、江浙沪、广东 3 大区域。2011 年，各地

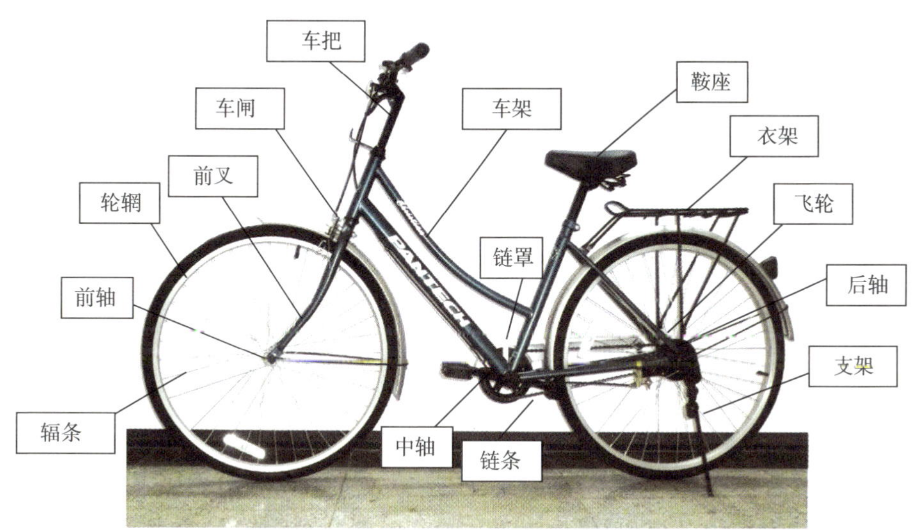

图3　自行车构造

自行车产量及占总产量比率依次为：天津市（3597.5万辆，44.1%）、浙江省（1880.0万辆，23.0%）、广东省（980.0万辆，12%）、江苏省（834.6万辆，10.2%）、上海市（512.8万辆，6.3%），以上5省市合计占全国总产量的95.6%。

中国自行车行业缺少自有品牌，国内市场知名品牌数量及其所占市场份额均较低，同时缺乏国际知名品牌。自行车出口行业80%以上为贴牌生产，其余不到20%产品虽以自有品牌出口，但产品以中低档为主，主要通过超市进行销售，很难提升档次和附加值，行业盈利状况不理想，面对激烈竞争只能靠价格和数量扩张取得，无法挖掘更深层次的核心竞争力。

从产品结构来看，我国主要生产的自行车为传统公路自行车，山地自行车及越野车、变速车种比重非常低，出口值与出口量不成比例；中国台湾主要开发生产多功能、轻便式的自行车种，价位也处于中高档；日本也将主力集中于生产中高价位车种，如生产高品质车，折叠车等；美欧等国家则致力于生产休闲、健身、运动等高档车型。

目前国际自行车市场竞争已转向科技战，具有自主知识产权的特色产品，技术标准、核心技术与品牌成为竞争焦点，我国自行车技术发展趋势：（1）自行车功能由代步拓展至运动休闲。（2）自行车的技术含量不断提高，成为高新技术，尤其是新材料的大用户优质钛合金，镁合金、碳纤维材料在自行车已得到广泛应用。未来自行车将可能与新能源相结合，派生出新的产品拓展出更大的市场。(3) 自行车生产技术和工艺设备不断进步，计算机和微电子技术在产品设计、模具加工以及生产过程中得到广泛应用。低消耗高环保成为自行车行业内新的努力方向，自行车产业将真正成为绿色环保的产业。

2. 自行车行业存在的问题

在总体水平来看，由于自行车产业发展迅猛，产能极大提高，造成市场竞争激烈，内销、外销价格低迷，加之自行车行业生产准入门槛偏低，导致全国自行车生产企业数猛增，产品供求关系失衡，由此也导致行业混乱，市场竞争无序，产品质量一直在低水平徘徊，具体来讲存在如下突出问题：

(1) 产业结构亟待调整。

一是行业集中度不够高。主要表现在生产规模大的龙头企业占全行业比重不高。年产量 100 万辆以上的企业数量仅占企业总数的 2%左右。二是专业化分工、产区集聚仍需继续深化。以天津为例，众多自行车及零部件生产企业分散在不同城区。上海也是如此，凤凰的几个分厂之间相距车程要几个小时，物流、仓储、资源配置尚未达到最优化状态，有必要继续发展相对集中的自行车产业园区，进一步细化分工。三是出口产品较为单一。目前出口产品主要以公路车为主。

(2) 行业缺少自有品牌。

一是国内市场知名品牌数量及其所占市场份额均较低。自行车整车企业超过千家，而获得“中国名牌”或“最具市场竞争力品牌”还很少。二是行业缺乏国际知名品牌，缺乏通畅渠道。自行车行业出口产品 80%以上为国外定牌生产，其余的不到 20%产品虽以自有品牌出口，但主要通过超市进行销售，产品以公路车为主，很难提升档次和附加值。

(3) 行业盈利状况不理想。

一是国内市场呈缓慢下滑趋势，究其原因是国内消费以普通代步自行车为主，用于运动、休闲、竞技器材的中高档自行车尚未普及，自行车环保、节能、健康的优点也未得到充分宣传。同时，近年来社会偷盗自行车现象加剧，影响了国内消费者对高技术含量、高附加值自行车产品的购买。二是出口继续稳定增长但空间有限。意大利、德国等掌握高档市场，而其他发展中国家，如越南、印度、孟加拉国等发展很快，在中低档产品市场与我国同类产品竞争激烈。三是行业平均利润仅为 4%左右。面对激烈竞争，在无法发掘更深层的核心竞争力之前，行业只能靠价格和数量扩张取胜，不仅影响了自身利润和研发投入，又有引发国际贸易纠纷的忧虑。

三、标准解读及关键指标分析

根据自行车的结构特点我国制定了自行车产品的质量标准。主要包括检验项目、质量指标和试验方法。它们是实施自行车质量检验的依据。

1. 自行车常用标准

GB 3565—2005《自行车　安全要求》是强制性标准，规定了自行车及其零部件的设计、组装和试验方面的安全和性能要求，本标准等同采用 ISO 4210：1996《自行车—自行车安全要求》，是目前我国对自行车产品质量安全进行监管的主要依据。

GB/T 3566—1993《自行车　装配要求》是推荐性标准，对自行车装配提出了一个全面的技术质量要求，以确保自行车的骑行安全和适用性能。

QB/T 1217—1991《自行车电镀技术条件》、QB/T 1218—1991《自行车油漆技术条件》、QB/T 1219—1991《自行车表面氧化处理技术条件》是推荐性标准，提出对自行车外观质量的要求。

2. 关键指标分析

（1）安全项目

GB 3565—2005 的检验项目均为安全项目，包括总则；车闸；车把；车架/前叉组合件；前叉；车轮；轮辋；外胎和内胎；脚蹬和脚蹬/曲柄驱动系统；鞍座；链条；链罩；辐条档盘；照明；反射器；鸣号装置；说明书；标记；道路试验等共 19 章，61 项技术要求，下面仅介绍其中主要技术指标：

1）车闸制动性能

检验制动所需要的距离，干态制动在 24km/h 的速度行驶时，应在 7m 距离内平稳而安全地停住；湿态制动，以 16km/h 的速度行驶的自行车，应在 9m 距离内平稳而安全地停住。该项目是自行车行车时安全的关键性项目，制动性能差则直接导致骑行者在骑行中遇到突发情况或需要采取制动时不能达到预期的制动效果而造成伤害。

2）把立管

要求把立管上应有一个永久性标记，清楚地表示把立管插入前叉立管的最小深度，或者用一个可靠的永久性装置来保证其最少插入深度。插入标记或插入深度从把立管末端量起应不小于管径的 2.5 倍，且在标记下面至少应有一个管径长度的管子材料没有切槽。插入标记不应损伤把立管的强度。在骑行过程中车把部位受力很大，如果把立管插入深度过浅，有可能会发生把立管受力变形甚至脱出的情况，将对骑行者造成十分严重的身体伤害。

3）把立管弯曲试验

该项目用夹具将车把夹紧在最少插入深度处，对把横管施加一个与把立管体的轴线成 45°角的 1600N 的力，把立管应能承受该力并不得断裂。在骑行中如骑行者在经过不平整的道路或坑洼路面时人的重心易向前倾斜，使车把的承受重量加大，如果这时车把的把立管强度不够而导致变形或断裂，将直接使车辆失控而给骑行者造成损伤。

4）前叉疲劳试验

将前叉安装在固定夹具中，施加一垂直前叉立管±440N 的全交变动力，试验周期 5 万次，要求前叉各部位不得有破损、明显变形或松动。如果前叉的强度达不到规定的要求，在实际骑行中前叉一旦断裂则会引发事故。

5）车架/前叉组合件冲击试验

①重物落下：22.5kg 重锤以 180mm 高处垂直落下，不应有裂纹，永久变形≤40mm。该试验是模拟人在骑行过程中车体经受正面撞击的试验，试验过程中如发生断裂、变形，易造成意外伤害。

②车架/前叉组合件落下：荷重 70kg，自由落下冲击两次，不应有裂纹。该试验是模拟人在骑行过程中车体经受的颠簸试验，试验过程中如发生断裂、变形，易造成意外伤害。

6）脚蹬间隙

①足趾间隙：该项目是指脚蹬在水平位置时脚蹬到前轮胎或前泥板之间的距离应大于 89mm。如果车架设计不合理或曲柄过长，容易使骑行或转弯时脚趾易触及前泥板，阻碍操控。

②地面距离：该项目是指自行车应向一侧倾斜 25°而脚蹬上的任何零部件不触及地面，曲柄过长或车架设计不合理，容易使骑行者在转弯时脚蹬触地，易使车辆失控造成危险。

7）鞍管

鞍管上应有一个永久性的标记，清楚地表示鞍管插入车架的最小深度，该标记从鞍管底部量起应不低于鞍管直径的两倍高度，且标记不应损伤鞍管的强度。如果没有或达不到要求，会导致鞍座脱落或鞍管断裂等情况发生。

8）鞍座和鞍管静负荷

该项目是指对鞍座垂直向下施加668N的力，移去这个力后再对鞍座水平施加222N的力。这是考核鞍座、鞍管和车架的结合紧固程度，在水平和垂直方向上不得发生转动。否则骑行者重心会突然偏离，造成失控。

9）车轮

①车轮转动精度：测试要求对装有轮缘闸的自行车，在轮辋上适当点处沿轮辋作径向测量时，其跳动量应不大于2 mm，在轮辋上适当点处沿轮辋作轴向测量时，其跳动量也应不大于2mm，前者称径向圆跳动公差，后者称端面圆跳动公差。工厂内一般都有测试车轮的简易装置，检查时通过调整幅条的张紧度来调节径向和端面的跳动量。

②车轮静负荷：考核轮辋的强度，在轮辋某一点施加与车轮平面垂直的178N的力，并持续1min，任何部件不应断裂，永久变形量应不大于1.5mm。轮辋的材质软及辐条涨紧力不到位，都可导致车轮变形量过大，使之车辆行驶时遇到坑洼路面轮辋变形、断裂造成人身伤害。

10）链条拉断力

最低破坏拉力≥8010N，链条突然断裂易造成人身伤害。

11）驱动系统静负荷

在两脚蹬中心分别施力1500N，驱动系统任何零部件不应有能见之裂纹，不应丧失驱动能力。驱动系统静负荷是考核自行车整车驱动系统强度性能的主要指标。施力过程中，曲柄孔容易发生变形，导致曲柄销钉无法定位，丧失驱动能力。

12）反射器

自行车应安装前、后、侧部和脚蹬反射器，后部应为红色，侧面为黄色或白色，前面应为白色。如有漏装，会造成夜晚无法清晰地判断骑行者的位置和骑行方向，而发生危险。

（2）装配质量技术指标要求

1）车架、前叉及前叉合件：组合后前叉应回转灵活、无松动。

2）车把：把立管插入前叉立管的深度应不小于最小插入深度标记，其调整量应符合设计要求。

3）鞍座：鞍管插入车架立管的深度应不小于最小插入深度标记，其调整量应符合设计要求。

4）中轴部件：中轴碗应平整地压入或旋入中接头内，锁紧后，中轴应回转灵活、无松动；中轴锁母的紧固扭矩应不小于 30N·m。

5）链轮曲柄：两曲柄应组装成一线；中轴棍两端面应与曲柄外侧面装平；曲柄与车架平叉的间隙应不小于 2mm 并不得与链罩碰擦。

6）链条：安装后，链条应松紧适宜，运转灵活并不得有卡住、脱链或与车架、链罩碰擦。

7）链罩：定位应正确、可靠，不得有松动现象。

8）脚蹬：应有能区分左、右螺纹的标志，螺纹应正确并与曲柄配合良好，运转应灵活，无松动。

9）变速装置：调整后的外变速装置，在变速范围内应变档正确，倒转时不得出现脱链现象；内变速装置变速位置应清晰，中间不得有空档。

10）轮辋：装轮缘闸的轮辋，径、轴向跳动量应不大于 2mm；气门嘴孔应位于两大档之间。

11）轮胎与轮辋的组合：按标准气压充气，轮胎不应有明显扭曲、折皱现象，存放 24h 后，不得有明显泄气现象。

12）轮辋与前叉、平立叉之间的间隙：装轮缘闸的车轮，其两边相对偏差应不大于 3mm。

13）车轮：组装后，应回转灵活、无松动；其紧固扭矩前轮应不小于 18N·m，后轮应不小于 30N·m。

14）制动系统：动作应灵活可靠，闸皮角度与轮辋应吻合，经调整后的间隙应不大于 3mm。

15）紧固件：应有足够的旋合长度，以保证配合强度和防止在使用中发生松动。

16）操纵线：应具有保证正常操纵的长度，钢绳与钢绳套间的运动应顺畅，其尾端应经钝化或加有能承受 20N 力的尾套。

17）支架：支架支起后，车把在任意位置时，车身应能停稳，支架定位，复位应灵活可靠。

18）泥板：安装后，不能有明显的扭曲。

3. 外观质量要求

电镀、油漆、表面氧化处理件：组装后自行车的外露表面不得有明显缺陷；商标、贴花图案应清晰完整，不得有粘贴不良、破损及错位现象。

焊缝表面：应平整，不得有裂缝、烧穿、漏焊、错位等明显缺陷。

对称件：各对称件应与车架中心面左右对称，无明显偏斜现象。

四、常见的主要问题

近几年国家质检总局没有组织开展自行车产品国家监督抽查工作，只在2004年、2005年、2007年组织了监督抽查。目前我国自行车的设计水平、花色品种虽然上了一个新台阶，也有个别名牌走上了国际市场，但是，从整体水平看还处于中低水平，质量相对滞后的状况依然存在。根据2004年、2005年、2007年自行车产品国家监督抽查及近几年的日常检测情况分析，不合格产品暴露的主要质量问题是：

1. 反射器光学要求

标准要求自行车上的反射器尾部应为红色，侧面为黄色或白色，前面应为白色。夜间骑行时在灯光的照射下，根据它反射出的不同的颜色，来判断位置和方向，以此来保证骑行者的人身安全。反射器没有安装齐全的自行车在夜间骑行时会有安全隐患，不合格的主要原因是部分企业对自行车加装反射器的要求未引起足够重视（见图4）。

图4　反射器安装要求

2. 把立管强度

车把部件是人和自行车接触的主要部件，承受骑行者的大部分重力，其强度是一项重要指标。骑行者在骑行中如果车把的把立管强度不够而导致变形或断裂，将直接使车辆失控而给骑行者造成损伤。不合格的主要原因是部分企业产品设计不合理，把立管过长，承受的力矩增大，或部分企业为降低成本，使用劣质的原材料，把立管材料壁薄，产品达不到承载强度的作用（见图 5）。

图 5　把立管强度不合格

3. 前叉疲劳试验

这是自行车的关键性安全指标之一，主要问题是下管弯曲部位、焊接处出现开裂及断裂。如果前叉的承载能力达不到要求，骑行者在长期的使用时，极易出现问题而导致对骑行者造成伤害。主要原因是由于前叉结构设计不合理、焊接缺陷及管壁薄材质差等（见图 6）。

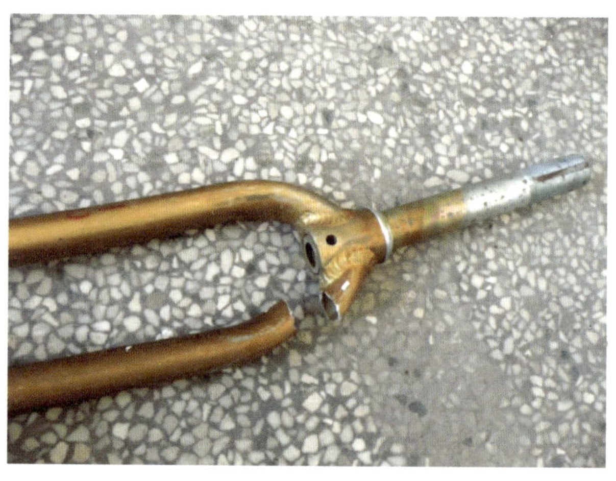

图 6　前叉腿断裂

4. 鞍座和鞍管静负荷

主要是考核鞍座、鞍管和车架的结合牢固程度，分别在鞍座的水平和垂直方向上施加规定的作用力，不得发生转动现象。否则，骑行者重心会产生偏离，造成失控。主要原因一方面是由于鞍管的材质和工艺处理等问题，加之与车架立管尺寸配合不好，在未达到规定的水平力值时鞍管就相对于车架立管转动；另一方面是紧固件选用不合理而造成在规定的力矩下无法夹紧相关部位（见图 7）。

图 7　鞍座和鞍管静负荷试验不合格

5. 链条拉断力

标准要求最低破坏拉力应大于等于 8010N。不合格链条主要是脱节或接片断裂，链条拉断力差的自行车骑行时链条容易断裂。主要原因是链条的铆接工艺差或金属材质承载强度不够（见图 8）。

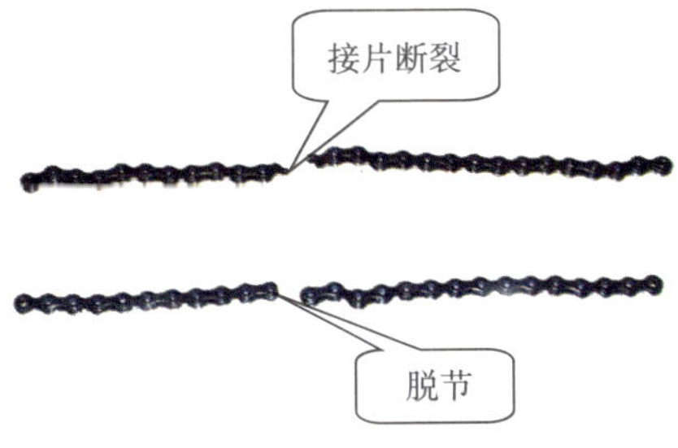

图 8　链条拉断力不合格

五、选购和使用提示

1. 选商家和品牌

购买自行车前，要货比三家，通过对比选择当地信誉好、规模大的经营者。同时还必须选择知名品牌的自行车，因为品牌是质量的标志，不同的自行车品牌质量水平参差不齐，消费者在选购时一定要选择经权威部门检测，并经实践证明质量可靠、返修率低、售后服务好、信誉高的品牌。

2. 查看外观质量

注意自行车的外表，主要看商标、贴花是否完好，油漆件、电镀件、塑料件等。各零部件表面清洁，无污渍锈蚀，商标贴花完整清晰。油漆均匀，色泽光滑平整。电镀件色泽光亮，没有起泡、露底、剥离等瑕疵。塑料件无明显划伤、飞边、凹陷等缺陷。还应纵向看，前后轮在同一直线上，各对称件在其对称线（面）上左右对称。

3. 查看装配质量

检查自行车的装配质量。一查各种螺钉紧固是否到位，有无松动；二查车把、车轮、链条、曲柄、脚蹬运转是否灵活；三查车圈是否是标准的圆形；四查车把、鞍座、泥板、衣架、支架是否左右对称；五查运动部件链条、曲柄、车轮等与不动部件有无摩擦、磕碰。

4. 试骑看质量

通过试骑，车辆乘坐是否舒适，前轴、中轴、后轴三道轴的转动是否灵活，车闸与刹车系统灵敏、可靠。松开手柄，刹车能迅速复位。车把、车轮转动是否灵活等。

5. 查看随车手续

查使用说明书、合格证是否有效、齐全。车辆买回家后，要将发票、合格证、说明书、三包卡等妥善保存，以备日后保修或日常保养时使用。

（由国家自行车质量监督检验中心冯子娟撰稿）

纸尿裤（片、垫）

纸尿裤（片、垫）类产品具有携带方便、吸收力强、防泄漏、干净卫生、无需清洗、更换方便等优点，适用于婴儿、产妇、老年人及行动不便人群的护理和日常照顾。

一、产品简介

纸尿裤（片、垫）为一次性使用产品，与传统尿布、尿垫的使用不方便及不卫生相比，具有携带方便、不必清洗、容易更换等优点，近年来受到更多人群的喜爱和广泛使用。

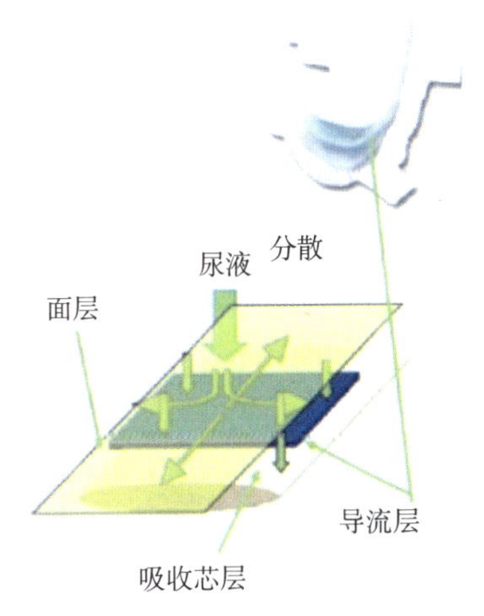

图 1　纸尿裤结构示意图 1

纸尿裤（片、垫）产品主要由绒毛浆、高分子吸水树脂（SAP）、非织造布等材料制造而成，按结构可分为面层、吸收芯层、背层 3 个主要部分。结构可见图 1、图 3。

面层材料一般使用聚丙烯纤维非织造布，表面柔软，以保证不擦伤皮肤。还可以使尿液快速渗透到吸收芯层，并起到隔离作用，保证皮肤干燥。吸收芯层一般由绒毛浆和高分子吸水树脂

（SAP）制成，具有非常强的吸液性和锁液性，是纸尿裤（片、垫）的核心部分，直接影响其功能和实用性。现在市场上很多纸尿裤在面层和吸收芯层之间又添加了一层导流层，纸尿裤导流层见图 2。导流层是一种特殊的非织造布材料，可有效地使液体均匀扩散，同时使液体均匀地被 SAP 吸收，大大改善了纸尿裤吸收液体的性能，使纸尿裤的面层更干爽舒适。背层主要用于防止尿液渗漏，避免衣物污染，一般使用聚乙烯膜（PE），也有一些高端产品在外层还复合无纺布，使纸尿裤表面更柔软，增加纸尿裤的使用舒适性。

图 2　无导流层（左）和有导流层（右）纸尿裤产品

现在市场上部分纸尿裤产品增加了弹性立体护围、防侧漏护围、魔术贴等设计，可见图 3，大大提高了纸尿裤产品的实用性和舒适性。随着高收入人群

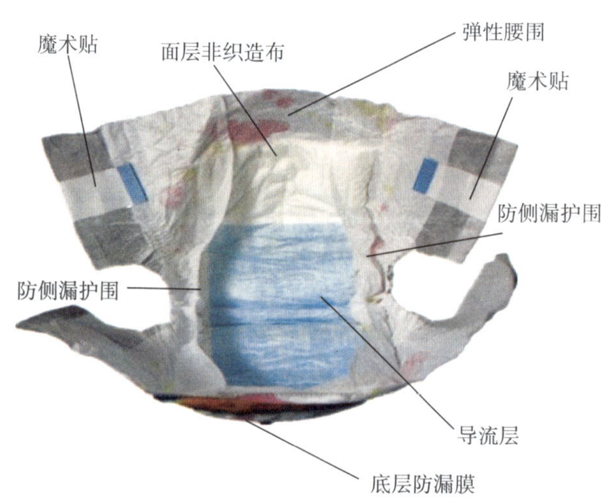

图 3　纸尿裤结构示意图 2

的增加，各种超薄柔软、超薄干爽、具有透气微孔面层、添加芦荟护肤成分和增加抑菌层的高档纸尿裤也越来越受到欢迎。

纸尿裤（片、垫）按针对的使用人群不同分为婴儿纸尿裤（片、垫）和成人纸尿裤（片、垫）。婴儿纸尿裤（片）产品型号一般按婴儿体重分新生儿号（NB，一般适用于体重小于 5kg）、小号（S，一般适用于体重 3～8kg）、中号（M，一般适用于体重 6～11kg）、大号（L，一般适用于体重 10～14kg）、特大号（XL，一般适用于体重 12～16kg）和超特大号（XXL，一般适用于体重 16kg 以上）。成人纸尿裤（片）按腰围、臀围尺寸不同分小号（S）、中号（M）、大号（L）、特大号（XL）4 种。为了适应普通家庭的消费水平，扩大市场份额，各制造商也推出了经济型纸尿裤，简易包装和大包装，大型零售商也推出零售商自有品牌的纸尿裤产品。产品标准中无纸尿垫产品的分类，消费者可根据个人需要，选取不同尺寸的垫类产品。

二、行业概况

1. 婴儿纸尿裤（片、垫）

根据中国造纸协会生活用纸委员会统计，中国的婴儿纸尿裤（片、垫）的生产商主要分布在福建、广东、上海、浙江等地，全国性品牌数量不多，品牌集中度较高，知名品牌有“帮宝适”、“安儿乐”、“妈咪宝贝”、“雀氏”、“好奇”、“茵茵”等。2011 年按销售额指标综合排序前 10 位的婴儿纸尿裤（片、垫）品牌有“帮宝适”、“妈咪宝贝”、“安儿乐”、“好奇”、“雀氏”、“可爱宝贝”、“爹地宝贝”、“爽心宝”、“茵茵”、“吉氏/舒氏宝贝”，据统计，这 10 个品牌的生产企业婴儿纸尿裤（片、垫）的销售额合计约占所有企业总销售额的 81.5%。

随着收入的增加，中国父母也越来越舍得在孩子身上花钱，婴儿纸尿裤（片、垫）国内消费量的需求明显增加，市场保持快速增长，市场的蓬勃发展和巨大的市场空间不但促使国际品牌加大了在中国的投资力度，而且吸引了众多国内企业，包括其他行业的企业大规模投资，但投资过热，特别是大量中小企业的进入使中低端产品市场出现了阶段性的供过于求，从而引发了价格战，进一步加剧了市场竞争。局部地区不正当的竞争使市场环境趋于恶化，在一定程度上影响了行业的健康发展。

2. 成人纸尿裤（片、垫）

2012 年底统计在册的成人纸尿裤（片、垫）生产商约 362 家，主要分布在福建、江苏、天津、广东、山东、河北等地。2012 年按销售额指标综合排序位列前 10 位的成人纸尿裤（片、垫）品牌有“珍奇”、“白十字/汇泉”、“可靠”、“帮大人/日康”、“千芝雅/千年舟”、“含羞草”“安尔康”、“互帮/帮一把/久久安康”、“倍舒特”、“可爱康”。

与婴儿纸尿裤（片、垫）相比，成人纸尿裤（片、垫）的市场需求还局限于经济型、具有基本功能的产品，与此同时，国际知名企业也在积极培育中国成人纸尿裤（片、垫）市场，希望在市场启动之初就将品牌植入人心，它们目前在中国推出的产品基本上是由中国本土企业贴牌加工的。

三、标准解读及关键指标分析

1. 标准总体情况

纸尿裤（片、垫）现行有效的标准是 GB/T 28004—2011《纸尿裤（片、垫）》，其中规定了产品的尺寸偏差和条质量偏差、渗透性能（滑渗量、回渗量、渗漏量）、pH 等指标及原材料、卫生要求。

2. 关键指标分析

（1）卫生指标

由于纸尿裤（片、垫）的使用人群主要是婴幼儿或失禁病人，这些人群身体抵抗力弱，属于易感人群，因此要求产品清洁、卫生。纸尿裤（片、垫）使用时形成一个潮湿、封闭的环境，卫生指标超标易导致微生物大量繁殖，从而对人体产生感染。纸尿裤（片、垫）标准中规定纸尿裤（片、垫）的卫生指标应符合 GB 15979—2002《一次性使用卫生用品卫生标准》规定，细菌菌落总数≤200CFU/g（CFU/g 表示每克受检样品中所含的菌落个数、真菌菌落总数≤100CFU/g、大肠菌群和致病性化脓菌（绿脓杆菌、金黄色葡萄球菌和溶血性链球菌）均不得检出。同时标准对生产环境、消毒及卫生设施、人员等方面都进行了严格的要求，确保产品清洁、卫生。

（2）渗透性能

渗透性能包括滑渗量、回渗量和渗漏量。

1）滑渗量反映的是产品对尿液的吸收速度和吸收能力，标准中规定婴儿纸尿裤（片、垫）滑渗量合格范围为≤20mL，成人纸尿裤（片、垫）滑渗量合格范围为≤30mL。滑渗量大的产品对尿液的渗透性较差，不能快速、有效地使尿液渗透到吸收层，造成尿液可能沿纸尿裤（片）的边缘流出，从而使局部皮肤受到尿液浸泡，造成使用者不适，进而引起使用者部分皮肤受损，危害使用者身体健康。

2）回渗量反映的是产品吸收尿液后的保持性能，回渗量小，证明产品锁住尿液的性能好，可以给使用者提供干爽的感觉，减少尿布疹的发生。回渗量大，纸尿裤吸收的尿液会返渗至产品表面，造成使用者皮肤与尿液的长时间接触，从而容易引起使用者皮肤感染，危害使用者身体健康。标准中规定婴儿纸尿裤回渗量的合格范围为≤10.0g，婴儿纸尿片回渗量的合格范围为≤15.0g，成人纸尿裤（片、垫）回渗量的合格范围为≤20.0g。

3）渗漏量反映的是产品的隔离性能，即在使用后产品的背面有无渗出或者漏液现象。从产品使用性能来讲，合格的产品不应有渗漏现象，如纸尿裤产品背面有渗出或漏液现象，造成使用者衣物受到污染，进而造成使用者部分皮肤受到尿液的浸泡，容易造成使用者皮肤受损，从而危害使用者身体健康。标准中规定婴儿和成人纸尿裤（片）渗漏量的合格范围均为≤0.5g。

4）标准还规定了合格的纸尿垫、护理垫等产品应无渗出、无渗漏现象，确保使用时不污染衣物。

3. pH

纸尿裤（片、垫）的使用者是婴幼儿、老年人或行动不便的人群，这些人群的皮肤调节能力较差，如果长期使用纸尿裤，皮肤没有足够的恢复期，易造成皮肤损伤，进而危害使用者身体健康，所以应保证产品的酸碱性不会对皮肤产生刺激，标准中规定 pH 为 4.0～8.5。

四、常见的主要问题

自 2003 年以来，国家质检总局共组织了 5 次婴儿纸尿裤产品质量监督抽查工作。主要对婴儿纸尿裤产品的细菌菌落总数、大肠菌群、真菌菌落总数、致病性化脓菌（绿脓杆菌、金黄色葡萄球菌、溶血性链球菌）、pH、渗透性能（滑渗量、回渗量、渗漏量）等项目进行检测，其主要问题如下：

1. 卫生指标

纸尿裤（片、垫）生产过程中使用的原材料较多，如无纺布、绒毛浆、高分子吸水树脂、PE 膜、包装袋等，并且这些原材料一般由多个供应商提供，为了保证产品的卫生指标达到要求，原材料在投入生产前就应该保证其本身的卫生指标能够满足要求。在纸尿裤（片、垫）生产过程中，生产环境、人员等因素也可能给产品带来污染。但目前国内部分小型纸尿裤（片、垫）生产企业的生产设备、卫生条件、监控手段并不完备，对卫生指标难以进行有效的监控，产品质量容易出现波动。相较而言，大企业在产品安全和质量监控方面更有保障。

纸尿裤（片、垫）的产品标准中规定卫生指标应符合 GB 15979—2002 要求，卫生指标不合格直接影响到使用者的身体健康。纸尿裤（片、垫）等产品是供婴幼儿、老年人或行动不便的人群使用，使用者均是为身体抵抗力较弱的人群，纸尿裤（片、垫）穿戴过程中，纸尿裤（片、垫）与人体构成的环境较为封闭、湿热，微生物容易大量繁殖，如果产品卫生指标不合格，则会对使用者的身体健康产生危害，如皮炎、湿疹等疾病。

2. 渗透性能

渗透性能不合格包括滑渗量不合格和回渗量不合格。

滑渗量不合格的主要原因是产品所用的面层材料对尿液的亲液性较差，使得尿液从纸尿裤（片、垫）的表面流过时只沿其表面流淌而不被吸入，造成滑渗量超标。滑渗量超标，易导致侧漏，污损衣服，还会增大皮肤与尿液的接触面，导致不适。

回渗量不合格的主要原因是由于高分子吸水树脂价格昂贵，生产商为了降低成本，纸尿裤（片、垫）吸收芯层中的高分子吸水树脂的用量少或使用的高分子吸水树脂质量差，致使吸收层不能完全地锁住尿液，在压力的作用下，尿液回渗到表层。回渗量不合格的产品会导致使用者尿液回渗到皮肤表面，易对皮肤造成伤害，由于皮肤潮湿，使用者会感觉不适。

3. pH

抽查中未发现婴儿纸尿裤（片、垫）pH 不合格，但市场上有部分成人纸尿垫 pH 不合格，究其原因是有些企业为了降低成本，其纸尿垫是采用卫生纸和塑料膜缝制而成，选用不符合标准要求的原料，导致产品 pH 不合格，这样的现象多集中在一些小型企业的产品，这些产品的价格虽然低廉，但还是建议消费者慎选。pH 反映了产品对皮肤的刺激性，标准规定的 pH 范围是 4.0～

8.5。pH 过高或过低都会对皮肤产生刺激，造成皮肤损伤。

五、选购和使用提示

1. 外包装及产品外观鉴别

（1）消费者在选购纸尿裤（片、垫）产品时，首先要检查产品包装是否被污染、有无开口或破损，包装破损易造成纸尿裤（片、垫）产品的污染，影响产品的正常使用。

（2）购买前要仔细检查产品的外包装，合格的产品外包装应注明生产企业的名称、地址、电话等，还要注意看包装上是否注明产品的执行标准、生产日期、保质期、有效期等。

（3）如果是首次购买一种品牌的纸尿裤（片、垫）产品，建议消费者先买最小包装的产品进行试用，打开包装后，合格的纸尿裤（片、垫）应洁净、不掉色、背层完好、无硬质块、无破损等，手感柔软。由于有个别的不法生产商进口国外的残次品，重新进行包装后出售，所以消费者在选择时应仔细检查外观质量。

2. 看纸尿裤、纸尿片的吸收芯层

高分子吸水树脂加入量决定纸尿裤（片、垫）的吸收芯层材料的好坏，直接影响产品的吸收性能。一般纸尿裤（片、垫）的吸收芯层材料由绒毛浆和高分子吸水树脂组成。高分子吸水树脂呈颗粒状，消费者触摸纸尿裤（片、垫）的表层有时会感到凹凸不平或者有沙粒感的存在，其实那便是吸水树脂。由于高分子吸水树脂价格昂贵，各种产品加入量也有所不同。高分子吸水树脂加入量大，能更好吸收和锁住尿液，避免回渗，保持皮肤干爽，吸水树脂吸收尿液以后体积会膨胀，体积膨胀越大说明吸水树脂含量越多，吸收能力越强，但不可避免地会因膨胀带来一定程度的不适感，为此目前生产商多采用导流层，促进尿液均匀扩散，这样可以在不影响使用性能的前提下，减少高分子吸水树脂的加入量，相应地也减少了生产成本，同时又增加了产品的使用舒适度。而有一些低档纸尿片或尿垫，其吸收材料为皱纹卫生纸，该类产品吸收尿液的能力较差，回渗量大，使用时需要经常更换。

消费者在使用纸尿裤（片、垫）产品后如果能看到纸尿裤（片、垫）表层的尿液没有完全被吸收或者用手感触一下表层很潮湿，那表明该产品的回渗量

较大；如果感觉使用后纸尿裤（片、垫）的背层有液体渗出，那该产品有可能渗漏量不合格，遇到此种情况，建议消费者改选用其他品牌的产品。

3. 选择合适的尺寸

目前市场上婴儿纸尿裤（片、垫）产品型号一般按婴儿体重进行分类，但各企业间规格和适用体重对应范围不一致，相对比较混乱，没有一个统一的规范，不容易选出适合的产品。在选购过程中，应根据婴儿的体重选取，同时也建议消费者随时关注着婴儿使用纸尿裤的情况，如果发现婴儿腰部或者腿部有纸尿裤松紧带的压痕印记，证明该型号的纸尿裤对婴儿来讲已经偏小了，家长应该及时更换更大型号的纸尿裤，但也要注意不要太大，太大的纸尿裤会使尿液侧漏，起不到纸尿裤的防护作用。

4. 勤换纸尿裤（片）

使用纸尿裤（片）应注意及时更换，否则会在纸尿裤（片）内部形成一个相对潮湿的环境，不利于皮肤健康。在更换新的纸尿裤（片）前，最好先清洁皮肤，给皮肤适当的透气时间，保持皮肤干爽，这样有利于减少尿布疹的产生。

（由国家纸张质量监督检验中心李萍、崔立国撰稿）

童　车

一、产品简介

童车是指设计和预定供婴幼儿童乘骑玩要的各类材料制成的车辆。例如，供婴幼儿童卧、坐、学步、乘骑的车辆和游戏小型玩具车。童车包括儿童自行车、儿童三轮车、儿童推车、婴儿学步车和其他玩具车辆（见表 1），这 5 类童车属于强制性产品认证产品，必须通过 3C 认证才能生产和销售。

表 1　各类童车产品简介

序　号	产品名称	产品实物照片	执行标准	适用名词解释
1	儿童自行车		GB 14746—2006《儿童自行车安全要求》	鞍座的最大高度大于 435m 而小于 635mm 的、凭借作用于后轮的驱动机构骑行的儿童自行车
2	儿童三轮车		GB 14747—2006《儿童三轮车安全要求》	一种轮式车辆，各车轮与地面的接触点应能形成三角形或梯形，并仅借人力靠脚蹬驱动前轮而行驶的车辆

表 1（续）

序　号	产品名称	产品实物照片	执行标准	适用名词解释
3	儿童推车		GB 14748—2006《儿童推车安全要求》	设计用于运载一名或多名儿童，由人工推行的车辆
4	婴儿学步车		GB 14749—2006《婴儿学步车安全要求》	能在脚轮上运转的座架，婴儿在车内就坐以后，可以借助框架的支撑进行任意方向运动
5	其他玩具车辆		GB 6675—2003《国家玩具安全技术规范》	设计或预定供 14 岁以下儿童乘骑玩耍的所有玩具车辆产品

二、行业概况

我国童车制造的技术与工艺已成熟，现代化的厂房、设备越来越多。目前，全国童车生产企业已取得强制性产品认证（3C）约有 430 家（动态数值），主要分布在广东省、浙江省、河北省、河南省、江苏省、山东省、湖北省、安徽省、福建省、上海市、天津市等九省二市。

三、标准解读及关键指标分析

1. 标准总体情况

目前，国内涉及童车整车安全及性能的主要标准共有 14 项，其中国家强制性标准 7 项，行业标准 6 项。这些标准根据各类童车的不同特点，分别制定出了严格的安全要求和使用性能要求。其中，国家强制性标准有：

（1）GB 14746—2006《儿童自行车安全要求》

该标准主要规定了儿童自行车的机械物理等涉及安全的性能指标和使用说明书、标志的要求。其等同采用国家标准 ISO 8098：2002《儿童自行车安全要求》。

（2）GB 14747—2006《儿童三轮车安全要求》

该标准主要规定了儿童三轮车的机械物理、可迁移元素、燃烧性能等涉及安全的性能指标和使用说明书、标志的要求。

（3）GB 14748—2006《儿童推车安全要求》

该标准主要规定了儿童推车的机械物理、可迁移元素、燃烧性能等涉及安全的性能指标和使用说明书、标志的要求。

（4）GB 14749—2006《婴儿学步车安全要求》

该标准主要规定了婴儿学步车的机械物理、可迁移元素、燃烧性能等涉及安全的性能指标和使用说明书、标志的要求。

（5）GB 6675—2003《国家玩具安全技术规范》

该标准涉及了其他类童车的机械物理性能、可迁移元素、燃烧性能等安全指标。如电动童车、扭扭车等。

（6）GB 19865—2005《电玩具的安全》

对于各类童车，如果其一种功能需要使用电能，则必须执行该标准。该标准主要规定了电路安全、电器元器件使用过程温升要求等质量安全指标，主要技术内容等同采用 IEC 62115：2003《电玩具　安全》。

（7）GB 5296.5—2006《消费品使用说明　第 5 部分：玩具》

该标准主要规定了对标识的正确标注要求。

由于玩具是供 14 岁以下儿童玩耍的，儿童防御能力低，因此，为预防和降低玩具可能带来的机械物理伤害、烫伤伤害等，标准对一些关键性指标进行了规定。

2. 关键指标分析

（1）机械物理性能

分个性关键指标与共性关键指标，个性关键指标由各类童车的性能确定，共性关键指标是各类童车都存在的项目，主要是一些常见的危险因素，如“边缘”、“尖端”、“小零件、突出物”等。本部分按照先个性后共性的顺序来分别介绍各类童车在机械物理性能上的一些关键指标。

1）儿童自行车

儿童自行车一般是由4～8岁儿童骑行，而且基本都含有链条，因此儿童自行车的制动系统和链条的保护就十分重要。而平衡轮的作用在于辅助儿童骑行者保持车辆平衡，由于骑乘儿童自行车的儿童年龄相对会大一些，因此自行车的承载能力很重要。个性关键指标："儿童自行车的制动系统"，" 儿童自行车的链罩"，"儿童自行车平衡轮尺寸"，"儿童自行车车把部件强度"，"儿童自行车车架/前叉组合件"。

①儿童自行车的制动系统：主要对儿童自行车的制动装置的结构、尺寸、强度以及在施力时能产生多大的制动力进行了详细的规定，使儿童在乘骑时能够有效地实施制动，保证乘骑的安全。

②儿童自行车的链罩：链罩是为了有效地遮蔽链条和链轮的啮合部位，避免儿童在乘骑过程中手脚被夹伤。对于不同尺寸的儿童自行车，对遮蔽的范围也有所不同，主要是根据不同使用年龄段儿童的特点进行不同的规定。

③儿童自行车平衡轮尺寸：a）通过车架中心线的垂直平面至每个平衡轮的垂直平面的水平距离应≥175mm。b）垂直放置在水平地面上时，每个平衡轮与地面间的间隙应≤25mm。

④儿童自行车车把部件强度：由于自行车的车把起着支撑重量、承担转向的作用，因此，它必须能够承受住一定的扭矩、负荷，并且在受力过程中，与它连接在一起的部件之间不能够发生位移、转动，并且不能够发生大的永久性变形。

⑤儿童自行车车架/前叉组合件：车架/前叉组合件在受到一定的冲击后，不能够发生断裂，并且两轮距的距离不能够变化太大，否则会影响到这个车体的结构，影响骑行安全。

2）儿童三轮车

儿童三轮车一般乘骑儿童年龄通常都较小，对于车子的稳定的自我把握能力还比较弱，因此保证三轮车在骑行时不会倾翻就十分重要，三轮车的把立管承担着支撑车体前部重量、支持车体转向的功能，它的强度很关键。个性关键指标："儿童三轮车的稳定性"、"儿童自行车的把立管的强度"。

①儿童三轮车的稳定性：该条款对于三轮车在使用过程中的前倾、后倾、

转弯时的稳定性能分别做了要求。

②儿童三轮车的把立管的强度：把立管部件在承受一定的强度测试后，不能够发生破裂等影响安全的损坏发生。

3）儿童推车

儿童推车一般都是运载一名或多名儿童，由人力来推行，当停下来时应有装置保证车辆静止，不会随着路面坡度而滑行出现危险。而危险夹缝的存在会使儿童的手、脚被夹在中间，产生夹伤，导致疼痛，严重的会使被夹部位产生红肿、组织坏死等伤害。推车在斜坡上使用时不能发生倾倒，推车的手把以及整个车体的结构在各种复杂的使用条件下不能够发生影响安全的损坏。个性关键指标："儿童推车的制动"、"儿童推车危险夹缝"、"稳定性"、"手把强度"、"折叠锁定装置"、"动态耐久性试验"。

①儿童推车的制动：儿童推车必须安装有制动装置，看护人在推车的时候可以方便地制动，如果手把可以前后换向，则车辆前后位置都必须安装制动装置。

②儿童推车危险夹缝：当处于正常使用位置时，在乘坐儿童可触及区域内应无对身体造成伤害的危险夹缝。

③儿童推车稳定性：推车会在各式各样的条件下使用，在一定角度范围内的陡坡上使用时，车辆必须保持稳定。

④儿童推车手把强度：家长在推行推车时，由于各种情况的存在，必须抬起、压下手把，以使推车能够顺利的上下台阶等。推车的手把必须承受住一定次数的抬起、压下而不发生损坏，以保证推车的使用寿命。

⑤儿童推车折叠锁定装置：推车必须保证在使用过程中不发生折叠现象，以免儿童被夹伤。

⑥儿童推车动态耐久性试验：动态耐久性试验是一个较为全面考核推车整体强度性能的指标，推车在进行该项目的测试过程以及测试后，不能发生影响安全性能的损坏，不能够存在小零件、危险尖端、危险边缘等。

4）婴儿学步车

婴儿学步车由于婴儿坐在学步车上走路时有时会处于一个较为兴奋的状态，使得学步车可以达到一个较大的速度，而婴儿基本没有控制速度的能力，这使得婴儿学步车很容易与墙体、桌椅等物体发生强烈的撞击而产生危险，且学步的婴儿会经常性的站起、坐下，对座位产生冲击。个性关键指标：“婴儿学步车的防撞间距”，“婴儿学步车锁定装置”、“动态强度”。

①婴儿学步车的防撞间距：学步车完全是由几个可以任意方向旋转的脚轮支撑着地面，为了保护婴儿的头部不会撞上其他物体以及婴儿的手不被车体与其他物体间的间隙夹伤，学步车的结构上必须满足一定的防撞间距。

②婴儿学步车折叠锁定装置：婴儿学步车的折叠锁定装置保证学步车不会在使用时突然坍塌，使婴儿受到伤害。

③婴儿学步车动态强度：学步车必须要能够承受住一定强度的上下冲击，才能保证在使用过程中不发生车辆折叠、座位松脱等危险。

5）其他类玩具车辆

其他类玩具车辆，这类车辆基本是由儿童自行操作行驶，因此制动装置是保护儿童免于因制动力不足而产生的危险。对于电动童车，涉及电路性能，因此电路方面的安全也尤其重要，个性关键指标：“制动装置”，“不同极性部件之间的可触及绝缘”、“充电期间玩具的运行”。

①制动装置：a）应有一个制动装置。进行制动装置测试时，玩具移动距离不应大于5cm。质量大于或等于30kg的乘骑玩具，应有制动锁定装置。b）电动童车在不倾侧的情况下，放松开关，动力电源应自动断开。使用制动装置时电源应自动切断。

②不同极性部件之间的可触及绝缘：对于电动童车内的任何可触及部件之间不能被特定尺寸的直金属钢针桥接，否则会引起电路的温度急剧升高，发生危险。

③充电期间玩具的运行：电动童车在充电期间，即使是误操作，也不能够发生运行情况。

6）童车的共性指标

①小零件：由于儿童习惯将物品含入嘴中，而且36个月以下儿童将玩具摄入口中的可能性极大，引起窒息危险，因此适用于36个月以下儿童使用的童车不能含有小零件。

②边缘：由于儿童自我保护意识较差，锐利边缘的存在，将导致在使用接触到该位置时，容易割伤手、脚等部位，产生流血等较为严重的伤害。

③尖端：与边缘产生割伤不同，尖端会造成刺伤危险。

④外露突出物：外露突出物一般是比较硬的材料构成，比如金属、塑胶和木头等，如果儿童不小心跌坐到这类突出物上，可能会被戳伤。

⑤童车强度：儿童在乘坐、玩耍童车时，难免会发生一些强度较大的碰撞，这些碰撞极有可能导致车体发生损坏，导致儿童发生危险。各类童车的标准都针对其各自的特点，对不同结构的强度有详细的要求，以保证童车在使用过程中发生意外碰撞时车体不会产生导致危险发生的损坏。

（2）燃烧性能（俗称易燃性能）

童车所用材料不能用赛璐珞（即一种热可塑性树脂，以硝化纤维和樟脑等原料合成，代表性制品为乒乓球、人偶等）制成，且不能用易燃材料制成（纸制玩具除外），所使用的纺织物不应产生表面闪烁效应。

（3）可迁移元素

童车上所使用的材料中可迁移元素规定了 8 个重金属元素，即锑、砷、钡、镉、铬、铅、汞、硒，这些元素含量不得高于表 2 中相应元素的最大限量要求。

表 2　童车材料中可迁移元素的最大限量

元素	锑(Sb)	砷(As)	钡(Ba)	镉(Cd)	铬(Cr)	铅(Pb)	汞(Hg)	硒(Se)
最大限量/(mg/kg)	60	25	1000	75	60	90	60	500

（4）电热烫伤

主要涉及电玩具的电路性能，经过一系列测试，电路温升应控制在一定范围内，电路短路不应引起电热烫伤。

（5）标识和使用说明

由于童车产品是供婴幼儿童使用的，因此在使用说明上，更需要详细完整的提供如何正确、安全使用产品的信息，以指导家长安全的使用产品。

四、常见的主要问题

自 2008 年至 2012 年，国家质检总局连续 5 年组织开展了童车产品质量国家监督抽查工作，每年各类童车产品均有被抽查到。抽查中发现的主要问题如下：

1. 儿童自行车的闸把尺寸（图 1）

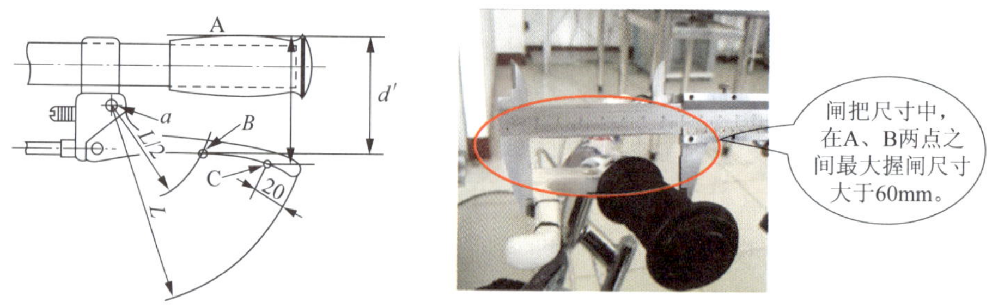

图 1　儿童自行车的闸把尺寸不合格示例

闸把尺寸（A，B 两点间 d'）：该区间内的最大尺寸应小于或等于 60mm；

闸把尺寸（B，C 两点间），该区间内的最大尺寸应小于或等于 75mm。

由于儿童的手掌尺寸较小，如果闸把的尺寸过大，骑行者在行驶过程中不能有效地施加捏刹力，无法让行驶的儿童自行车迅速停住，容易发生碰撞。闸把作为制动系统的一部分，其尺寸直接决定儿童是否可以在危险的情况下实施制动。

许多企业在选择闸把时，片面地追求了外观而忽视了标准对尺寸的要求，未对配套厂家提供的配件进行把关，随意将尺寸超标的闸把使用于儿童自行车上。

2. 儿童自行车链罩（图 2）

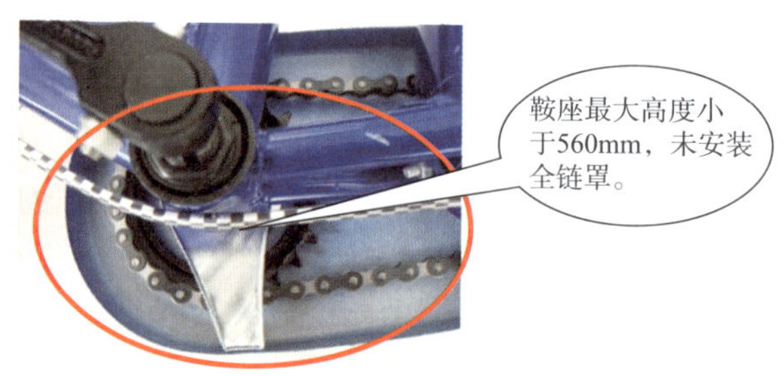

图 2　儿童自行车链罩不合格示例

链轮、链条未按规定遮蔽时，儿童可能在骑行时脚或腿部发生夹伤等危险，在玩耍时也可能由于好奇将手指伸入传动链条内，造成手指挤压受伤。鞍座最大高度小于 560mm 的儿童自行车由于适用年龄小，使用儿童对危险的判别能力更弱，传动部位需要更严密的保护。

企业未意识到链罩的重要性，为降低成本，未使用符合要求的链罩。对标准要求不熟悉，对于鞍座最大高度小于 560mm 的儿童自行车的要求未予以关注。

3. 儿童自行平衡轮尺寸（图 3）

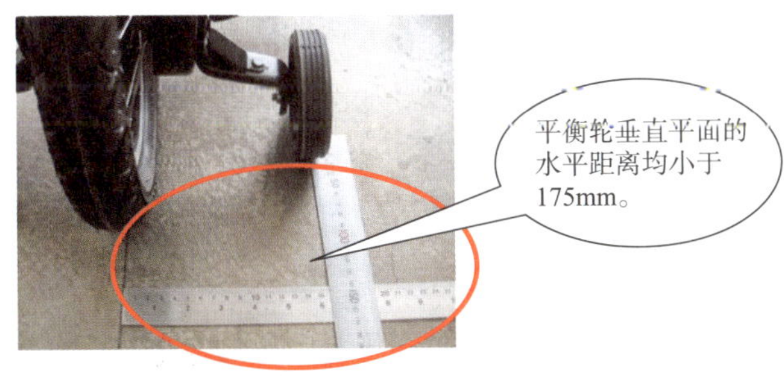

图 3　儿童自行平衡轮尺寸不合格示例

由于儿童的平衡感较差，无法独立保持良好的平衡，在坡面骑行或转弯过程中，如果平衡轮尺寸过小就不能有效地支撑车辆保持平衡状态，造成车辆翻倒儿童身体受到伤害。

生产厂家没有按照标准要求，选购符合标准要求的平衡轮，对于尺寸等细节问题没有足够的重视。

4. 儿童推车制动装置试验项目（图 4）

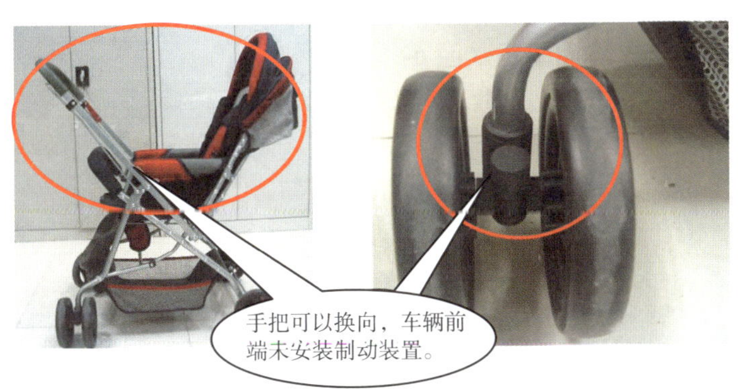

图 4　儿童推车制动装置不合格示例

对于手把可以换向的推车，而推车的前轮没有制动装置，将导致成人在手把换到车体前面的位置时，无法正常使用刹车装置，如果刚好车辆停止在斜坡上而成人由于大意导致手离开了推车，这将导致车辆沿着斜坡加速下滑，将导致车辆与其他物体发生碰撞或者车辆倾翻等，使儿童掉出车体，导致严重的伤害。

生产厂的设计者没有从整体的角度来设计推车，设计者对标准没有很好地了解，未意识到对于可换向的车辆对制动装置有特别的要求，只对后轮使用了制动装置而没有对前轮也使用制动装置。

5. 儿童推车危险夹缝（图 5）

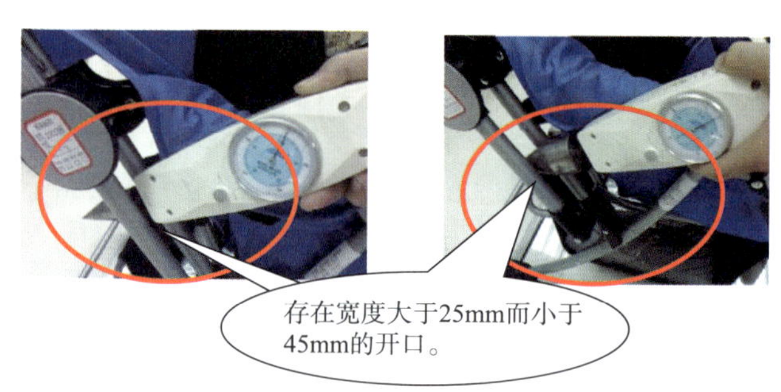

图 5　儿童推车危险夹缝不合格示例

危险夹缝会导致儿童的手、脚被夹在中间，产生伤害。

企业的设计人员在进行推车设计时，过于看重推车本身使用功能的多样性与外形的美观，忽视了细节方面可能导致危险的夹缝、孔的存在。企业质检人员注重车体强度方面的质量，忽视了对夹缝等的检验。

6. 婴儿学步车防撞间距（图 6）

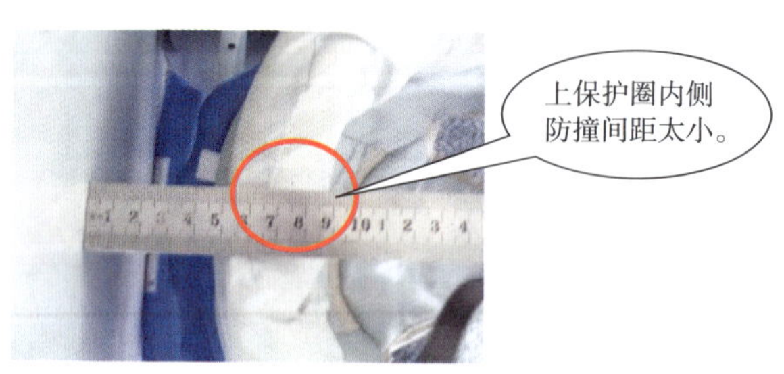

图 6　婴儿学步车防撞间距不合格示例

防撞间距太小，使得婴儿在使用时，会有头部撞到墙的危险，严重危害婴儿生命安全。

设计人员在设计产品时，未考虑该安全隐患。另外：在生产时材料配方不符合，使得在90N力作用下，保护圈受到推力作用，下保护圈变形，使得上保护圈距离缩小。另外设计时，下保护圈尺寸太小使得在90N力作用下，保护圈受到推力作用下，上保护圈与下保护圈垂直距离小于120mm。

7. 婴儿学步车折叠锁定装置（图7）

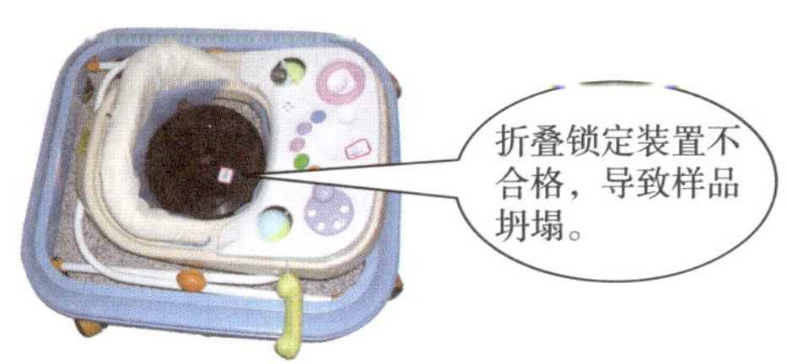

图7　婴儿学步车折叠锁定装置不合格示例

婴儿在使用时，突然的坍塌会使婴儿受到伤害。

锁定装置的材质使用不合理，静态、动态试验时，受力方向为水平方向，而该样品的锁定装置的锁定方向为垂直向，锁定装置无法对水平向进行锁定。而厂家选用的材料偏软，在负载后，样品很快就坍塌。

8. 电动童车制动装置

当儿童乘坐制动装置不合格的电动童车在斜坡处玩耍时，由于脚无法方便着地进行人为的制动，车子将会沿着斜坡加速下滑而无法停止下来，这将导致难以估计的危险情况出现。

对于特定形状尺寸的童车，必须要求有制动装置，目前的电动童车绝大多数没有一个独立的制动机构，而是由车子的电机本身带有制动的功能。该功能的原理是当放开行走开关电机停止通电时，电机本身会对车子产生一个制动力，使车子能迅速停止下来，而且该力能够使车子在位于斜坡上时有足够的驻坡能力。部分厂家选择的电机由于完全没有制动的功能或者产生的制动力过小，这都直接导致制动性能不符合标准要求。

9. 童车的强度试验

（1）三轮车的强度试验（图8）

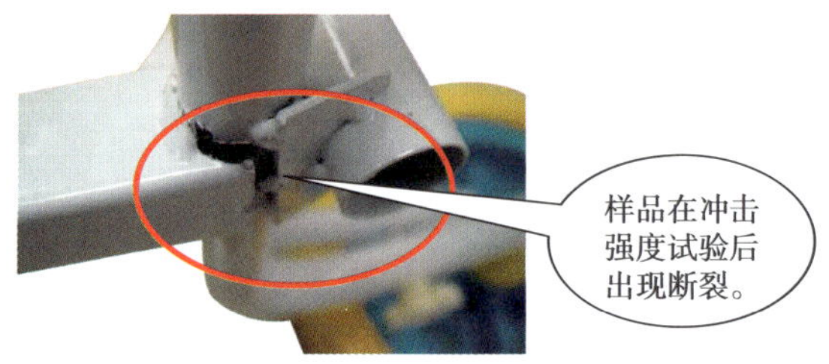

图8　儿童三轮车机械强度试验不合格示例

冲击强度试验不合格的车辆在使用过程中的寿命短，在受到几次的碰撞、台阶上的跌落后，车体的结构会受到很大的破坏，严重的将导致车体主体结构破损，导致乘坐的儿童发生摔伤。

该类不合格情况的发生主要是车体的管件焊接处发生破损，主要是在焊接过程中导致的，由于焊接的个人技术水平的限制，焊接处存在虚焊、漏焊等，导致该处位置的强度低，无法承受一定的冲击。

（2）儿童推车动态耐久性试验（图 9）

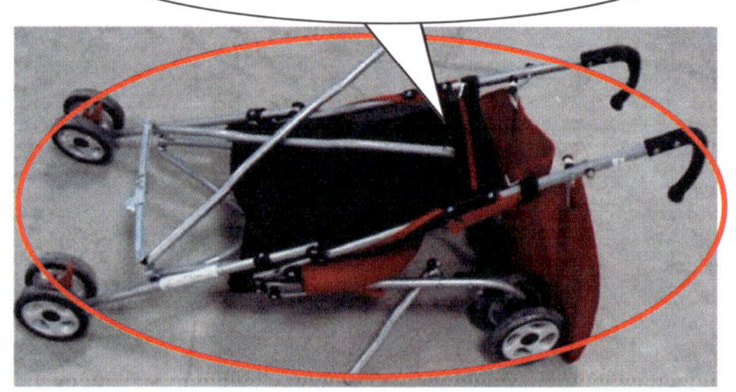

图9　儿童推车动态耐久性试验不合格示例

动态耐久性试验发生不合格的推车，容易导致经常在不平坦的路面上行进的推车在经过一段时间的颠簸后发生结构损坏，因结构损坏而导致车辆折叠的，会直接将儿童夹在车体中，造成非常严重的伤害。

车体结构设计存在不合理，使用的铆钉等配件不符合要求，钢管的质量不达标，铆钉孔处的应力过于集中等，导致整车在特定的使用环境下发生结构损坏，并且该破坏造成车体折叠支撑部位损坏，使得车体发生折叠。

（3）婴儿学步车动态强度（图 10）

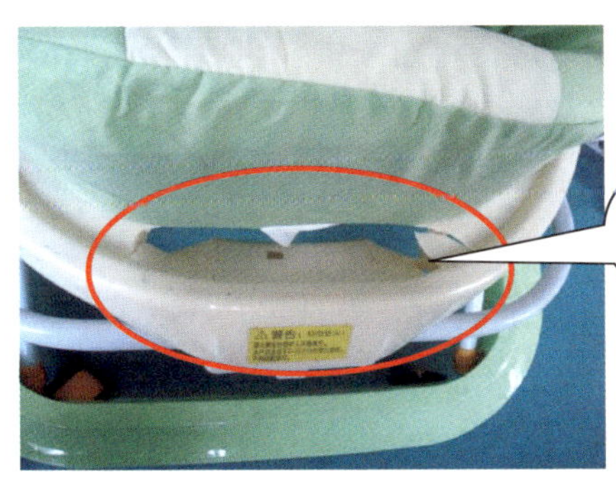

动态强度试验时，
靠背下方的框架均
破裂。

图 10　婴儿学步车动态强度不合格示例

由于学步期间婴儿好动的特点，在学走路的时候经常会上下抖动身体，对车体和座位产生动态的冲击。动态强度不合格的产品，使婴儿受到伤害的几率大大提高，框架破损将使框架折叠，产生威胁的尖端、边缘等，对婴儿产生严重的伤害。

在生产中使用不合格的原材料，模具设计存在缺陷，锁定装置不合格等都将导致该项目不合格。

五、选购和使用提示

对于各类童车，消费者在购买和使用时应该注意以下几方面：

在购买童车时应注意产品包装或标识上的 CCC 强制性认证标志，没有认证标志的产品是不能进入市场销售的。

购买童车时尽量选购功能单一的童车。童车最好“专车专用”，因为功能单一的童车，相对来说结构设计科学且合理。

要注意童车的包装，有采用塑料包装袋的童车，家长在拆开包装袋后，应及时将塑料袋破坏后丢弃，不能给儿童玩耍。

使用前时应详细阅读产品中所附的说明书，应按照说明书的内容进行检查和使用，这样才能够使得您的孩子玩得既安全又开心。

消费者在选购不同类别的童车时，应注意：

1. 儿童自行车

儿童自行车适用的年龄范围是 4～8 岁，选购时应结合儿童的年龄和身材高矮，选择合适的尺寸，鞍座高度在 435～635mm 范围内的自行车。儿童自行车手闸的闸把尺寸也是很重要的项目，其尺寸不宜过大，否则将影响到刹车的操作。消费者购买时可以带上孩子现场试一下，应保证孩子能够较轻松地握持并方便地操作刹车装置。儿童自行车的链罩（见图 11）是必不可少的，无论何种链罩，都要能使儿童不能轻易碰到链条为好，以防儿童将手指伸入其中受到伤害。儿童自行车应都配有辅助的平衡轮，用于帮助儿童在骑行中掌握平衡以起到保护作用。选购时应特别注意平衡轮支架的强度，以及平衡轮距轮胎中线的距离应大于 175mm，才能在需要时起到有效的保护作用。

图 11　儿童自行车的链罩

2. 儿童三轮车

儿童三轮车是学龄前儿童普遍喜爱的产品，选购要注意在把手及座位之间的区域不得有任何可能造成伤害的凸起，注意三轮车上的小零件对儿童是否安全。带有辅助推杆的三轮车在购买时应认真检查，如发现辅助推杆有安装不牢固或材质较薄等情况，应慎重购买。三轮车的脚蹬最低处离地不应小于 40mm，否则儿童在骑行中脚部容易碰地导致受伤。此外三轮车的靠背应安装牢固，可以用手试拉靠背，不应发生脱落的情况。

3. 儿童推车

选购儿童推车时，除了整车的结构牢固外，还要注意推车的锁紧机构和保险装置是否齐全和可靠，如果只有锁紧机构而无保险装置，一旦锁紧机构失灵，就有可能造成儿童的严重伤害事故。购买时要注意推车上围离座垫的高度是否合适，肩带、腰带、胯带、带扣、安全带等装置是否牢固可靠，以确保在使用过程中儿童不至于因安全带等装置不牢固意外跌出车外而造成伤害；在使用推车时，成人尽量不要离开推车，以防意外。

4. 婴儿学步车

婴儿学步车产品适用于蹒跚学步的儿童，多采用折叠式结构，购买时应注意其折叠锁定机构应牢固可靠，并需要两个连续的动作才能释放该机构。选购时应当现场以较大的力气按压车体，应保证车体在按压时不发生折叠、坍塌。学步车的座兜高度应合适，其底部距离地面的高度应大于160mm，以保证在使用中儿童的脚部及关节不会因为腿部长时间的弯曲而导致损伤。还应检查学步车的脚轮安装后应在一个平面上，使用中均应灵活转动。可以选购带有辅助固定装置的学步车，在需要时能够防止学步车移动，方便照顾儿童，但应注意学步车的脚轮不应带有刹车装置，以防使用中出现意外。严禁在高低不平的路面、斜坡、楼梯口、浴室、厨房和靠近电器等危险场所使用。

5. 电动童车

电动童车是目前市场上外形多样化的一类童车，受到儿童们的喜爱。在选购时应该试一试电动童车的驱动轮是否带有刹车装置，在电源开关松开时电机应能自动刹车，简单的方法可以在不接通电源的情况下用手转动驱动轮，应能感觉到明显的阻滞感，说明电机采用了刹车装置。同时电动童车的最大速度应不超过8km/h，太高的速度对于控制能力较弱的儿童是很危险的。

（由福建省产品质量监督检验研究院陈伟撰稿）

玩　具

玩具，作为陪伴 14 岁以下儿童玩耍的产品，是带给孩子们快乐的“天使”，是儿童学习自然、学习社会、学习成人世界的工具，没有玩具的童年是无法想象的。玩具作为伴随儿童成长的“小伙伴”，其质量安全直接关系着儿童的身体健康和生命安全，质量不好、不安全的玩具常常隐藏着种种危险，给孩子带来各种意想不到的伤害。

一、产品简介

按照标准的规定，玩具是设计或预定供 14 岁以下儿童玩耍的所有产品和材料。玩具一般可分为电玩具、塑胶玩具、娃娃玩具、金属玩具、弹射玩具、毛绒玩具、竹木制玩具、其他类玩具 8 大类（见表 1）。为加强对玩具质量的把关，保障儿童人身安全，自 2007 年 6 月 1 日起，我国开始对电玩具、塑胶玩具、娃娃玩具、金属玩具、弹射玩具及声光电动毛绒玩具实施 CCC（简称 3C）强制性产品认证制度，这些产品必须标明 3C 强制性认证标识方可出厂销售。

表 1　玩具的分类

序　号	名　称	实物照片	主材质	定义、用途和特点
1	电玩具（属 3C 认证范围）		主体部分采用塑胶；电能部分采用电路系统、控制系统、电机单项或多项组合组成	设计或预定供 14 岁以下儿童玩耍的，至少有一种玩耍功能需要使用额定电压小于或等于 24V 的玩具产品，包括电动玩具、视频玩具、声光玩具
2	塑胶玩具（属 3C 认证范围）		主体部分采用塑胶；其他部分或采用机械齿轮组合机动系统或其他方式组成	设计或预定供 14 岁以下儿童玩耍的，玩具主体由塑胶制成的，非预定承载儿童体重的非电玩具产品，包括静态塑胶玩具和机动塑胶玩具
3	娃娃玩具（属 3C 认证范围）		主体部分采用塑胶；主体外围部分采用纤维物品组成	设计或预定供 14 岁以下儿童玩耍的，至少头部和四肢由非纺织的聚合材料制成，并带有服装或身体由软性材料填充的非电的人物娃娃玩具产品
4	金属玩具（属 3C 认证范围）	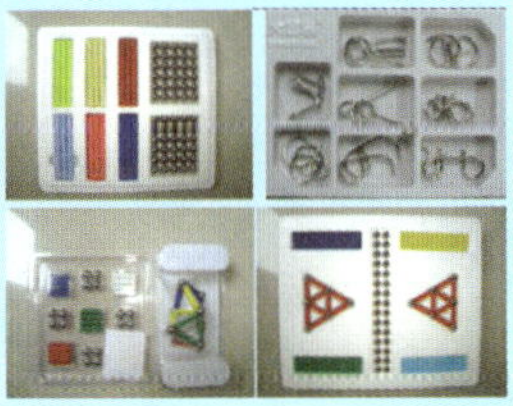	主休部分采用金属材料组成	设计或预定供 14 岁以下儿童玩耍的，玩具主体由金属材料制成的，非预定承载儿童体重的非电玩具产品，包括静态金属玩具和机动金属玩具

表 1（续）

序 号	名 称	实物照片	主材质	定义、用途和特点
5	弹射玩具（属 3C 认证范围）	 	主体部分采用塑胶或金属；驱动部分采用各类蓄能材料组成	设计或预定供 14 岁以下儿童玩耍的，通过可贮存和释放能量的弹射机构发射弹射物的蓄能弹射玩具和由儿童给予的能量发射弹射物的非蓄能弹射玩具的玩具产品
6	毛绒玩具：声光电动毛绒玩具（属 3C 认证范围）		主体采用毛布绒；电能部分采用电路系统、控制系统、电机单项或多项组合组成	设计或预定供 14 岁以下儿童玩耍的，主要面料为布料或毛绒的有一种功能需要使用额定电压小于或等于 24V 的软体填充玩具
	毛绒玩具：普通毛绒玩具		主体采用毛布绒组成	设计或预定供 14 岁以下儿童玩耍的，主要面料为布料或毛绒的非电软体填充玩具
7	竹木制玩具	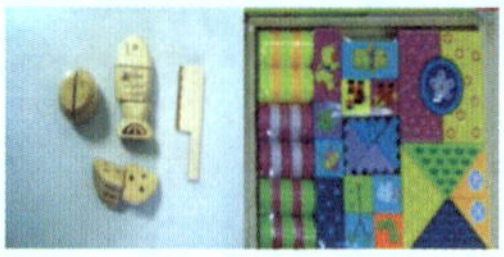	主体采用木质或竹质组成	设计或预定供 14 岁以下儿童玩耍的，主要材料为竹子或木头的非电玩具
8	其他类玩具		主体基本采用塑胶、纸质组成	设计或预定供 14 岁以下儿童玩耍的，上述玩具类型中未提到的其他玩具。如口动玩具、拼图玩具、橡皮泥玩具、热源玩具、液体填充玩具、类似仿真武器玩具、水上玩具、充气玩具、纸质玩具等

二、行业状况

1. 行业分布

我国是世界上最大的玩具加工产业区、制造国和出口国，全球近70%的玩具是在我国境内加工与制造的。我国现有玩具产业链企业8000余家，主要分布在广东、福建、江苏、浙江、山东、上海等地。其中，持有3C证书的玩具生产企业约1700家，主要分布在广东、浙江、江苏、山东、福建、上海等5省1市。

2. 行业发展状况

纵观历史，世界玩具制造业经历了从欧美国家向日本、中国台湾、香港转移的过程；随着中国改革开放，又从日本、中国台湾、香港转移到中国大陆沿海的珠江三角洲等地区。中国的玩具产业起步于20世纪70～80年代，到了20世纪90年代，逐渐进入正轨，特别是改革开放以来，到90年代后期，中国玩具行业得到了迅猛的发展，一批大型玩具生产企业成长起来。到了21世纪，中国的玩具产业发展达到了一个高峰，产业规模巨大，企业数、从业人员等都达到了一个前所未有的高度，但行业竞争也变得非常激烈，行业利润严重压缩。同时，成熟的中国玩具行业在国际市场上也面临严峻挑战，一方面，国内玩具生产成本不断上升，原有的价格优势在印度等新发展中国家的挤压下不断减弱；另一方面，国际上对数量庞大的中国玩具出口感到紧张，对中国玩具进口设置种种贸易壁垒。总体来看，中国大部分的玩具生产企业仍然是以加工出口贸易为主，许多企业主要为美国美泰、孩之宝、迪斯尼以及日本万代等国外大玩具商代工，我国虽然是玩具制造大国，却仍不是玩具强国。

三、标准解读及关键指标分析

1. 标准总体情况

目前，我国已经发布实施各类玩具（不含童车类）标准共计26项，其中国家标准15项，包括安全标准4项、性能标准3项、重要测试方法标准8项；行业标准11项，包括安全标准1项、性能标准10项。这些标准的制定与完善对提高玩具产品质量、促进行业发展起到了重要的作用。比较重要的标准有：

（1）GB 6675—2003《国家玩具安全技术规范》

该标准主要规定了玩具的机械物理性能、燃烧性能、可迁移化学元素等质量安全指标，主要技术内容等同采用国际标准 ISO 8124－1：2000《玩具安全——机械和物理性能》、ISO 8124－2：1994《玩具安全——燃烧性能》和 ISO 8124－3：1997《玩具安全——特定元素迁移》。

（2）GB 19865—2005《电玩具的安全》

该标准主要规定了电路安全、电器元器件使用过程温升要求等质量安全指标，主要技术内容等同采用 IEC 62115：2003《电玩具　安全》。

（3）GB 5296.5—2006《消费品使用说明 第 5 部分：玩具》

该标准主要规定了对标识的正确标注要求。

由于玩具是供 14 岁以下儿童玩耍的，儿童防御能力低，因此，为预防和降低玩具可能带来的机械物理伤害、化学因素伤害、烫伤伤害等，标准对一些关键性指标进行了规定。

2. 关键指标分析

（1）机械物理性能

1）小零件：预定供 3 岁以下儿童使用的玩具及其可拆卸的部件或经可预见的合理滥用测试后脱落的部件，不应完全容入小零件试验器。预定供 3～6 岁儿童使用的玩具及其可拆卸的部件如能容入小零件试验器，应设警示说明。

2）边缘：供 8 岁以下儿童使用的玩具不应有可触及的危险性金属或玻璃锐利边缘；可触及的金属边缘（包括孔和槽）不应含有锐利的毛刺和斜薄边，若有锐利的毛刺和斜薄边应将其作成折边、卷边或曲边，或作永久保护件或涂层予以保护。供 3 岁以下儿童使用的玩具不应有可触及的功能性危险锐利边缘；3～6 岁儿童使用的玩具如果存在功能性锐利边缘，则应设警示说明。对于供 8 岁以下儿童使用的模塑玩具，其可触及边缘、边角或分模线不应有锐利的毛刺和溢边，若有锐利的毛刺和溢边应加以保护使之不可触及。

3）尖端：供 8 岁以下儿童使用的玩具不应有可触及的危险锐利尖端。供 3 岁以下儿童使用的玩具不应有可触及的功能性锐利尖端。供 3～6 岁儿童使用的玩具如果存在功能性锐利尖端，则应设警示说明。玩具中的木制部分的可触及表面和边缘不应有木刺。

4）突出物：玩具外表面突出部分，若有存在刺伤皮肤的潜在危险，则应加以保护。

5）绳索：供18个月及以下儿童使用的玩具其绳索或弹性绳子厚度应大于1.5mm，其安全长度应小于220mm，包括弹性绳子在25N±2N拉力情况下，绳子长度应小于220mm。此外，绳索与其他玩具上附件可能形成活套时，活套周长应小于360mm。

6）塑胶薄膜：包装袋开口周长为360mm或以上、深度和开口周长的总和大于或等于584mm的软塑料袋，塑胶薄膜平均厚度要大于0.038mm，最薄处要大于0.036mm。塑胶薄膜在任意30mm×30mm的面积上，还要打孔，孔的总面积至少占1%。

（2）易燃性能

玩具所用材料不能用赛璐珞（即一种热可塑性树脂，以硝化纤维和樟脑等原料合成，代表性制品为乒乓球、人偶等）制成，且不能用易燃材料制成（纸制玩具除外）。

（3）重金属元素迁移

玩具材料和玩具部件中可迁移元素主要是8个重金属元素，即锑、砷、钡、镉、铬、铅、汞、硒，这些元素含量应低于或等于表2中相应元素的最大限量要求。

表2　玩具材料中可迁移元素的最大限量

玩具材料	元素							
	锑(Sb)	砷(As)	钡(Ba)	镉(Cd)	铬(Cr)	铅(Pb)	汞(Hg)	硒(Se)
除造型黏土和指画颜料的其他玩具材料	60	25	1000	75	60	90	60	500
造型黏土和指画颜料	60	25	250	50	25	90	25	500

（4）填充物卫生情况

主要是指毛绒玩具中的填充物材料均应清洁干净、无污染，即应为经过消毒卫生或全新的填充物。

（5）电热烫伤、电击性能

主要涉及电玩具的电路性能，经过一系列测试，电路温升应控制在一定范围内，电路短路不应引起电热烫伤、电击。

（6）标识和使用说明

按GB 6675—2003《国家玩具安全技术规范》要求，所有玩具应符合该标准要求和GB 5296.5—2006《消费品使用说明　第5部分：玩具》相关内容要求，如图 1 和图 2 所示。

图 1　执行 GB 6675—2003《国家玩具安全技术规范》标准的标识情况

图 2　执行 GB 6675—2003《国家玩具安全技术规范》、
GB 5296. 5—2006《消费品使用说明　第 5 部分：玩具》标准的标识情况

四、常见的主要问题

质检部门高度重视玩具产品的质量安全，自 2002 年至 2012 年，国家质检总局连续 10 年组织开展了玩具产品国家监督抽查工作，累计抽查 17 次，覆盖毛绒玩具、塑胶玩具、电玩具、娃娃玩具、金属玩具、弹射玩具、竹木制玩具等产品。抽查发现，玩具产品主要存在以下问题，消费者在选购和使用时需要予以关注：

1. 小零件、边缘、尖端

玩具生产企业若不严格按工艺生产，玩具产品中“小零件、边缘、尖端”不合格项目就会经常出现。主要不合格情况为经可预见的合理滥用测试后塑料件发生脆断，出现危险毛边、锐利尖端和小零件。如下图遥控车玩具经跌落试验后塑料件断裂成碎片，存在危险毛边和小零件（见图 3）；车轮经拉力试验后出现锐利尖端（见图 4）。

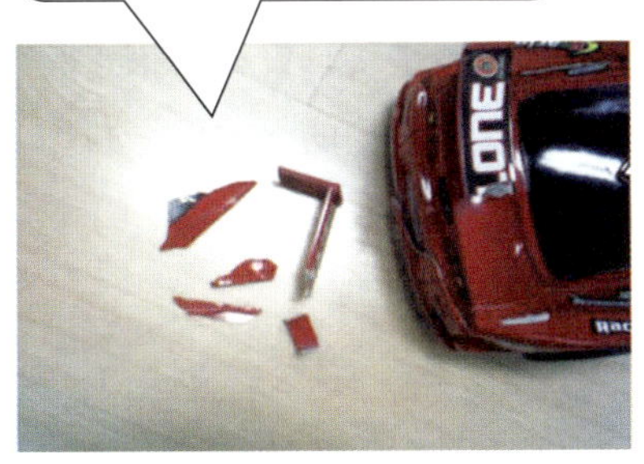

图 3　小零件、毛边

图 4　锐利尖端

特别是毛绒玩具的义眼、义鼻如果在生产过程中未牢固安装（见图 7），在玩耍中容易被儿童用嘴咬下或用手抓下，极易被误吞食，十分危险。

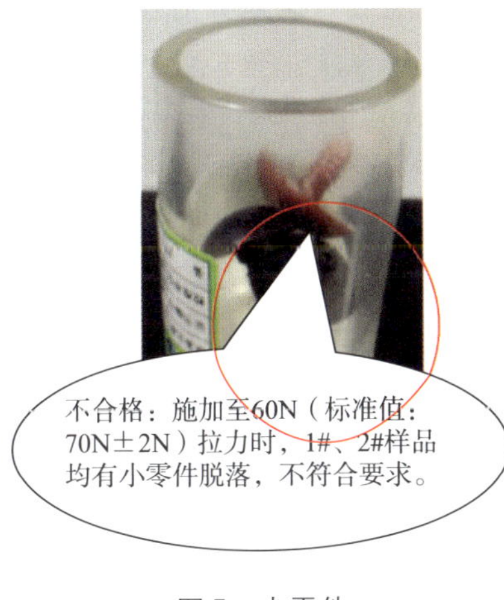

图 5　小零件

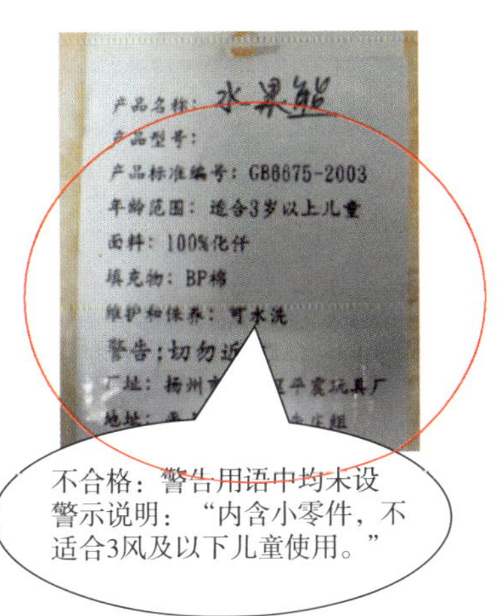

图 6　小零件警示说明

究其原因，一是生产企业为了降低成本，采用低成本的塑胶原材料或采用多次经高温后分子链的裂变材料；二是不严格按工艺生产，如注塑温度与时间控制不合理；三是未严格按装配工序，使得装配不当造成质量问题。

玩具上可拆卸的零部件或不可拆卸的零部件如果不能承受“可预见合理滥用”，出现“小零件、边缘、尖端”，则易导致吞食或误入气管，造成儿童窒息危险，或刺伤和划伤危险。

为了保护婴幼儿及儿童的身体健康，建议消费者在购买玩具时，对外观进行充分观察，看其是否存在“小零件、边缘、尖端”，如图 6，避免购买存在此类问题的玩具，这样会大大降低在玩具使用过程中对儿童的伤害。

2. 突出物

突出物项目不合格也是常见项，不合格原因主要是玩具设计后未进行“安全评估”导致经可预见的滥用测试后出现突出物，突出物的保护件经拉力测试后脱落（见图 7）。突出物不合格易导致刺伤危险。

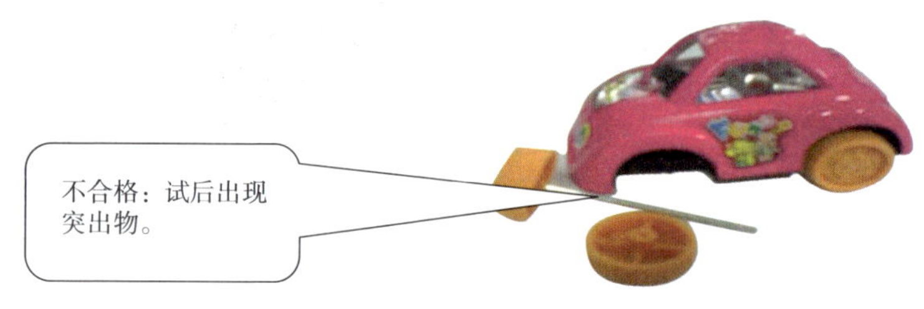

图 7　突出物

为保护婴幼儿及儿童的身体健康，建议消费者在购买玩具时，对外观突出部分进行充分观察，看其是否存在“部分拔出”产生突出物现象，避免购买存在此类问题的产品，这样会大大降低玩具对儿童的刺伤伤害。

3. 绳索

图 8 是 36 个月及以下儿童使用的拖拉玩具上的绳索，经测试玩具上的绳索的长度为 390mm，可与铁丝弹簧形成固定环，从而导致儿童在玩耍过程中由于绳索不合适或不合理发生绳索勒住脖子、造成窒息的情况。

为保护婴幼儿及儿童的身体健康，建议消费者在购买玩具时，对系绳索的玩具一定要选购绳索部分小于 220mm 的。

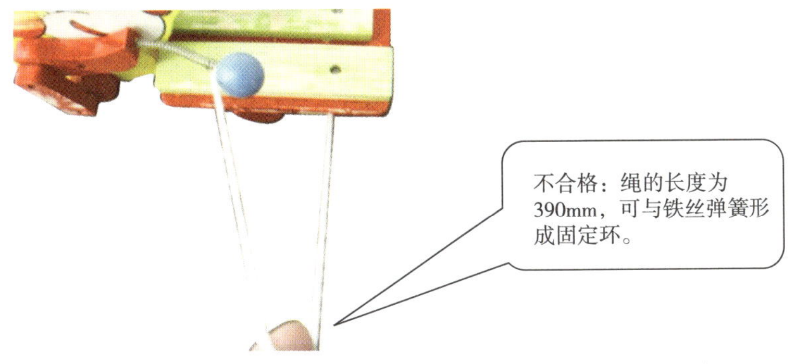

图 8　不合格绳索

4. 塑胶薄膜厚度

如果玩具所用的塑料袋（见图 9）的厚度偏薄，在玩耍过程中，如儿童出于好奇或意外将塑料袋套入头部时，当儿童呼吸时塑料袋的薄膜易覆盖在口鼻处，将造成窒息危险，并且当危险出现时，由于儿童处于慌张状态，将很难及时将塑料袋取下导致严重后果。

图 9　玩具用塑胶薄膜

究其原因，主要是玩具生产企业未将塑料袋作为玩具的一部分列入检验的要求，更没有意识到塑料袋厚度的不足可能导致的严重后果，而塑料袋生产企业为了追求利润，降低塑料袋的厚度，或者将塑料袋厚度控制在合格数值的边缘，在生产中一旦出现波动即造成厚度不足。

5. 标识问题

标准要求：在国内销售的产品，使用说明应使用规范的汉字，汉字、数字和字母的尺寸应不小于五号字体，“危险”、“警告”、“注意”等安全警示的字体应不小于四号黑体字，警示内容的字体应不小于五号黑体字，见图 10。

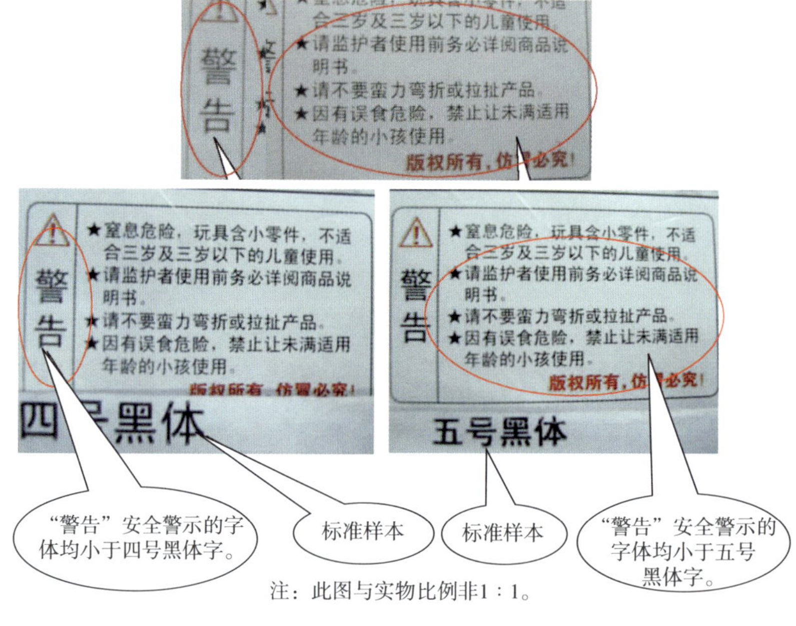

图 10　玩具标识示例

标准要求：“维护和保养”对影响安全使用或健康卫生的玩具应标明维护和保养的方法。

潜在危险：玩具标识字体太小，给消费者阅读带来不便，容易造成视觉疲劳与视差。“警告”字体不符合要求，不易引起消费者对玩具使用安全提示内容注意。毛绒玩具在标识上未标识“维护保养方法”会者消费者对玩具维护保养产生误区，见图 11。

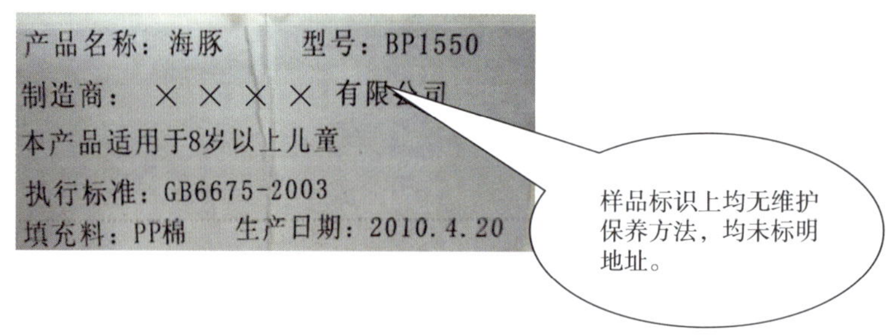

图 11　不合格标识

究其原因，主要为生产企业的设计人员未对 GB 6675 标准熟知。

五、选购和使用提示

1. 看标牌

在玩具包装上寻找警示信息或其他安全信息，如年龄警示标志、特定危险的警示标志、制造商或销售商的名称及地址、主要材质或成分、执行标准号、适用年龄范围等，对于电玩具、弹射玩具、金属玩具、娃娃玩具、塑胶玩具等实行强制性产品认证的玩具，还应查看包装上是否有强制性认证的标识，如图 12。消费者应购买适合儿童年龄范围的玩具，特别是给 3 岁以下的孩子选择玩具尤其要谨慎。

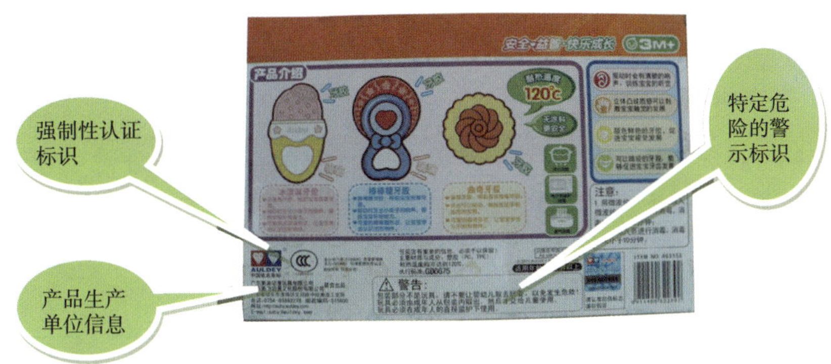

图 12　看标牌

2. 看外观

不要购买带有可能会被吞下或吸入的小部件的玩具，以及那些带有尖端或粗糙边缘的玩具，避免造成儿童“刺伤”或“划伤”危险。软体摇铃、挤捏玩具、出牙器等玩具即使是在最大压缩状态下也不能完全塞入儿童的口中，以确保安全。

3. 手感觉

玩具内部填充物应充足，手感柔软、富有弹性，无异味。消费者不应购买内部填充物有硬件物件的玩具，此类玩具大多是填充了一些劣质材料。避免儿童玩耍过程误食“填充物”造成伤害危险。

4. 查拼缝

玩具上的拼缝（见图 13）应牢固，填充料不得从拼缝中露出，避免儿童玩耍过程误吸附细微物造成伤害。

图 13 查拼缝

5. 查实物

选购毛绒玩具时，应用手拉一下玩具上的鼻子、眼睛、扣子等小零件看其是否易脱落，避免儿童玩耍过程误食“小零件”造成伤害危险（见图 14）。

图 14 查实物

6. 闻嗅觉

选购玩具时，应对玩具进行闻味，若有异味或刺激性味觉，消费者选择玩具尤其要谨慎，避免儿童玩耍过程引起呼吸道疾病伤害。

7. 弃包装

选购的玩具配有塑料包装袋或包装物，拆封后应立即收好或丢弃，不要让儿童玩耍，以免出现可能的窒息危险。

（由福建省产品质量监督检验研究院陈伟撰稿）

后 记

《质量发展纲要（2011－2020年）》指出，要以增强全社会质量意识为抓手，实施质量素质提升工程，通过质量知识普及教育、职业教育和专业人才培养等措施，提升全民质量素养，推动建设质量强国。为贯彻落实《质量发展纲要（2011－2020年）》，大力普及产品质量安全知识，增强全民质量意识，促进提升质量安全水平，国家质检总局产品质量监督司组织编撰了本套丛书。

本书结合近年来产品质量国家监督抽查工作实际，针对社会关注热点，紧贴老百姓日常生活需要，重点选择日用消费品、建筑和装饰装修材料等产品作为编写对象，既有宏观的行业概况介绍，也有微观的产品简介；既有较为专业的标准解读及关键指标分析，也有通俗易懂的选购和使用提示。该书的可读性、针对性和实用性强，既是广大消费者了解和掌握产品质量安全知识的实用读本，也可作为质量监督工作者的专业教材。

本书的编撰得到国家质检总局领导的高度重视和关心支持，国家质检总局局长支树平担任本书编委会主任，并为本书作序。多家国家质检中心选派技术专家参与文稿撰写和书稿评审工作，充分展示了专家团队精湛的专业知识和严谨的工作态度。国家质检总局产品质量安全风险监测中心和中国质检出版社具体承担了本书的编撰组织任务，付出了艰辛劳动。在此一并表示衷心的感谢！

希望本书的出版，有助于消费者了解和掌握产品质量安全知识，增强质量安全意识，提高质量安全鉴别能力，防范质量安全于未然，维护质量安全利益；有助于社会公众提高质量素养，发挥社会监督作用，建立和完善产品质量安全社会监督机制；有助于营造政府重视质量、企业追求质量、社会崇尚质量、人人关心质量的良好氛围。

由于时间仓促，书中难免有疏漏之处，恳请广大读者批评指正。

本书编委会
2013年9月